实用商务英语翻译

徐 丹/编著

清华大学出版社

北京

内 容 简 介

本书根据高职高专商务英语翻译教学的特点，坚持"实用为主，够用为度"的教学原则，突破多年来商务英语翻译教材的编写框架，以工作任务为主线，通过项目教学法将理论与实践、课堂教学与职业岗位能力培养相结合。在介绍翻译、商务英语翻译、英汉语言对比、翻译方法等翻译理论和常识的基础上，一方面以商贸翻译岗位的主要工作内容为主线，具体介绍名片、商标、组织机构名称、标识语、广告、企业介绍、产品说明书、内部文稿、对外文稿、商务信函、商务单证、商务报告、商务合同、旅游及餐饮菜单等实用文体的翻译；另一方面以常用英汉、汉英翻译技巧为主线，介绍词义的选择、词义的引申、褒贬和轻重、增词法、重复法、省译法、词类转换法、反译法、被动句翻译、词序调整、长句翻译的英汉翻译技巧和主语选择、谓语确定、无主句翻译、连动句和兼语句翻译的汉英翻译技巧及习语的翻译。本书适合作为高职高专商务英语、国际商务、国际经济与贸易、关务与外贸服务、国际文化贸易等专业的实用商务英语翻译教材，也可满足广大商务人士提升商务英语翻译技巧的需要。

本书封面贴有清华大学出版社防伪标签，无标签者不得销售。
版权所有，侵权必究。举报：010-62782989，beiqinquan@tup.tsinghua.edu.cn。

图书在版编目(CIP)数据

实用商务英语翻译 / 徐丹编著. —2 版. —北京：清华大学出版社，2021.7（2024.8重印）
ISBN 978-7-302-58481-0

I. ①实… II. ①徐… III. ①商务－英语－翻译－高等职业教育－教材 IV. ①F7

中国版本图书馆 CIP 数据核字(2021)第 121295 号

责任编辑：高 屾 高晓晴
封面设计：周晓亮
版式设计：思创景点
责任校对：马遥遥
责任印制：刘海龙

出版发行：清华大学出版社
网　　址：https://www.tup.com.cn, https://www.wqxuetang.com
地　　址：北京清华大学学研大厦 A 座　　邮　编：100084
社 总 机：010-83470000　　邮　购：010-62786544
投稿与读者服务：010-62776969, c-service@tup.tsinghua.edu.cn
质 量 反 馈：010-62772015, zhiliang@tup.tsinghua.edu.cn

印 装 者：三河市君旺印务有限公司
经　　销：全国新华书店
开　　本：185mm×260mm　　印　张：18　　字　数：416 千字
版　　次：2017 年 10 月第 1 版　2021 年 8 月第 2 版　印　次：2024 年 8 月第 6 次印刷
定　　价：59.00 元

产品编号：090461-01

第2版前言

随着国际交流和国际商贸活动的日趋频繁，商务英语翻译能力已成为从事国际商贸相关工作的必备能力。我国职业教育的蓬勃发展及以"教师、教材、教法"改革为核心的"三教"改革的不断推进，对职业教育的教材建设提出了新要求。为适应社会对应用型人才英语能力的新需求、高等职业教育教材建设的新需要，以及学生商务英语翻译能力的新需求，本书在第1版的基础上进行修订，主要目标是培养高职财经商贸相关专业学生的英语翻译能力，不仅可以提升学生的语言能力，还可以拓展其国际化视野。本书力求将课程思政有机融入教材编写，将英语翻译能力对接商贸实际岗位需求。本书融理论与实践为一体，选材新颖实用，形式灵活多样，实用性强。本书具有以下特色。

❖ **项目化教学的编写体例**

本书采用项目化教学的编写体例，在每个项目后增设"翻译点津"栏目，介绍翻译家谈翻译、中国文化翻译、中国特色词汇翻译等内容，并在译例的选取上有意识地增加汉语语境下的翻译译例。

❖ **融理论与实践为一体**

本书将翻译理论学习、翻译技巧讲解与商贸文体翻译实践训练有机结合，既有单句翻译的强化训练，也有篇章的综合训练，并更新了第1版教材中的部分例句、练习，使其更实用、针对性更强。

❖ **配套资源丰富**

为方便教师教学和学生学习，进一步拓展教材内容，助力立体化教学的实现，本书配有二维码资源、课程标准、教案、教学课件等资源，教师可通过扫描右侧二维码获取。

教学资源

本书适合作为高职高专商务英语、国际商务、国际经济与贸易、关务与外贸服务、国际文化贸易等专业的实用商务英语翻译教材，建议开设一个学期，每周4学时，17个教学周，共68学时，也可以根据学生的实际英语水平及专业教学要求进行适当的调整。本书还可供从事翻译、外事、外经贸、涉外旅游等行业的涉外工作者和有较好英语基础的自学者使用。

本书在编写过程中参考并引用了相关领域诸多专家、学者的研究成果，在修订过程中广泛听取商贸行业、企业专家及多年从事商贸翻译的专业人士的意见、建议，对本书编写内容、译例等进行了全面的更新和修订，使其更充分地体现职业岗位需要，具有更强的专业性、实用性和趣味性。在此向各位专家、学者、前辈致以诚挚的谢意。书中不足和疏漏之处，恳请专家、学者、读者朋友不吝赐教。

所有意见、建议请寄往：gaoshen2184@sina.com。

编　者

2021年4月

目 录

项目1 翻译与商务英语翻译引入 …… 1

  任务1.1 翻译引入 …… 2
    一、翻译的性质 …… 2
    二、翻译的标准 …… 4
    三、翻译的过程 …… 6
    四、译者的素养 …… 7

  任务1.2 商务英语翻译引入 …… 9
    一、商务英语的定义 …… 10
    二、商务英语的文体特征 …… 10
    三、商务英语的翻译标准 …… 14

项目2 英汉语言对比与翻译方法 …… 18

  任务2.1 英汉语言对比 …… 19
    一、词的对比 …… 19
    二、句子结构对比 …… 21
    三、语篇对比 …… 23

  任务2.2 翻译方法 …… 26
    一、异化与归化 …… 27
    二、直译与意译 …… 28

项目3 名片翻译与英汉翻译技巧之词义选择 …… 32

  任务3.1 名片翻译 …… 33
    一、名片简介 …… 34
    二、名片翻译技巧 …… 34

  任务3.2 英汉翻译技巧之词义选择 …… 41
    一、根据词性确定词义 …… 42
    二、根据词的语法形式确定词义 …… 43
    三、根据上下文确定词义 …… 43
    四、根据搭配关系确定词义 …… 44
    五、根据学科和专业选择词义 …… 45

项目4 商标翻译与英汉翻译技巧之词义引申、褒贬和轻重 …… 48

  任务4.1 商标翻译 …… 49
    一、商标简介 …… 49
    二、商标语言的构成 …… 50
    三、商标的翻译技巧 …… 51

  任务4.2 英汉翻译技巧之词义引申、褒贬和轻重 …… 55
    一、词义引申 …… 56
    二、词义褒贬 …… 57
    三、词义轻重 …… 58

项目5 组织机构名称翻译与英汉翻译技巧之增词法 …… 62

  任务5.1 组织机构名称翻译 …… 63
    一、组织机构简介 …… 64
    二、组织机构名称的语言特点 …… 65
    三、组织机构名称的翻译技巧 …… 66

  任务5.2 英汉翻译技巧之增词法 …… 71
    一、从词汇上考虑增词 …… 71
    二、从句法结构上考虑增词 …… 74
    三、从文化上考虑增词 …… 76
    四、从修辞上考虑增词 …… 76

项目6　标识语翻译与英汉翻译技巧之重复法 ……… 79

任务6.1　标识语翻译 ……………… 80
　　一、标识语简介 ………………… 81
　　二、标识语的语言特点 ………… 82
　　三、标识语的翻译技巧 ………… 83
任务6.2　英汉翻译技巧之重复法 … 86
　　一、汉译"多枝共干"结构中的
　　　　重复 …………………………… 87
　　二、重复代词所替代的名词 …… 88
　　三、重复强调型关系代词或关系
　　　　副词 …………………………… 90
　　四、重复上文出现过的动词 …… 90
　　五、重复同义词语 ……………… 90
　　六、译文修辞需要的重复 ……… 91

项目7　广告翻译与英汉翻译技巧之省译法 ……………………… 94

任务7.1　广告翻译 ………………… 95
　　一、广告简介 …………………… 96
　　二、广告的文体特征 …………… 96
　　三、广告的翻译技巧 …………… 102
任务7.2　英汉翻译技巧之省译法 … 105
　　一、句法性省译法 ……………… 106
　　二、修辞性省译法 ……………… 109

项目8　企业介绍翻译与英汉翻译技巧之词类转换法 …………… 113

任务8.1　企业介绍翻译 …………… 114
　　一、企业介绍简介 ……………… 115
　　二、企业介绍的文体特点 ……… 115
　　三、企业介绍的翻译技巧 ……… 118
任务8.2　英汉翻译技巧之词类
　　　　转换法 ………………………… 121
　　一、转译成汉语动词 …………… 122
　　二、转译成汉语名词 …………… 124
　　三、转译成汉语形容词 ………… 125
　　四、转译成汉语副词 …………… 126

项目9　产品说明书翻译与英汉翻译技巧之反译法 ……………… 129

任务9.1　产品说明书翻译 ………… 130
　　一、产品说明书简介 …………… 131
　　二、产品说明书的语言特点 …… 131
　　三、产品说明书的翻译原则 …… 133
　　四、产品说明书的翻译技巧 …… 134
　　五、产品说明书的常用术语及常用
　　　　句式翻译 ……………………… 137
任务9.2　英汉翻译技巧之反译法 … 140
　　一、肯定译作否定 ……………… 141
　　二、否定译作肯定 ……………… 144

项目10　内部文稿翻译与英汉翻译技巧之被动句翻译 ………… 148

任务10.1　内部文稿翻译 ………… 149
　　一、公关文稿简介 ……………… 150
　　二、常见内部文稿翻译 ………… 150
任务10.2　英汉翻译技巧之被动句
　　　　翻译 …………………………… 156
　　一、译成汉语主动句 …………… 157
　　二、译成汉语被动句 …………… 159
　　三、译成汉语无主句 …………… 160
　　四、译成"是……的"判断句 … 160
　　五、以it作形式主语的被动语态
　　　　句型的习惯译法 ……………… 160

项目11　对外文稿翻译与英汉翻译技巧之词序调整 …………… 164

任务11.1　对外文稿翻译 ………… 165

一、邀请函及请柬翻译……………166
二、新闻稿翻译………………167
三、致辞翻译…………………168
四、对外文稿常用句式表达………169

任务 11.2　英汉翻译技巧之词序
　　　　　调整…………………171
一、定语词序调整……………172
二、状语词序调整……………174
三、插入语词序调整…………175
四、倒装句词序调整…………176
五、并列成分词序调整………176

项目 12　商务信函翻译与英汉翻译技巧之长句翻译…………179

任务 12.1　商务信函翻译…………180
一、商务信函简介……………181
二、商务信函的文体特点……182
三、商务信函的翻译要点……184

任务 12.2　英汉翻译技巧之长句
　　　　　翻译…………………190
一、顺序翻译法………………190
二、逆序翻译法………………191
三、分句翻译法………………191
四、综合翻译法………………192

项目 13　商务单证翻译与汉英翻译技巧之主语选择…………196

任务 13.1　商务单证翻译…………197
一、单证简介…………………198
二、单证的语言特点…………198
三、单证的翻译技巧…………202

任务 13.2　汉英翻译技巧之主语
　　　　　选择…………………206
一、英汉句子结构的异同……206

二、主语选择的常见途径……207

项目 14　商务报告翻译与汉英翻译技巧之谓语确定…………212

任务 14.1　商务报告翻译…………213
一、商务报告简介……………214
二、商务报告的翻译技巧……216
三、商务报告常用术语和表达的
　　翻译………………………219

任务 14.2　汉英翻译技巧之谓语
　　　　　确定…………………221
一、谓语构成成分差异及谓语
　　翻译………………………222
二、谓语形态变化差异及谓语
　　翻译………………………222
三、谓语时、体、语气等表达差异
　　及谓语翻译………………222
四、谓语语态标志差异及谓语
　　翻译………………………223
五、谓语与主语、宾语搭配差异及
　　谓语翻译…………………223

项目 15　商务合同翻译与汉英翻译技巧之无主句翻译…………227

任务 15.1　商务合同翻译…………228
一、合同简介…………………229
二、商务合同的语言特点……229
三、商务合同的翻译技巧……232

任务 15.2　汉英翻译技巧之无主句
　　　　　翻译…………………238
一、采用祈使句………………239
二、选用适当的名词或代词添补
　　主语………………………239
三、采用被动句………………240

四、采用倒装语序 ……………… 240
　　五、采用"There be..."和"It be... +
　　　　to-inf"等句式 ……………… 241

**项目 16　旅游翻译与汉英翻译技巧
　　　　　之连动句和兼语句翻译** ……… 244

　任务 16.1　旅游翻译 ……………… 245
　　一、旅游景点名称翻译 …………… 245
　　二、旅游宣传资料翻译 …………… 248
　任务 16.2　汉英翻译技巧之连动句和
　　　　　　兼语句翻译 …………… 253
　　一、连动句翻译 …………………… 253
　　二、兼语句翻译 …………………… 254

**项目 17　餐饮菜单翻译与翻译技巧
　　　　　之习语翻译** …………………… 259

　任务 17.1　餐饮菜单翻译 …………… 260
　　一、中英文菜名的特点 …………… 260
　　二、中餐菜名的翻译方法 ………… 261
　　三、西餐菜名的翻译 ……………… 264
　任务 17.2　常用翻译技巧之习语
　　　　　　翻译 ……………………… 267
　　一、习语的定义 …………………… 268
　　二、文化差异对习语的影响 ……… 268
　　三、习语的翻译技巧 ……………… 270

参考文献 ……………………………………… 276

项目1　翻译与商务英语翻译引入

🔍 能力目标

能够根据翻译以及商务英语翻译的标准对翻译文本的质量进行初步评析。

🔍 知识目标

1. 了解翻译的历史；
2. 掌握翻译的性质、标准以及翻译过程；
3. 掌握商务英语的特点以及商务英语翻译标准。

🔍 素质目标

通过翻译理论和翻译常识的学习培养跨文化沟通和交流的意识，提升跨文化交际的能力。

知识结构图

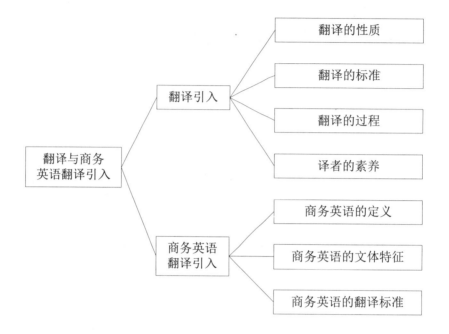

任务 1.1 翻译引入

任务引入

试译下列句子，分析翻译难点，并讨论翻译标准。
1. John can be relied on. He eats no fish and plays the game.
2. Don't cross the bridge till you get to it.
3. In marrying this girl, he married a bit more than he could chew.
4. Those who do not remember the past are condemned to relive it.

学习任务

一、翻译的性质

尽管翻译已有几千年的历史，但是对"翻译到底是什么"这个翻译学本体论的问题人们至今也没有达成共识。正如著名语言学家索绪尔指出的："一部翻译理论史实际上相当于是对'翻译'这个词的多义性进行的一场漫长的论战。""翻译"(translating/translation)是一

个多义词,用英语可区别出不同含义和不同用法,主要有以下5个方面:

(1) 翻译过程(translating)
(2) 翻译行为(translate/interpret)
(3) 翻译者(translator/interpreter)
(4) 译文或译语(translation/interpretation)
(5) 翻译工作/事业(translation)

翻译是一项十分复杂的语言活动,是跨语言、跨文化的信息与情感交流过程,是一种融艺术性与科学性为一体的创造性语言(思维)活动。《辞海》和《现代汉语词典》将翻译定义为:"把一种语言文字的意义用另一种语言文字表达出来。"我国翻译理论工作者也采用类似定义,张培基等(1980:9)认为"翻译是运用一种语言把另一种语言所表达的思维内容准确而完整地重新表达出来的语言活动"。王克非(1997:47)将其定义为:"翻译是译者将一种语言文字所蕴含的意思用另一种语言文字表述出来的文化活动。"尽管表述不尽一致,但上述定义存在着以下共同点。首先,翻译这一语言活动涉及两种不同的语言,即原文语言(或称原语)与译文语言(或称译语)。其次,翻译的目的是实现这两种语言之间意义的对应转换,即将原语表达的信息通过译语加以传递。再次,在实现这种语际意义的对应转换中,要做到完整、准确、意义不变;当然,在实际翻译过程中,要做到这几点只能是相对而言的。试比较下列两例中的汉译。

Good medicine is bitter in the mouth.

良药苦口。

Born with a silver spoon in his mouth, Tom is really a lucky dog.

汤姆生在富贵人家,真是个幸运儿。

通过比较不难看到,这两例的汉译虽然都准确达意、通顺自然,但在"完整地"表达原文意义的程度上却有所差异。这里所指的意义不只局限于概念意义,还包括风格意义(stylistic meaning)、形象意义(figurative meaning)和文化意义等。相对而言,第一句的汉译比较充分地传达了原文的各种意义。然而,第二句为了正确表达原文的概念意义,不得不舍弃原文的形象比喻而使形象意义遭受损失。再如,不同民族对"狗"(dog)的看法以及所产生的联想大相径庭。在汉语中,"狗"经常作为"卑鄙丑恶"的代名词,如狗仗人势、狗头军师、狗眼看人低,而在英语中"dog"的形象却迥然不同,经常用作"人类可依赖的朋友"的同义语。因此,许多含有dog一词的习语并不含有贬义:

help a lame dog over a stile   (助人于危难之中;雪中送炭)
like a dog with two tails   (无比高兴)
not (even) a dog's chance   (一点机会也没有)
Every dog has its day   (凡人皆有得意日)
work like a dog   (苦干;拼命工作)

由此可以看出,由于英汉语言文化上的差异,两种语言之间意义的对应转换只能是尽可能地对等,而且考虑到两种语言表达方式上的不同特点,还需要重视译文的自然地道。美国著名翻译理论家尤金·奈达(Eugene Nida)指出:"Translating consists in reproducing in the receptor language the closest natural equivalent of the source language message, first in terms of meaning, and secondly in terms of style."。其意思是:"翻译就是在译语中用最为贴切自然的对等语再现原语的信息——首先是就意义而言,其次是就风格而言。"从中可以看出,翻译是一种复杂的语言活动,是一种融艺术性和科学性为一体的创造性语言(思维)活动。

二、翻译的标准

翻译标准是指导翻译实践的准则,是评价译文质量的尺度。长久以来,翻译标准一直是翻译理论研究的重要课题,同时是翻译工作者在实践中极为关注的重要问题,但至今未有定论。围绕翻译标准的百家争鸣也从一个侧面推动了翻译理论的发展,促进了翻译事业的繁荣。

(一) 国内主要翻译标准

在我国翻译史上,唐代佛经翻译家玄奘就曾提出翻译"既须求真,又须喻俗"的翻译标准。所谓"求真",是指忠实于原文,"喻俗"则指译文应当通顺易懂,这在今天仍然具有指导意义。此外,国内影响比较大的翻译标准还有以下几种。

1. 信、达、雅

清朝末年,严复在《天演论》卷首的译例言中提出了著名的"信、达、雅"三字翻译标准。在很多学者看来,严复所谓的"信""达"与玄奘提出的"求真""喻俗"实质上并无二致,可以作为翻译的两条标准,但是对"雅"却争议颇大。一种观点主张,不看原文的具体风格特征,一味追求译文的古雅是不足取的,因此不能把"雅"作为一条翻译标准。另一种观点则认为,假若赋予"雅"以新的含义,将其解释为译文要讲究修辞,译笔要富于文采,那么"雅"仍不失为评价译文质量的一条标准。尽管翻译界对其认识不尽一致,但是在过去的一个世纪里严复所提出的"信、达、雅"翻译标准一直被广泛应用和研究,其影响至今仍经久不衰。

2. 宁信而不顺

这是近代翻译先驱鲁迅先生提出的观点,他对翻译标准的主要观点是:"凡是翻译,必须兼顾着两面,一当力求其易解,一则保存着原作的丰姿。"

3. 神似与形似

这是我国著名翻译家傅雷先生提出的。他认为:"以效果而论,翻译应该像临画一样,所求的不在于形似而在于神似。"他的理论对文学翻译有非常大的指导意义。

4. 化境

这是著名学者钱钟书先生提出来的。他的理论更适合于文学翻译。他认为,把作品从一国文字转化成另一国文字,既能不因语言习惯的差异而露出生硬牵强的痕迹,又能完全保存原作的风味,那就算得入于"化境"。

5. 忠实、通顺

目前翻译界公认的翻译标准是"忠实、通顺"。这四字标准言简意赅,便于理解和掌握,为许多翻译教程所采用。

所谓"忠实",是指译文必须完整准确地传达原作的思想内容,保持原作的语气和文体风格。这要求译者一方面对原作叙述的事实、说明的道理、描写的景物以及所反映的作者观点立场、思想情感等内容不妄加篡改、随意增删;另一方面又不以译者自己的风格取代原作的风格。风格通常包括民族风格、时代风格、语体风格以及作者个人的语言风格等。

所谓"通顺",是指译文语言必须通顺易懂,遣词造句应当符合译语的语法规范和表达习惯,避免出现文理不通、逻辑不清、晦涩难懂等现象。为此,切不可逐词死译、硬译。相反,应当在"忠实"的前提下,摆脱原文形式的束缚,按照译语的行文规范和表达习惯组织译文。只有这样,才能保证译文具有相应的可读性,而不致变得洋腔洋调、生硬别扭。例如:

It is now thought that the more work we give our brains, the more work they are able to do.
原译:现在被认为,我们给脑子的工作越多,它们能干的工作就越多。
改译:现在人们认为,脑筋越用越灵活。

The average shooting star is a small fragment of matter usually smaller than a pea and often no larger than a grain of sand.
原译:普通流星通常是比豌豆小,而且往往并不比一粒沙子更大的物质碎片。
改译:普通流星是一种很小的物质碎片,通常比豌豆小,只有沙粒那么大。

对比以上两例中的译文可以发现,"原译"大多拘泥于原文的表层形式,貌似十分忠实,实际上拖泥带水、累赘费解,而相比之下,"改译"无疑更加自然晓畅、通顺达意,更加忠实于原文的含义。由此可见,虽然忠实与通顺有时似乎相互矛盾,但实质上却是相辅相成的。忠实而不通顺,译文可读性差,读者无法理解,忠实也就无从谈起;通顺而不忠实,脱离原作的内容与风格,这样的译文也就称不上翻译,充其量只是一种编撰。因此,应当将忠实和通顺看作统一的整体,二者不可偏废。

(二) 国外主要翻译标准

1. 翻译"三原则"

最早为我国翻译界所熟知的外国翻译标准是英国学者泰特勒(Alexander F. Tytler, 1749—1814)在《论翻译的原则》(*Essay on the Principles of Translation*)中提出的翻译"三原则",具体如下。

(1) The translation should give a complete transcript of the ideas of the original work.
译文应完整地复述出原作的思想。

(2) The style and manner of writing should be of the same character as that of the original.
译文的风格和笔调应与原作保持一致。

(3) The translation should have all the ease of the original composition.
译文应和原作一样流畅。

2. 功能对等

功能对等(functional equivalence)翻译标准是由美国著名翻译家尤金·奈达(Eugene Nida)提出的。他认为翻译的预期目的必须是原文和译文在信息内容、说话方式、文体、文风、语言、文化、社会因素等方面达到对等。奈达衡量翻译的标准是看读者的反应。翻译的具体标准并非是单一的，而是多种标准共存的，其主次地位和作用随着翻译功能、读者和译者审美情趣的变化而变化。"翻译标准多元互补论"用辩证的方法推翻了数千年来翻译界试图建立一个绝对标准的设想，以一个"翻译标准系统"在翻译界引起了强烈反响，对翻译界有着重要的指导意义。

三、翻译的过程

翻译过程是正确理解原文和创造性地用另一种语言再现原文的过程，大体上可分为理解、表达和校核三个阶段。

(一) 理解

正确理解原文是正确、自然地表达原文的前提和基础。理解出错，则表达有误；理解不准确，则表达模糊。理解有助于了解全文的文体风格，使译文不仅忠实，而且通顺。

在动手翻译之前，首先要读懂原文。理清所要翻译的句子在段落中与其他句子之间的语法和逻辑关系，弄清代词的指代意思，分析所要翻译句子的词汇、结构或习惯用法，找出主语、谓语和宾语，判断各成分之间的逻辑关系等。

(二) 表达

表达是选择恰当的译文语言材料，把已经理解了的原作内容重述出来，是理解的结果。但理解正确并非意味着表达就能通顺和确切，对原文理解的深度和对译文语言的掌握程度关系到译文质量的好坏。此外，在表达上还有许多具体方法和技巧，这些将在后面的学习中详细论述。

(三) 校核

校核是理解与表达的进一步深化，是对原文内容进一步核实以及对译文语言进一步推敲的阶段。因此，校核是翻译过程中必不可少的阶段。通过校核，可以发现译文中可能存在的一些问题，对问题进行处理，确保自己理解和表达的内容准确完美。一般说来，翻译初稿完成后，至少应当校核两遍方能定稿。第一遍重点校核内容，第二遍润饰文字。条件允许的话，可以请他人帮助再校核一遍，以使译文质量精益求精。具体而言，在校核中尤其应当注意下面几点：

(1) 内容理解上是否有误；
(2) 重要词语或句子与段落是否漏译；
(3) 词语或句子是否存在错译或措辞不当和生硬晦涩之处；
(4) 是否出现陈词滥调、冷僻词汇或错别字；
(5) 人名、地名、日期、方位、数字、专有名词等是否有错漏之处；
(6) 译文的格式以及标点符号和其他专用符号是否合乎规范。

总之，译者只有一丝不苟、反复推敲、细致校核，译作才能文从字顺、准确达意。

四、译者的素养

翻译既要忠实又要通顺,这绝非一项轻而易举的工作,译者不具备一定的业务素养,是很难胜任的。翻译人员应具备以下素养。

(一) 扎实的语言基础

翻译是涉及两种语言的活动,首先要透彻理解原文,再通过译者进行转换。因而先决条件就是译者应具有扎实的母语和外语语言基本功。对于以下例句的翻译,如果语言功底不扎实,很可能造成误译。

You can't be too careful. 你怎么小心都不过分。(≠你不能太小心。)

He is the last person to be fit for the job. 他是最不适合做这项工作的人。(≠他是最后一个适合做这项工作的人。)

(二) 广博的知识面

翻译是传播文化知识的媒介,因而译者的知识结构应该越广博越好。当然,样样精通是做不到的,但是,要求译者"译一行,通一行"并非不切实际。比如,翻译科技著作的必须掌握相关的科技知识,翻译社科文章的必须懂得相关的社科知识等。英语中有些词不能按照字面意思理解和翻译,要结合特定的专业及语境来确定其词义。例如 work 和 heavy。

art work 工艺品,工艺图		cable work 电缆工程
cold work 冷加工,冷作		link work 链系
deep work 深耕		work a machine 开机器
My watch doesn't work. 表不走了。		The yeast has begun to work. 酵母已开始发酵。
heavy rain 大雨		heavy crops 丰收
heavy road 泥泞的路		heavy heart 忧愁的心
heavy traffic 拥挤的交通		heavy bread 没有发好的面包

(三) 熟练的翻译技巧

一名合格的译者还需要熟练掌握一定的翻译技巧,能敏锐地感受原作的内容与风格,甚至是隐藏在文字中的文化差异。只有熟练掌握必要的翻译技巧,才可以相对高效地进行翻译实践,避免走弯路。

(四) 高度的责任感

译者应当具有高度的责任感,这包括崇高的政治责任感和良好的职业道德。崇高的政治责任感是说译者必须坚持用正确的立场、观点和方法来分析研究所译的内容,对有损国家尊严和人民利益的,要坚决加以抵制和批判。良好的职业道德是说译者必须意识到自己肩负的使命,树立兢兢业业、认真负责的态度。对不明白或不熟悉的,要勤查多问,不望文生义,不敷衍应付。

 知识小结

　　翻译是运用一种语言把另一种语言所表达的思想内容准确而完整地重新表达出来的语言活动。国内主要翻译标准包括严复的"信、达、雅",鲁迅的"宁信而不顺",傅雷的"神似与形似",钱钟书的"化境"以及现在公认的"忠实、通顺"。国外主要的翻译标准有英国学者泰特勒的翻译"三原则"以及美国著名翻译家尤金·奈达(Eugene Nida)提出的"功能对等原则"。翻译过程包括理解、表达、校核三个阶段。译者应具备扎实的语言基础、广博的知识面、熟练的翻译技巧和高度的责任感。

 任务考核

思考题

1. 怎样正确理解古今中外不同学者提出的各种翻译标准？
2. 翻译的过程主要包括哪几个阶段？怎样理解各个阶段之间的相互关系？

课后训练

请将下列句子译成汉语,体会正确理解和确切表达的重要性。

1. Even ordinary men understand now that the universe is something vaster and broader than ever thought before.
2. Last night I heard him driving his pigs to market.
3. When air is in rapid motion, there is a decrease of pressure as the speed of the air increases and an increase of pressure as the speed of the air decreases.
4. No matter what the situation, arguments are a waste or, at best, a misuse of time.
5. He could not conceal his annoyance at being interrupted.

 知识链接

翻译常用工具书

一、通用类

1. 陆谷孙. 英汉大词典[M]. 上海：上海译文出版社,1993.
2. 郑易里,曹成修,等. 英华大词典(最新修订版)[M]. 北京：商务印书馆,2001.
3. 曹焰,张奎武. 英汉百科翻译大词典[M]. 北京：人民日报出版社,1992.
4. 北京外国语大学英语系词典组. 汉英词典(修订版)[M]. 北京：外语教学与研究出版社,1995.

5. 吴景荣，程镇球. 新时代汉英大词典[M]. 北京：商务印书馆，2000.

6. 中国社会科学院语言研究所词典编辑室. 现代汉语词典[M]. 第 7 版. 北京：商务印书馆，2016.

7.《汉语大字典》编委会. 汉语大字典(缩印本)[M]. 成都：四川辞书出版社、湖北辞书出版社，1993.

8. 王力，岑麒祥，林焘. 古汉语常用字字典[M]. 第 5 版. 北京：商务印书馆，2016.

9. *Longman Dictionary of Contemporary English*[M]. New Edition. London：Longman Group Ltd., 1995.

10. *The New Oxford Dictionary of English*[M]. Shanghai：Shanghai Foreign Language Education Press, 2001.

11. *The Oxford English Dictionary* [M]. Second Edition. London：Clarendon Press, 1989.

12. *Webster's Third New International Dictionary of the English Language* (*Unabridged*). G. & C. Merriam Company, Springfield, Mass., 1976.

二、专用类

1. 新华通讯社译名资料组. 英语姓名译名手册(第二次修订本)[M]. 北京：商务印书馆，1985.

2.《世界姓名译名手册》编译组. 世界姓名译名手册[M]. 北京：化学工业出版社，1987.

3. 中国地名委员会. 外国地名译名手册[M]. 北京：商务印书馆，1983.

4. 辛华. 世界地名译名手册[M]. 北京：商务印书馆，1978.

5. 辛华. 世界报刊、通讯社、电台译名手册(修订本)[M]. 北京：商务印书馆，1978.

6. 综合英语成语词典[M]. 福州：福建人民出版社，1985.

7. 秦秀白. 当代英语习语大词汇(英汉双解)[M]. 天津：天津科学技术出版社，1999.

8. 杨志达. 简明美国俚语词典[M]. 北京：商务印书馆，1986.

9. 英汉缩略语词典[M]. 西安：陕西人民出版社，1980.

10. 史群. 英汉缩略语词典[M]. 北京：商务印书馆，1979.

11. 简明不列颠百科全书(十卷本)[M]. 北京：中国大百科全书出版社，1986.

12. 中国大百科全书(多卷本)[M]. 北京：中国大百科全书出版社，1982.

任务 1.2 商务英语翻译引入

任务引入

请思考以下句子译文是否准确，如不准确请改正，并体会商务英语的语言特点。

1. M company, formed in 2005, is a specialist in financing high-tech companies.

成立于2005年的M公司是高科技公司融资领域的专家。

2. The principle of in full settlement should be applied to compensation for loss.
损失赔偿应采用全额赔付原则。

3. After graduation, the young man worked at Citi Bank.
毕业后，这个年轻人工作在花旗银行。

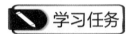

一、商务英语的定义

商务英语(Business English 或 English for Business)指的是人们在商务活动过程中使用的英语，属于专门用途英语(English for specific purposes，ESP)范畴，涉及许多与国际商务活动有关的专业和领域，不是一种独立的语言，是英语的一种社会功能变体，或者说，它是一种包含了各种商务活动内容，满足商务需要的英语。

二、商务英语的文体特征

商务英语文体特征是通过一些突出的标记性语言特征来体现的，即商务英语在词汇、句法、修辞等各方面表现出来的主要语言风格特征。作为一种特殊的语篇类型，商务英语有自己的一套使用频率较高的词汇、句式和语篇结构。

(一) 商务英语的词汇特征

商务英语具有广泛使用商业术语、缩略词、古旧词语、外来词语、臆造词语、正式词语、逻辑-语义衔接词语的特点。

1. 商业术语

频繁使用商业术语是商务英语典型的语言特色和文体风格，尤其是商务信函和商务合同中含有大量的专业词汇。如"claim"(索赔)、"turnover"(营业额)、"commission"(佣金)等。不少普通词语用于商务领域，具有专用商业术语的色彩，算是准专业词汇。比如，普通的英语词汇"inquiry"和"offer"在商务信函中指"询盘"和"发盘"。

2. 缩略词

本着方便、节约的原则，商务英语中常常使用一系列的术语缩略词，包括公司和机构的名称、商业术语、货币符号和其他计量单位等。例如，商业术语"documents against payment"(付款交单)缩略为D/P，"letter of credit"(信用证)缩略为L/C。再如："bank draft"(银行汇票)缩略为B/D，"consumer price index"(消费价格指数)缩略为CPI等。这些缩略词广泛用于商务往来的信函、电传、合同条款等。

3. 古旧词语

使用古旧词语(archaism)的现象在英语商贸合同、法律文书中比较普遍，能够避免语言重复，使句式结构紧凑精练，措辞比较庄重，语体非常正式，显示了合同的严肃性及约束力。例如：

This Agreement and any rights or obligation <u>hereunder</u> are not transferable or assignable by one party to this Agreement without the consent of the other party <u>hereto</u>.

本协议以及本协议所规定的权利或义务不经另一方同意不得擅自转让。

此句中古旧词"hereunder"等于"under this Agreement"，"hereto"等于"to this Agreement"。

汉语商贸信函中使用文言词、半文言词的现象较为显著，如"欣悉""候复""特此""贵方""敬请""谨上"等，显得既庄重又礼貌。

We have pleasure in forwarding our catalogue, which gives full information about our various products.

欣寄产品目录一份，提供我方各类产品的详细情况。

4. 外来词语

商务法律文书中有不少词来自拉丁语和法语，这与英国乃至欧洲的历史、宗教文化发展渊源有关。如"force majeure"(不可抗力)来自法语，美国签证申请表中有一栏目"alias"(别名、曾用名)来自拉丁语。此外，"ad hoc"(特别地、专门地)、"in re"(in reference to, in the case of, concerning, 关于)、"per se"(by itself, 自身)等也比较常见。

5. 臆造词语

臆造词语是商务英语广告和商标的一大词汇特点。商标和广告的共同特点是要用新颖独特的语言和符号让消费者一见钟情、烙印在心。为实现这一目标，商标和广告都会使用新造词。如"We know eggsactly how to sell eggs"广告语中"eggsactly"一词，故意将"eggs"和"exactly"拼缀在一起，达到新颖绝妙的效果，令人过目难忘。福特汽车广告"4ord costs 5ive% le$$ (Ford)"将数字与字母有机混合，"Ford"换成"4ord"，"five"变成"5ive"，"less"换成"le$$"，让数字映入消费者的眼帘，让声音传达商家的意愿，让美元代替优惠的价格，吸引消费者的目光，达到出奇制胜的效果。

6. 正式词语

商务英语中还倾向于使用较正式的"大字眼(big words)"，如forward、assist、expedite、terminate、construe 等。这一点在商务合同等法律文书中十分普遍。但现代商贸信函写作中出现避免繁文缛节和套语行话的趋势，主张使用简单、直接、清楚的语言传达信息。例如：

受聘方因健康原因，经医生证明连续病休两个月后仍不能继续工作，聘方有权提前终止合同。

译文：If, owing to poor health, Party B has been absent from work two months in succession with a doctor's leave certificate and is still not able to work, Party A is entitled to terminate the contract prior to the agreed date of expiration.

商务英语合同中还多用 shall 一词，并非表示将来，而是用来加强语气，强调合同双方应尽的责任和义务，含有"必须"的强制意义，一般译为"应，应该"。例如：

The tenderer shall submit a basic tender which complies fully with the requirements of the tender documents.

译文：投标者应提交一份完全符合招标文件要求的基本投标书。

7. 逻辑-语义衔接词语

为明确陈述贸易双方的立场和观点，尤其是贸易条件等，商务英语通常使用一些"逻辑-语义"衔接词语来陈述事物间的逻辑关系。如 due to，caused by 等表示原因；therefore，as a result 等表示结果；providing，provided，assuming 等表示假设；nevertheless，otherwise 等表示转折；if only，unless 等表示限定。这些词的正确理解和使用有助于正确翻译商务英语中的各类文本，准确传达原文的意思。

（二）商务英语的句法特征

商务文体种类繁多，句式使用各具特色。商务广告用语倾向于简单易懂、简洁明了，多用简单句。商务信函与商务合同为正式的书面语体，正式的书面语句结构使用频率较高。实际上，任何语篇的句法都会采用长、短句并存，简单句、复合句并用的原则，这样，句式有变化、不枯燥。这里所讲的句式特征只是相对于句式的使用频率而言的，使用较多的主要有"介词+名词短语"句式、被动句、长句复合句等结构。

1. 介词+名词短语

商务英语要求行文简练、结构紧凑、表述清晰准确。因此，"介词+名词短语"句式的使用频率较高。用于句首，在功能和意义上相当于状语从句，但比使用从句更为简洁、正式；用于句中或句尾，具有较强的衔接功能，有助于语句表述规范，内容表达清楚完整。

<u>At the request of Party B,</u> Party A agrees to send technicians to assist Party B to install the equipment. (相当于 As Party B requests, …)

应乙方要求，甲方同意派遣技术人员帮助乙方安装设备。

2. 被动句

被动句表述客观、正式，在商务信函中使用被动句具有表达委婉、言语礼貌的特点，还可以避免句子"头重脚轻(top-heavy)"。因此，被动句在商贸信函中有一定的应用，在商贸合同等法律文书中使用频率较高。例如：

Booking of shipping space shall be attended by the Buyer's Shipping Agency，China National Foreign Trade Transportation Corporation，Beijing，China.

中国北京对外贸易运输公司将作为买方的装运代理人洽订舱位。

如果上句用主动语态来表达，即"The Buyer's Shipping Agency, China National Foreign Trade Transportation Corporation, Beijing, China, will attend to booking of shipping space"，主语部分显得太长，头重脚轻，句子失去平衡。

3. 长句复合句

商务合同等商务法律文书为达到语言表达精确、周密的目的，明确规定合同双方的职责和权利，避免含糊不清或可能出现的情况或分歧，用较多的复合小句、状语或定语成分、并列词语等进行限定或补充说明，构成较为复杂的长句复合句，这种句式在商务合同或协议书中尤为明显，使译者无法很快地理解句意，造成翻译困难。例如：

You may notice that the prices for these commodities have gone up a lot in the international market since last month because the cost of production has risen a great deal recently and we also have to adjust our selling price accordingly.

你也许注意到了，由于自上个月以来生产成本涨了许多，导致这些商品在国际市场上的价格大大上涨了，因此我们也不得不相应地调整我方的销售价。

此长句有三个意义段，分别是"you may notice…""because…""and we also…"。句子由两大部分构成，一个是"notice"后由"that"引导的宾语从句，另一个是"and"之后承上启下以表示结果的语句。在"that"引导的宾语从句下又有一个由"because"引导的原因状语从句，其中"for these commodities"和"since last month"分别为从句中的定语短语与时间状语。根据上述分析可以清楚地看到，该句虽然层次较多，逻辑关系较复杂，但表述相当明确。

值得注意的是，广告用语与商务合同、法律等文书的长句风格恰恰相反，讲究的是追求最精练的语言、最佳的信息传递、最少的版面/时间、最强大的吸引力和深入人心的效果。广告使用的句式往往是简单句、祈使句、感叹句和疑问句，句法简练，文字浅显。如"Good to the last drop"(滴滴香浓，意犹未尽——麦斯威尔咖啡)。再如，一家以"OIC"为商标的眼镜公司推出的广告，仅有三个单词"Oh, I See!"，广告语简短有力，谐音、语义双关，既浓缩了商标 OIC 的含义，又充分地传递了产品的效果，还有拟声"Oh"和感叹"I see!"抒发了眼镜配戴者又见清晰世界的情感，真可谓音、形、义兼备，完美地传达了消费者的心声。

(三) 商务英语的修辞特征

商务英语涉及公司简介、产品说明书、商务广告、商务信函、商务合同等不同文本类型，其语篇格式和语言风格不尽相同。此处所探讨的商务英语的修辞特征是指具体的修辞手法(figures of speech)。

无论是英语还是汉语，广告和商标都会使用多种语言修辞手段，从音、形、义各方面极力突出一个"新"字，吸引读者注意，扩大产品影响力，以达到成功推销产品的目的。

1. 语音修辞

汉语广告和商标常用的手法包括押韵、叠音、谐音、拟声、语气词等。例如下列商标和招牌名均采用了谐音手法，易记、易上口。例如：

① "蜜蜂"牌缝纫机(产品商标名)

    分析："蜜蜂"与"密缝"谐音。

② 食全食美，鳖来无恙。(一饭店招牌名)

    分析：与"十全十美，别来无恙"谐音。

下面两则广告则采用了押韵的手法。

① 活力 28，沙市日化(活力 28 洗衣粉)

    分析："8"和"化"押尾韵。

② 家有三洋，冬暖夏凉(三洋空调)

    分析："洋"和"凉"押尾韵。

商务英语广告和商标中较多采用谐音、押韵、拟声(onomatopoeia)等手法，使语音和谐悦耳、语意突出，激发读者的审美情趣和对美好事物的憧憬。

2. 字形修辞

英语广告语常采用杜撰新词或故意错拼等方式以产生出奇效果。汉语中更多地使用语音和语义方面的修辞，若有类似杜撰或错拼的手法，往往也具有谐音的修辞效果。例如：

Drinka Pinta Milka Day. (Drink a Pint of Milk a Day.)

一天请喝一品脱牛奶。

The Orangemostest Drink in the world. (Orangemostest = Orange + most + est)

香甜浓纯营养丰，世上橙汁我最橙。

3. 语义修辞

在语义方面，英语、汉语广告均采用反复、比喻、双关、套用、夸张、拟人等各种修辞手段，具体如下所示。

(1) 反复(repetition)。

    强生特效沐浴乳，特别的滋润给特别干燥的皮肤。

    Johnson's Extra Care Body Wash & Lotion, Extra relief for extra dry skin.

    ("extra"/"特"反复突出"强生/ Johnson"的效果)

(2) 比喻(simile/metaphor)。

    Mom depends on <u>Kool-Aid</u> like kids depend on Moms.

    妈妈依赖"可爱得"果乐，就像孩子依赖妈妈。

(3) 双关(pun)。

    Put some *People* in your life.

    阅读《人物》杂志，生活增添伴侣。

(4) 仿拟(parody)。

    Only your time is more precious than this watch.

    手表诚可贵，时间价更高。(套用诗句"生命诚可贵，爱情价更高"。)

三、商务英语的翻译标准

商务英语翻译比一般英汉翻译复杂得多：一方面，商务英语翻译要求译者既要熟悉英汉两种语言文化及翻译技巧，又要掌握一定的商务理论知识，了解实际商务活动过程，还要熟悉商务语言这一专门用途英语(ESP)变体的修辞特征；另一方面，商务英语涵盖面较广，涉及众多领域，如商务合同、合约等法律文本，商务信函、商务广告、招商简介等应用文本，还涉及保险、金融、投资、运输、索赔等各类文献，其语言特色各异。因此，翻译标准也有特殊性，即其翻译标准的多重性。也就是说，不同的文体其翻译标准应有所差异，不能用一把尺子来衡量。

(一) 统一

商务英语翻译中的"统一"是指在翻译过程中，译名、概念、术语应该保持始终统一，不允许将同一概念或术语随意变换译名。商务英语中涉及很多专业性的词汇。如"原产地"应该译为"place of origin"，而不是"original producing place"，"贸易盈余"应该译为"trade surplus"，而不是"trade profit"。此外，一些公司、机构、酒店的名称也应该按照约定俗成的翻译方法，而不能想当然地按照字面含义进行翻译。

(二) 忠实

商务英语翻译中的忠实指正确地将原文语言的信息用译文表达出来。这种忠实要求译文必须正确传达原文信息，要求原文读者获得的信息与译文读者获得的信息等值。如果译文不忠实于原文，就会引起误解，严重的会引起商务纠纷。忠实于原文并不等于机械地对译。请看下面汉语菜单的翻译：

蚂蚁上树　　ants climbing trees
过桥米线　　rice crossing a bridge

上面两个菜名翻译完全按照字面翻译，外国客人看了之后可能会不知所云。这样的译文就没有忠实反映原文的基本信息，即菜的信息。虽然菜名翻译很难做到对等，但读者应该获得与原文对等的最基本的信息，即菜的内容。可以改译为：

蚂蚁上树　　rice noodles with minced pork
过桥米线　　rice noodles

这样的译文虽然没有把汉语菜名中的文化意义传达给译文读者，但是把菜的基本信息传达给了读者，使译文读者获得了与原语读者近似的信息。

(三) 准确

商务翻译中的"准确"是指译者在将原语内容转换为译语的过程中做到选词准确，概念表达确切，物与名所指正确，数码与单位精确。例如：

The date of receipt issued by transportation department concerned shall be regarded as the delivery of goods.

由有关的运输机构所开具收据的日期即被视为交货日期。

句中的"concerned"按其字面意思译成"有关的"，显得笼统、不够严谨。根据合同内容做具体分析后可以看出，运输机构和合同货物之间的关系是"承运"的关系。因此，改译成"承运"则更准确明了。原文可以改译成：

由承运的运输机构所开具收据的日期即被视为交货日期。

Payment: By irrevocable L/C at sight to reach the sellers 30 days before the time of shipment.

支付：不可撤销的即期信用证装船前30天开到卖方。

译文完全照原文字面翻译，从内容上显得不够完整，未能恰当体现出原文中买方和卖方的关系。通过添加原文表面没有、实际却隐含的成分进行改译，使译文更完整、内容更清楚，体现合同文字的严密性，便于合同读者的准确理解。原文可改译为：

支付：买方应在装船前30天将不可撤销的即期信用证开到卖方。

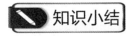

商务英语是人们在商务活动过程中使用的英语，属于专门用途英语。商务英语在词汇、句法、修辞等各方面有着不同于普通英语的文体特征，其翻译应遵循统一、忠实、准确的翻译标准。

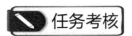

思考题

请比较商务英语与普通英语在语言特征方面的差异以及商务翻译与普通翻译标准的异同。

课后训练

翻译下列句子，体会商务英语的语言特点。

1. Our terms of payment are by confirmed, irrevocable letter of credit, without recourse, payable at sight against presentation of shipping documents to the negotiating bank at the port of shipment.
2. The policy is being prepared accordingly and will be forwarded to you by the end of the week together with our debit note for the premium.
3. The contract shall be valid for 10 years from the effective date of the contract, on the expiry of the validity term of contract, the contract shall automatically become null and void.
4. An insurance claim should be submitted to the Insurance Company or its agent as promptly as possible so as to provide the latter with ample time to pursue recovery from the relative party in fault.
5. Please be informed that，on account of the fluctuations of foreign exchange, the quotation is subject to change without previous notice.

综合案例分析

翻译下句，分析该句的言外之意，体会翻译之难。

你现在是副经理了吧。

分析提示:
1. 问话人知道他是副经理, 但不敢肯定。
2. 他是副经理, 口气却比经理还大, 问话人这样问是提醒他摆正位置。
3. 副经理能力很强, 独当一面, 问话人为他是副经理而抱不平。
4. 副经理凡事做不了主, 问话人表示理解, 故意这样问他。
从以上角度考虑如何翻译。

 实训活动

假设你是一名去翻译公司应聘商务翻译岗位的学生, 公司项目主管给你出的考题是"分析翻译与商务翻译的区别及联系, 并举例说明"。请利用所学内容, 将理论联系实际, 完成实训任务。

要求:
1. 以小组为单位组成翻译团队。
2. 分解实训任务, 请各小组自行对成员进行角色分工, 确保组织合理和每位成员的积极参与。
3. 每个小组在下一次课前将实训报告提交至课程网站互动专区。
4. 教师于下一次上课时对前一个实训项目完成情况进行点评。
(提示: 以后各项目实训活动要求可参见项目1的实训活动要求。)

 翻译点津

翻译简史

学生可扫描获取"翻译简史"相关资料。

项目2 英汉语言对比与翻译方法

🔍 能力目标

1. 能够运用英汉语言对比的知识指导具体的翻译实践；
2. 能够识别并运用异化与归化、直译与意译的翻译方法。

🔍 知识目标

1. 了解英汉语言对比对翻译学习的意义；
2. 掌握英汉两种语言在词汇、句子结构、语篇衔接等方面的差异；
3. 掌握异化与归化、直译与意译的翻译方法。

🔍 素质目标

通过英汉语言对比及翻译方法的学习培养跨文化沟通的意识，提升跨文化交际的能力。

🔍 知识结构图

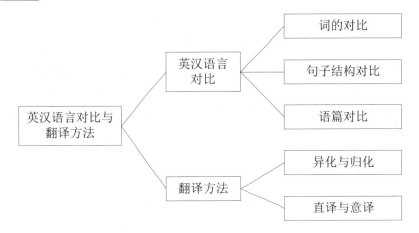

任务 2.1　英汉语言对比

✏️ 任务引入

试译下列句子，体会英汉语言在词汇、句子结构方面的差异。

1. The company's <u>books</u> are audited every year.
2. He is to swear on the <u>Book</u> before taking office.
3. The music was fine, but the <u>book</u> was very poor.
4. <u>书</u>不尽言。
5. 她家世代<u>书</u>香。
6. 尽信<u>书</u>不如无<u>书</u>。
7. 家<u>书</u>抵万金。

✏️ 学习任务

语言对比是翻译实践的基础之一。英汉两种语言属于不同的语系，它们之间的异同对两种语言之间的转换至关重要。通过对英汉两种语言在词汇、句子结构、语篇衔接及思维差异等方面进行对比分析，有助于翻译策略的选择。

一、词的对比

英汉两种语言在词汇方面既有共同点，也有差别。下面将从词的结构、意义和表达能力三个方面进行对比，分析英汉两种语言在词汇上的异同。

(一) 词的结构对比

1. 英语词的结构

英语词的形态变化丰富，词缀多且构词能力强。英语词的形态变化包括内部形态变化和外部形态变化两种。内部形态变化主要是指通过添加前缀或后缀方式构成意义不同的新词。英语词缀有一定规律，一般来说，大多数前缀只起着构成新词的作用。如在某类形容词前添加 "un-" "non-" "im-" "ir-" "il-" 构成新词，表示否定意义。而后缀不仅能构成新词，还能改变词性。如在形容词后添加 "-en"，使得原形容词变成动词；在某些动词后添加 "-er" 或 "-or" 构成名词，表示某一类人。外部变化是指词为了在句中发挥作用而不得不添加的一些特定标记。如名词有数和所有格的变化，动词有人称、时态、语态、情态、语气及谓语的变化(如不定式、现在分词、动名词)，形容词和副词有比较级和最高级的变化等。因此，英语是通过词的各种形态变化来表达句子丰富多彩的语言关系和逻辑关系。

2. 汉语词的结构

汉语词没有形态变化，主要依靠词语、词序及内在的逻辑关系来表达句子的含义。比如，汉语中的"老王"和"王老"意义大不相同；"丫头"和"丫头片子"的语气也存在差异；"父亲"和"老爸"存在感情色彩的不同，等等。所以，在英译汉时，一般要通过加词和变换说法的方式来体现英语中的形态变化；而汉译英时，则应该用英语的各种形态变化来体现汉语的时态、语态、情态和语气等。如：

In the evening, after the banquets, the concerts and the table tennis exhibitions, he would work on the drafting of the final communique.

晚上在<u>参加</u>宴会、<u>出席</u>音乐会、<u>观看</u>乒乓球表演之后，他还得起草最后公报。(添加动词)

His being neglected by the host added to his uneasiness.

主人的冷遇使得他更加不舒服。(变换说法)

(二) 词的意义对比

英语吸收了法语、拉丁语和希腊语等其他语言中的词汇，词汇量很大。同一个词，由于来源不同，再加上英语本身所具有的同义词，往往有几种说法，一词多义的现象很普遍。下面以 white 为例来说明英语词的搭配能力和一词多义的现象。如：

white clouds 白云	white beard 灰白的胡子
a white area 白人区	a white face 苍白的脸
a white winter 多雪的冬天	white glass 透明的玻璃
a white soul 纯洁的心灵	a white nun 白衣修女
white fury 狂怒	turn up the whites of one's eyes 翻白眼
white alloy 假银	white coffee 加有牛奶的咖啡
white-collar 脑力劳动者	white cow 香草冰淇淋

汉语字数不多，有六七万字，常用的更是仅有 4000~7000 字，但是其词汇量相当丰富，

多达 35 万余条。一词多义、一词多用的现象虽远不及英语，但也十分普遍，而且汉语的字、字与词、词与词之间的组合能力极强。例如汉语的"生"，可以构成生存、生长、生机、生计、生命、生平、生疏、生硬、生财、生产线、生产力、生搬硬套、生花妙笔、生龙活虎等 150 多个词或词组。此外，英汉两种语言中存在着一些基本意义相同但联想意义不一样的词，如颜色词等。汉语中的"黄色书"和英语中的"Yellow Pages"的意义完全不同。

（三）词的表达能力对比

从总体上讲，名词、介词、形容词和副词在英语句子中的表达能力很强，也特别活跃，而汉语句子中的动词、词组和短句的表达更活跃一些。英语句子中名词的使用频率高，并由此造成了介词的活跃，使之具有强大的搭配能力和表达能力；英语句子中的名词和介词还具有动词的功能。相比之下，汉语句子中名词不如动词活跃，介词数量少而且表达能力差。因此，在英译汉时，英语句子中的名词可以灵活处理，而介词短语有很多要译成动词、短语或短句。如：

The <u>thought</u> that she would be separated from her husband during his long and dangerous journey saddened Mrs. Brown.

布朗太太<u>一想到</u>丈夫要踏上那漫长而危险的旅途而自己又不能跟他一起去，(心里)不禁感到难过。

二、句子结构对比

（一）英汉句子结构的相似性

英语和汉语句子在结构方面有一定的相似性。一方面，英语和汉语都包括陈述句、疑问句、感叹句和祈使句四大类型。另一方面，英语和汉语也都有主语、谓语、宾语、定语和状语。"主语＋谓语＋宾语"结构的句式非常普遍。因此，在做英汉、汉英翻译时可以采取"顺"译。如：

But as the song surged up in increasing loudness, even the most timid lost their fear and joined in, and all the things that King had said at the meeting in the ball room, things that they hadn't believed or had only half-believed, became suddenly and powerfully true.

但当歌声奔放而出、越来越响亮时，就连最胆小的人也不再恐惧，他们跟着唱起来，金在舞厅聚会时所说的一切话，那些他们不曾相信或半信半疑的话，突然间变得有力而真实。

（二）英汉句子结构的差异性

1. 英语重"形合(hypotaxis)"，汉语重"意合(parataxis)"

"形合"指的是句中的词语或分句之间用语言形式手段连接起来，表达语法意义和逻辑关系。"意合"指的是词语或分句之间不用语言形式手段连接，句中的语法意义和逻辑关系通过词语或分句的含义表达。前者注重语言形式上的衔接(cohesion)，后者注重行文上的连贯(coherence)。英语重"形合"，因而往往用词汇语法的显性衔接，依靠各种有形的连接手段以达到语法结构的完整，并使用表现逻辑关系的连接词(如 and, but, so, however 等)、关系词(如 that, which, who, what, how 等)、介词(如 of, to, with, on, about 等)，特别强调句子成分之间的从属、修饰、平行、对比等关系,句子的外形很严谨。而汉语注重"意合",语法关系主要通过词序体现,注重运用词义达到连贯,汉语文字结构没有形态变化的条件,句子成分之间的辅助词要少得多,仅靠词语和句子内在的逻辑关系,便能构成完整的语篇。鉴于以上特点,翻译时,英语译文需要补充代词、连接词和介词等;而汉语译文只要不影响意义的表达,经常省略这些词语。如:

我们应该相互尊重,相互学习,取长补短,共同进步。

We should respect <u>and</u> learn from each other <u>and</u> draw upon others' strong points to offset one's own deficiencies <u>for</u> achieving common progress. (补充了连词和介词)

<u>If</u> <u>we</u> persist in our reform, <u>we</u> will be able to turn <u>our</u> ideals into reality.
坚持变革创新,理想就会变为现实。(省译了连词、主语和代词)

2. 英语重心在前,汉语重心在后

英语和汉语的叙事、推理在多数情况下是相反的。英语句子在叙述时往往先说最近发生的事,再说先前发生的事情,而汉语在多数情况下则正好相反;英语句子往往先总结,然后加以阐述,而汉语则常常先交代事情,然后总结。总的说来,英语的句子多为句首封闭,句尾开放,多半头重脚轻,而汉语句子则是句首开放,句尾封闭。鉴于这一点,在翻译时要注意做出相应的调整。例如:

Tragedies can be written in literature since there is tragedy in life.
生活中既然有悲剧,文学作品就可以写悲剧。

3. 英语是静态(static)的语言,汉语是动态(dynamic)的语言

英语有少用谓语动词或者是使用其他手段表示动作意义的倾向;而汉语则多使用动词,汉语中有大量的兼语句和连动句。可以说,动词在汉语中用得较多,占优势;名词与介词在英语中用得较多,占优势。英译汉时,要注意词性的转换;汉译英时,要注意动词的处理。如:

<u>With</u> a basket in her hand, she trudged up the alley <u>to</u> her lodging.
她手<u>提</u>篮子,拖着沉重的脚步,走进一条小巷子,<u>来到</u>了她的住处。

4. 英语重物称(impersonal),汉语重人称(personal)

英语的物称倾向十分明显,常采用不能施以动作或无生命事物的词语做主语。而汉语更习惯于人称化的表达,常用能施以动作或有生命的物体做主语。因此,翻译时主语要进行相应的转换,如:

Fear of earthquake haunted her.
她总是担心会发生地震。

What happened to your grandpa?
你爷爷出什么事了?

5. 英语多被动(passive),汉语多主动(active)

在英语中,常采用不能施以动作或无生命的词语做主语,多采用被动句。而且,西方文化注重科学和理性的学术传统,在学术性语篇中特别强调客观性,所以英语频繁地使用被动

句，以避免动作的执行者可能引起的主观性。与此相反，汉语虽然也有"被""由"之类的词表示被动动作，但这种表达远没有英语中被动句常见。因为汉语思维习惯强调人的主体意识，主动句表现出来的动作和行为必然是由人完成的。如：

It is estimated that the vessel is 100 meters in length.
人们估计这艘船长达 100 米。
It is required to fill in the form before you enter the museum.
在进入博物馆前需要填写一份表格。

6. 英语多长句，汉语多简单句

英语句子结构以"形"统"神"，先竖起主干，表达出中心思想，由此展开，然后层层推演或逐项分列，用各种关系词、介词、分词等把其附加成分、从句往这根主干上叠加，犹如一棵枝叶横生的大树。而汉语句子以"神"统"形"，先宣称主题的重要性，继而展开反复的论述，最后回到主题，并对它再三强调。所以，汉语中并列句多，且只允许有限的前置修饰语，犹如一根竹竿，一节一节地展开。如：

中国幅员辽阔，自然资源丰富，劳动力充裕，消费者市场不断增长，基础设施不断完善。
China boasts vast territory, abundant natural resources, rich labor, a growing consumer market and improving infrastructure.

An important characteristic of current international economic relations is the aggravation of North-South contradictions and the widening of their economic gap. The majority of the developing countries remain confronted with such difficulties as crushing debt burden, negative flow of financial resources and worsening terms of trade.
目前，国际经济关系中的一个重要特点是南北矛盾更加突出，经济差距仍在扩大。大多数发展中国家继续面临着债务负担过重、资金倒流严重和贸易条件恶化等困难。

7. 英语重后修饰语(postmodifier)，汉语重前修饰语(premodifier)

英语的修饰语既可以放在被修饰的成分之前，也可以放在被修饰的成分之后，但如果英语的修饰语是短语或分句，往往在被修饰的成分之后。汉语的修饰语，无论是词、短语或句子，总是置于被修饰的成分之前。如：

The diagnosis seems in every case to correspond exactly with all the sensations that I have ever felt.
每次看病时，医生的诊断好像总是和我的感觉是一致的。

三、语篇对比

语篇是指任何不完全受句子语法约束的，在一定语境下表示完整语义的自然语言。它可以是一个词、一句话、一个句群、一个自然段，乃至整篇文章或者整部著作，它是超句子语法的具有交际功能的语义整体。也就是说，语篇是表示完整意义的自然语言。因此，英汉语篇既有其共同点，也有其不同之处。下面我们从语篇衔接方式来比较英汉语篇的差异性。

(一) 词汇衔接

词汇衔接指的是"语篇中出现的一部分词汇相互之间存在的语义上的联系,或重复,或由其他词语替代,或共同出现"。词汇衔接属于表层衔接纽带(surface-level tie),是语篇的外部特征,它可以起到串句、成文、完成句子之间语义连贯的作用,主要有重复(repetition)、同义(synonymy)和搭配(collocation)等形式。

1. 重复

重复是词汇外部联系中最直接的形式,它可以指使用相同的词、同义词或近义词、上义词和下义词。如:

Year in year out you've been looking forward with eager expectation to my home-coming; year in year out I've been looking forward with great anxiety to returning home.

一年,两年,三年,你的望眼将穿;一年,两年,三年,我的归心似箭。

2. 同义

同义指的是某个词跟前面出现过的词是同义。如:

He was just wondering which road to take when he was startled by a noise from behind him. It was the noise of trotting horses... He dismounted and led his horse as quickly as he could along the right-hand road. The sound of the cavalry grew rapidly nearer…

他正琢磨着走哪一条路,这时,身后传来了声音,他吓了一跳。那是万马奔腾的声音……他翻身下马,以最快的速度将马往右手边那条路赶去。这时,骑兵团的声音越来越快,越来越近了……

在这个例句中,"sound"和"noise","cavalry"和"horses"就属于同义衔接。

3. 搭配

词汇搭配模式主要体现在英汉两种语言的词汇搭配习惯、范围都不尽相同。它是语篇衔接连贯的又一个重要手段。主语和谓语的搭配、动词和名词的搭配、名词与介词的搭配等都是英汉翻译中必须考虑的问题。如英语中的"smoke"和"pipe","cold"和"ice","friends"和"relations",以及汉语中的"潮"与"涨、落"等都属于自然搭配。

(二) 句法衔接

句法衔接是指借助构造句子的语法手段或标示词语之间的结构关系,如运用具有语法功能的词语的时体形式,运用替代、省略、同构关系等来实现语篇的衔接和连贯。汉语运用其结构形式特征、内含的语境和语用知识来构成语篇的隐性连贯。因此,在汉译英时,要特别注意英语中词语的时体形式、替代、省略、同构关系等的翻译,先明确这些词对语篇衔接所起的作用及它们在具体语境中的意思、对上下文的影响,然后找出相应的中文表达来翻译,并且利用中文内含的语境和语用知识来处理。如:

Primitive people have long believed that comets have been the harbingers of famine and death.

原始人长期以来一直认为彗星是饥荒和死亡的先兆。

该译文没有考虑到英语中时、体等形式所发挥的衔接作用,"have long believed"是现在完成时,现在完成时用来表示之前已发生或完成的动作或状态,其结果和现在有联系。动作或状态发生在过去,但它的影响现在还存在;也可表示持续到现在的动作或状态。而原始人不可能"一直认为",不符合逻辑,因为 believe 的时、体发挥了连贯的作用,翻译时就要考虑到内在的衔接和逻辑,才能翻译准确。因而把"primitive"译成"头脑简单"才符合逻辑。

(三) 逻辑衔接

逻辑衔接分为显性与隐性。汉语重隐性衔接,而英语重显性衔接,翻译时在词汇、句法和逻辑衔接方面要特别留意。具体来说,英译汉时,要注意分析语篇中的逻辑关系,对原文进行逻辑重组,把汉语隐性的逻辑关系转化为英语显性的逻辑关系,考虑增加联系用语"connectives",调整句式以符合英语表达习惯。如:

当别人惊叹他的成功时,他说了一句话:"感谢智慧给了我机会和财富。"

When others hailed his success with admiration, he only said: "I'm grateful to wisdom for giving me the opportunity and wealth."

英译文中补充了英语的主语"I",表明在汉译英的过程中,添加联系用语的重要性。而且在逻辑连接方面,译文中加进了介词"for",在这里表示"因为",虽然原文中并没有明确指出这种关系,但译者通过分析发现了在原文中存在的逻辑关系,从而在译文中补上来,达到逻辑连贯的效果。

在翻译语篇篇章时,我们需要很好地把握两种语言在语篇上的差异,要有篇章意识,站在篇章的层面上不断调整、改变自己母语固有的语言习惯和思维模式,依照译语组句谋篇的模式和机制再现或重建文章的脉络,翻译出来的文章才没有雕琢的痕迹,从而忠实地传达原文的意思和风格等。

 知识小结

语言对比是翻译实践的基础。英汉两种语言属于不同的语系,它们之间的异同对两种语言之间的转换至关重要。通过对英汉两种语言在词汇、句子结构、语篇衔接及思维差异等方面的对比分析,有助于翻译方法的选择。

任务考核

思考题

请思考英汉句子结构的主要特点及其对翻译的启示。

课后训练

翻译下列句子,注意英汉句子结构的异同。

1. People do not trust the politician because he is dishonest.
2. The train hadn't yet fully stopped before Jones was off and running along the side looking underneath for his son.
3. The company's obsession with cost, quality and speed of production has enabled it to beat the competition.
4. The various machine tools produce the movements which are required by the different machining processes.
5. 用一句古老的中国谚语来说：事非经过不知难。
6. 精神病科主任问了几个问题后，告诉我道："你进步很快，很可能再过一个星期，就可以出院了。"
7. 很难想象，学普通物理学的学生若没有某些实验室的经验，怎能真正掌握物理学的资料和方法。

文化差异在英汉语言中的体现

不同民族对同一事物具有不同的价值观念，赋予同一事物以不同的意义，反映在语言上就是对词的褒贬不一。英语对绵羊(sheep)和山羊(goat)有明确的区分。"sheep"指驯顺善良，可指好人；"goat"指坏人，淫荡邪恶。汉语对绵羊和山羊统称为"羊"，日常生活不加区分，在客观意义上，"sheep"和"goat"无所谓善恶。再以"龙"为例，在中国人看来，龙是帝王的象征，有"真龙天子"的说法。"龙腾虎跃""生龙活虎""龙飞凤舞""乘龙快婿"等成语一直沿用至今。但是"龙"的英语对应词"dragon"给西方人的印象是可怕的，因为在西方，龙是罪恶的象征。关于龙的这一意义还可以追溯到古英语的 *Beowulf* 中，这一首诗被认为是古代盎格鲁-撒克逊人的民族史诗，最早的关于龙的罪恶形象就是在这首诗中的火龙身上所表现出来的，难怪西方人对中国人自称"龙的传人"无法理解。因此，考虑到英美读者的价值观念和阅读心理，也有人把"龙"改为"虎"。由此可见，翻译时了解不同文化背景至关重要。

任务 2.2　翻译方法

试分析下述译文是否准确，体会直译与意译的应用。
1. lie on one's back　　　　　译文：躺在自己的背上

2. the Milky Way　　　　　译文：牛奶路
3. black tea　　　　　　　译文：黑茶
4. bull's eye　　　　　　　译文：公牛眼睛
5. talk horse　　　　　　　译文：谈马

学习任务

适宜的翻译方法是确保翻译活动顺利开展的重要因素。不同的翻译方法不仅会导致译文风格呈现差异，有时甚至会直接决定译文质量的高低。这是翻译界为何历来十分重视翻译方法的缘故。所谓翻译方法，严格来说包括两方面内容：一是译者在翻译过程中为了传达原作内容和形式而采取的策略和方法；二是译者在翻译过程中解决具体问题的办法，也称翻译技巧。本部分所讲的翻译方法，指的是第一方面的内容，而第二方面的内容将在翻译技巧中介绍。

一说到翻译方法，人们就会自然而然地想到直译和意译。其实，这并不奇怪。两千多年来，无论是在中国还是在西方，整个翻译史就是一部直译和意译此消彼长、交相辉映的历史。直译和意译所关注的核心问题是如何在语言层面处理形式和意义的关系。如今，人们已将翻译研究的视野扩展到语言、文化和美学等领域，只了解直译和意译，未免有所局限。本项目将异化与归化、直译与意译的翻译方法一并介绍。

一、异化与归化

异化(foreignization)和归化(domestication)这对翻译术语是由美国著名翻译理论家劳伦斯·韦努蒂(Lawrence Venuti)于1995年在《译者的隐身》中提出来的。

异化是"译者尽可能不去打扰作者，让读者向作者靠拢"。在翻译上就是迁就外来文化的语言特点，吸纳外语表达方式，要求译者向作者靠拢，采取相应于作者所使用的原语表达方式来传达原文的内容，即以原语文化为归宿。使用异化策略的目的在于考虑民族文化的差异性、保存和反映异域民族特征及语言风格特色，为译文读者保留异国情调。

归化是要把原语本土化，以目标语或译文读者为归宿，采取目标语读者所习惯的表达方式来传达原文的内容。归化翻译要求译者向目的语读者靠拢，译者必须像本国作者那样说话，原作者要想和读者直接对话，译作必须变成地道的本国语言。归化翻译有助于读者更好地理解译文，增强译文的可读性和欣赏性。例如：

巧妇难为无米之炊。《红楼梦》

杨宪益：Even the cleverest housewife can't cook a meal without rice. (异化)

David Hawkes：Even the cleverest housewife can't make bread without flour. (归化)

知人知面不知心。《红楼梦》

杨宪益：You can know a man's face but not his heart. (异化)

Hawkes：Appearances certainly are deceptive! (归化)

作为两种翻译方法，异化和归化是对立统一、相辅相成的，绝对的归化和绝对的异化都是不存在的。从上例可以看出：不同的译者采用不同的翻译方法，都取得了很好的翻译效果。

二、直译与意译

(一) 直译

直译(literal translation 或 metaphrase)指从形式到内容都忠实于原文。当原文的思想内容、表达方式和语言结构与译文相同或相近时适合直译。如此一来，译文既能保持原文的内容，又能保持原文的形式，还能保持原文中的修辞方法、地方色彩等，而且语言形象生动。直译常可用于一些短语和习语的翻译。如：

money politics	金钱政治	cold war	冷战
hotline	热线	ostrich policy	鸵鸟政策
chain stores	连锁商店	baptism of war	战争洗礼
black market	黑市	pillar industry	支柱产业
go into the red	出现赤字	a wait-and-see attitude	"等着瞧"的态度

上述这些例子通过直译保留了原文的表现手法，从而使译文读者能够获得与原文读者大致相同的感受。又如：

He walked at the head of the funeral procession, and every now and then wiped his crocodile tears with a big handkerchief.

他走在送葬队伍的前头，还不时用一条大手绢抹去那鳄鱼的眼泪。

When the host gave some pictures to them, they didn't realize that they were receiving a modern Trojan horse: Microphones and radio transmitters were hidden in the pictures.

东道主向他们赠画时，他们并没有意识到他们是在接收一具现代特洛伊木马：那些画框里暗藏着麦克风和无线电发报机。

上述例句中的 "crocodile tears" "Trojan horse" 均采取了直译，其对应的译语虽为舶来品，但其含义已为国内广大读者所熟悉。

(二) 意译

意译(free translation 或 paraphrase)指内容忠实于原文，而不拘泥于原文的形式。由于不同民族在历史渊源、文化传统、风俗习惯、地理环境等诸多方面的差异，其语言不仅在词语结构上，而且在表达方式上也必然存在许多差异。譬如，英国人表达"进退两难"常用 "between the devil and the deep blue sea"，"多此一举"常用 "carry coals to Newcastle"。英语中用 "the seventh heaven"，而汉语中则用"九(重)天"指最高天际。因此，当原文的思想内容与译文的表达相矛盾时，则应采用意译法。意译往往需要比直译更仔细、更巧妙，它的灵魂在于语言形式改变，而语言的风格不变。但意译并不等于乱译，胡乱地翻译是不符合"忠实"这个翻译标准的。例如：

A dark horse candidate gets elected president.
一位名不见经传的候选人当选了董事长。

原文中"a dark horse"在汉语中找不到合适的词语来套用，因此只能采用意译法结合上下文把原文的意思表达出来。

本质上，意译强调"神似"。例如：

to look for a needle in a haystack　海底捞针　　castles in the air　空中楼阁
to talk shop all the time　三句话不离本行　　to sit on thorns　如坐针毡
to laugh off one's head　笑掉大牙　　the apple of one's eye　掌上明珠

正如前文已经指出的那样，意译绝不等于乱译。译者不应为了追求译文的华丽隽永而任意添枝加叶或对原文词语妄加删减。当然，采用意译必然要借助于翻译中常用的各种变通手段，譬如进行词类、句式、语态等的转换，对语序加以必要的调整，或对词语做出适度的增删等。所有这些变通手段的运用都是为同一目的服务的，那就是使译文忠实、通顺、自然地再现原文意义。

（三）直译与意译的关系

对于直译与意译，不能脱离具体实际，盲目武断地判定二者孰优孰劣。大量的翻译实践业已证明，这两种方法虽然有时在形式上似乎是对立的，但是在更多的情况下却互为补充、相辅相成。在正常的翻译活动中，译者往往不能无视具体情况一味坚持直译，或者仅仅采用意译一种方法。有时，即使是翻译一句话，也可能会同时使用两种方法。例如：

"Really, you carry your age astonishingly well, Nancy." said the doctor, for he saw no change whatever in her.

"南希，你可是一点儿也不见老啊。"医生说道，因为他看不出她有什么变化。

New alloys have been made to satisfy new demands, and in the meantime new uses have been found for old metals.

新的合金被冶炼出来，以满足新的需要，而与此同时，废金属也有了新用途。

在上述两例中，第一句的前半句的引语部分采用了意译，后半部分采用了直译。第二句则前半句直译，后半句意译。翻译句子尚且需要两种方法并用，更不用说翻译一个段落、一篇文章，甚至一本书了。当然，也有一些句子，无论采取直译还是意译，皆能收到通顺达意的效果。例如：

It means killing two birds with one stone.

直译：这意味着一石二鸟。

意译：这意味着一举两得。

Newton created a planetary dynamics which was so successful that for many years scientists complained that nothing was left to be done.

直译：牛顿创立的天体力学是那么成功，以致许多年来科学家们抱怨没留下什么可以继续搞的。

意译：牛顿创立的天体力学真可谓天衣无缝，以致许多年来科学家们抱怨无空可补。

遇到类似例子，究竟采取哪种译法，主要视具体的场合、特定的上下文以及原作的风格与译者的偏爱等因素而定。同时，还应考虑许多翻译学家所倡导的一条原则，即"能直译就尽量直译，不能直译则采取意译"。首先，假如两种语言的结构形式和表现手法相同或十分接近，采用直译不仅恰当传达了原文意义，而且保存了原作的形象比喻及风格特征，有时还能进一步丰富译文的表达方式，增加其感染力。譬如："be armed to the teeth"，假若译为"全副武装"，显然要比"武装到牙齿"逊色多了，具体情况如下。

Hitler was armed to the teeth when he launched the Second World War，but in a few years he was completely defeated.

希特勒在发动第二次世界大战时武装到了牙齿，但是不过几年就被彻底击败了。

然而，倘若两种语言的结构形式与表达方式差异迥然，或者原文的形象比喻不能为译文读者所接受，就须借助于意译。例如：

Do not cast pearls before swine.

不要对牛弹琴。

以上有关直译与意译的讨论表明，这两种翻译方法各有千秋，应根据具体场合灵活掌握、合理使用，使其取长补短，相得益彰。

适宜的翻译方法是确保翻译活动得以顺利开展的重要因素。不同的翻译方法不仅可能导致译文风格呈现差异，有时甚至会直接决定译文质量的高低。通过厘清异化与归化、直译与意译的区别及适用条件，为具体翻译技巧的学习奠定基础。

思考题

如何正确理解直译和意译及其相互关系？

课后训练

采用适当的翻译方法，将下列句子译成汉语。

1. I have read your articles and I expected to meet an older man.
2. The ship turned just in time, narrowly missing the immense wall of ice which rose over 100 feet out of water beside her.
3. They were only crying crocodile tears at the old man's funeral because nobody had really liked him.
4. For White, to disclose his long-held privacy means to strike the heel of Achilles.
5. Every time Robert visits me, one of my books disappears. I'm beginning to smell a rat.

试译以下句子,分析译文 1、译文 2 哪个更符合汉语特点,体会英汉语篇差异以及对翻译的影响。

1. The Treasury Department, which then enforced the anti-dumping laws, took no action for three years and then failed to collect duties even though it had determined that dumping was occurring. The U.S. television industry was effectively destroyed.

   译文 1:实施了反倾销法的财政部在此之前已经确定倾销确实存在,但三年里一直没有采取行动而未能收取关税。美国的电视机产业因此受到重创。

   译文 2:虽然财政部随即实施了反倾销法,但是三年里没有采取任何行动。结果,虽然财政部此前早已确定倾销现象确实存在,但最终还是未能收回关税,美国的电视机产业因此受到重创。

2. Tower Bridge has a glassed-in high-level walkway, which offers panoramic views over the river and London.

   译文 1:伦敦的塔桥有一条四周用玻璃封闭、提供了泰晤士河和伦敦上方的全方位景色的高级通道。

   译文 2:伦敦的塔桥有一条四周用玻璃封闭的高级通道。走在通道上面,整条泰晤士河和伦敦的景色尽收眼底。

作为初到翻译公司从事商务翻译工作的实习生,项目主管要求你对英汉语言的异同进行比较分析,要求要点清晰、准确、全面,例证得当。

翻译家谈翻译Ⅰ

学生可扫描获取"翻译家谈翻译Ⅰ"相关资料。

项目3　名片翻译与英汉翻译技巧之词义选择

🔍 能力目标

1. 能够准确进行名片中姓名、地址、部门名称、职务的翻译;
2. 能够在国际商务环境中准确使用中、英文名片;
3. 能够运用词义选择的翻译技巧进行英汉翻译。

🔍 知识目标

1. 了解名片的基本构成、规格、款式及语言特点;
2. 掌握名片中姓名、地址、部门名称、职务的翻译技巧;
3. 熟练掌握词义选择的翻译技巧。

🔍 素质目标

通过名片翻译的学习培养严谨求实、认真细致的职业精神。

项目3 名片翻译与英汉翻译技巧之词义选择

知识结构图

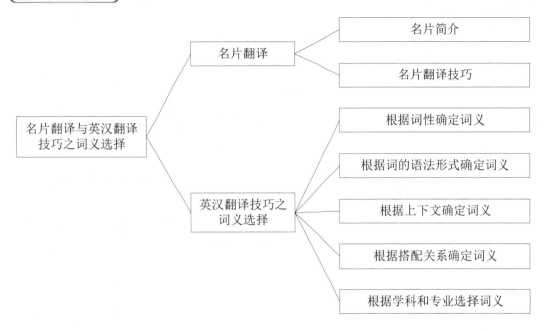

任务 3.1 名片翻译

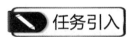

试译名片，分析其构成，体会名片语言特点。

> **昆明新世纪公司**
>
> **崔　敏**
>
> 总经理
>
> 手机：138********
> 电子邮箱：abc@abc.com
> 地址：云南省昆明市东方路 232 号
> 邮政编码：650021

一、名片简介

名片是日常交往中常见的信息交流方式,是个人和公司形象的集中体现。名片在中国古代又称谒、名刺、门状、名帖,是拜访他人时表明身份并起介绍作用的文书。现代名片是商业活动的产物,是社交和商务往来中用来做自我介绍的一种小卡片,在英语中可称为 visiting card, calling card, name card, 或一律称为 card。名片没有统一的规格和固定的格式。在我国,名片一般为9厘米长、5厘米宽的卡片,常有横式、竖式、斜式等格式。从交际功能来看,名片可以分为商业名片、公用名片和个人名片。

大多数名片都包含公司名称(company)、本人姓名(name)、职位(position)、职称/头衔(title)、公司地址(address)、电话号码(telephone number)、传真号码(fax number)和电子邮箱地址(e-mail address)等方面的内容。此外,有些名片还附有公司的标志、口号、广告词等,也有的附上网址、QQ号码或微信号码等内容。在各项内容的排列顺序上需要注意:地址、电话、邮编等一般不放在名片的上方。名片上姓名的字号最大,如果为了突出任职单位,也可将公司名称印得最大。在英语为官方语言的国家(即英语国家),有的公司要求员工把学历(一般是本科以上)、行业认证证书和社会身份印在名片上,以表示员工的教育背景与工作范畴相符,也展现员工的专业化程度。这些一般紧随在名字后面,以简写形式存在。学历简写在前,专业内容用括号括起紧随其后,不空格。如 MBA(工商管理硕士)、MHumRes(人力资源管理硕士)等。

名片在语言上要求用词得体、语法规范、表达准确。具体表现为:内容要大写或首字母大写,多使用缩略语。名片具有自我介绍作用。此外,在名片的上方空白处或背面临时写一些文字或缩略语可以起到介绍、祝愿、祝贺、慰问等作用。

二、名片翻译技巧

名片是社会交往的产物,反映着不同文化的特色。中西方名片在所列内容、排列以及使用方面存在着诸多差异。因此,名片翻译必须严肃认真,既要忠实于原文信息,又要起到方便沟通、提高交流质量的作用,力争使译文符合国际惯例。下面着重介绍名片中涉及的姓名、地址、部门名称、职务、职称等的翻译技巧。

(一) 姓名翻译

姓名属于专有名词,是一个人在社会上的称呼,是一种符号,指代特定的人。中国姓名习惯姓在前、名在后,与国际通用的名在前、姓在后正好相反。无论中外,一个人的名字通常具有深刻的含义。比如,Gabriel 代表"上帝派来的使者",Eric 代表"永远的领导者","翔"则说明父母希望他能"展翅飞翔"。姓名的翻译一般采取"名从主人"的原则。中文姓名的英译最常用的是音译法,即用《汉语拼音方案》中的字母进行姓名的拼写和注音。

针对汉语姓名的翻译主要有以下几种方式。

1. 汉语拼音直译

姓在前、名在后，单名的两个字要分开；双名的两个字要拼写在一起，中间不需要用连字符"-"；首字母要大写，复姓的拼音要连在一起。例如：李建军译为 Li Jianjun，王强译为 Wang Qiang，诸葛亮译为 Zhuge Liang，欧阳中石译为 Ouyang Zhongshi。此外，当姓名中出现元音字母 a，o，e 开头的拼音时，要在元音字母前加上一撇，以避免读者产生歧义。比如李宝安，应译为 Li Bao'an。

2. 遵照英美习惯

按照英美习惯，采用名在前、姓在后的次序写，但通常在姓的前面可加上逗号，与名字分开，也可以采用缩写。如王建军，可以翻译成 Jianjun, Wang 或 J. J., Wang。

3. 大写姓

人名中的姓采用全部大写的方法，以起到突出醒目的作用，同时也表明是姓名中的姓，以免外国人将姓与名搞错。例如，李建军可以翻译成 LI Jianjun，宋江可以翻译成 SONG Jiang。

按照"名从主人"的原则，如果一个人本身就取了英文名，应按照他的英文名来翻译，而不能采取拼音翻译法。此外，有些名人的名字，最初英译时曾受方言的影响，如孙中山(Sun Yat-sen)，因沿用多年已成定译，不宜更改。还有些历史人物的名字，如孔子(Confucius)、孟子(Mencius)等的英译文已收入国外出版的权威词典，形成固定译法而广为流传，为避免引起混乱，也不宜更改。由此可见，姓名翻译，重在查证。只有确定一个人本身没有固定的英文名或已沿用的译名后，才能采用音译法进行翻译。

(二) 地址翻译

中英文地址的写法不同，中文的写法是从大到小，英文则是从小到大。具体地址翻译技巧如下。

1. 英文地址的翻译

(1) 音译法。英文地址的音译法，如：

New York 纽约　　　　　　Washington 华盛顿

(2) 意译法。英文地址的意译法，如：

Iceland 冰岛　　　　　　　Pearl Harbor 珍珠港

(3) 音意混译。英文地址的音意混译，如：

New England 新英格兰　　Port Victoria 维多利亚港

翻译英文地址时应注意：相同地名有不同的译法，在翻译时应注明国家，如：

Cambridge 剑桥(英国)/坎布里奇(美国)

San Francisco 旧金山(美国)/圣弗朗西斯科(阿根廷)

有的地名不止一个国家有，中文译名相同，翻译时也要注明国家。例如：Vancouver(温哥华)应注明是美国的还是加拿大的。有的国家有几个地方都用相同的地名，翻译时要在地名后面注明其所在地区。例如,美国的蒙大拿州、俄亥俄州和纽约州都有一个地方叫作 Amsterdam(阿姆斯特丹)。

2. 中文地址的翻译

(1) 中文地址的排列顺序是由大到小:×国×省×市×区×路×号。在英译时,地名专名部分(如"皇姑区"的"皇姑"部分)应使用汉语拼音,且须连写,如 Huanggu 不宜写成 Huang Gu。各地址单元间要加逗号隔开。

在名片上,地址应该保持一定的完整性,门牌号与街道名不可分开写,必须在同一行,不可断行,但各种名称可以断开。例如:

Room×××, No.××× Road/Street,×××District,×××City

×××Province ×××(Post/Zip Code)

×××(Country)

(2) 完整的地址由行政区划、街区名、楼房号三部分组成。

① 行政区划翻译

行政区划是地址中最高一级单位,我国幅员辽阔,行政区划较复杂,总体上分为五级(括号内所注为当前国内通用译名)。

国家:中华人民共和国(the People's Republic of China;P.R. China;P.R.C;China)。

省级:省(Province)、自治区(Autonomous Region)、直辖市(Municipality directly under the Central Government,简称 Municipality)、特别行政区(Special Administration Region,简称 SAR)。

地级:地区(Prefecture)、自治州(Autonomous Prefecture)、市(Municipality;City)、盟(Prefecture)。

县级:县(County)、自治县(Autonomous County)、市(City)、市辖区(District)、旗(County)。

乡级:乡(Township)、民族乡(Ethnic Township)、镇(Town)、街道办事处(sub-district)。

中文地址翻译示例,如:

上海市崇明区中兴镇　Zhongxing Town,Chongming District,Shanghai (Municipality)

内蒙古自治区呼伦贝尔盟　Hulunbuir Prefecture,Inner Mongolia Autonomous Region

② 街区名翻译

居于地址体系的中间位置的是一些传统的村居街道及新兴的各种小区、新村、工业区等,常见译法具体如下。

路:Road(缩写为 Rd.)。例如:山东路 Shandong Road,山东北路 North Shandong Road 或 Shandong Road(N.),中山二路 Second Zhongshan Road。

街、道:Street, Avenue。例如:长安街 Chang'an Street,世纪大道 Century Avenue。

里、弄、巷:Lane。例如:东里 East Lane,大井巷 Dajing Lane,331 弄 5 支弄 5th Sub-lane 331st Lane。

胡同:Alley。例如:东条胡同 Dongtiao Alley。

新村、小区:Village, Residential Quarter/Area。例如:世纪新村 Century Village,中原

小区 Zhongyuan Residential Quarter。

③ 楼房号的翻译

这是地址的最低一级，涉及对具体场所的命名及房号的标注。例如：5 幢 302 室、3 号楼 2 单元 102 室。这里的"幢""栋""×××号楼"实际上是同一回事，一般均以"Building..."来表示；"室"一般译作"Room"或"Suite"。上述两例可分别译成 Suite 302，Building 5；Room 102，Unit 2，Building 3。"Suite"往往由多个"Room"组成，如 a three-room suite。目前，我们普遍使用的几号室(房)，往往都是套房，故在翻译房号时，不能受其后缀"房"或"室"的影响，应尽量根据实际情况选择"Suite"或"Room"。

在这一级地址中还经常出现诸如"单元""大厦""层"等术语。例如，"东一办公楼五层 1-3 室"可译为"Rm. 1-3，5/F，Office Building E1"。

此外，名片地址翻译还需要注意以下几方面。

① 缩略语的使用

名片由于空间有限，常将英文地址中的某些单词换成缩略语。常用的缩略语如下：

区：District→Dist.　　　　工业的：Industrial→Ind.

街：Street→St.　　　　　路：Road→Rd.

道：Avenue→Ave.　　　　大道：Boulevard→Blv.

楼层：Floor→"/F"或 Fl　　大楼/大厦：Building→Bldg.

公寓：Apartment→Apt.　　房间：Room→Rm

举例如下：

中国上海市浦东新区浦东大道 2000 号阳光世界大厦 22 层 H 座

Suite H，22F，Sunshine World Tower，No. 2000 Pudong Ave.，Pudong New District，Shanghai，China

② 英文中每个分级地名要大写首字母，且分级地名之间要用逗号隔开。比如：

江苏省扬州市宝应县泰山东村 102 栋 204 室

Room 204, Building No.102, EastTaishan Village, Baoying County, Yangzhou, Jiangsu Province

③ 对于本身已有中英对照名称的建筑物或地点要采用它本身的名称。比如时代国际大厦本身就有英文名"Times International Building"，这种情况下就不适合采用音译法。再如：

香格里拉大酒店　(Shangri-La Hotel)　　　上海东方明珠　(The Oriental Pearl)

故宫　(The Forbidden City)　　　　　　　长城　(The Great Wall)

澳门　(Macao)　　　　　　　　　　　　乌鲁木齐　(Urumchi)

④ 对于路名、街道名的翻译，如果没有约定俗成的英文名和译名，基本上可以采取音译法，后面再加上"Road"或"Street"。比如"王府井大街"可以译成"Wangfujing Street"，"东凤西路"可以译成"Dongfeng Road(West)"。

(三) 公司名称翻译

具体见本书"组织机构名称翻译"(项目 5)。

(四) 部门名称翻译

现代企业下设各种职能部门，其分工不同、各司其职，分布于企业的生产、销售、服务及流通等各个环节。在名片中，有时部门与职务、职称融合在一起，如 Sales Manager(销售经理)，有时部门名称也会单独列出。以下是一些常见的企业部门名称及其翻译。

1. 企业领导、决策层的部门

Board of Directors　董事会　　　　　General Manager Office　总经理室
General Office　总办事处　　　　　　Administration Dept.　行政管理办公室

2. 企业生产环节的部门

Production Dept.　生产部　　　　　　Product Development Dept.　产品开发部
Planning Dept.　企划部　　　　　　　Research and Development (R.&D.) Dept.　研发部
Q.&C. Dept.　质量控制部　　　　　　Project Dept.　项目部
Engineering Dept.　工程部　　　　　　Industrial Dept.　工业部

3. 企业流通环节的部门

Dispatch Dept.　发货部　　　　　　　Purchasing Dept.　采购部
Material Dept.　材料部　　　　　　　Logistics Dept.　物流部

4. 企业销售环节的部门

Sales Dept.　销售部　　　　　　　　　Sales Promotion Dept.　促销部
Marketing Dept.　营销部　　　　　　　Business Office　营业部
International Dept.　国际部　　　　　　Import & Export Dept.　进出口部
After-sales Dept.　售后服务部

5. 企业服务及其他环节的部门

Accounting Dept.　财务部　　　　　　Personnel Dept.　人事部
Advertising Dept.　广告部　　　　　　Human Resources Dept.　人力资源部
Technology Dept.　技术部　　　　　　Public Relations Dept.　公关部
Training Dept.　培训部

(五) 职务、职称翻译

翻译是一种跨文化交际。由于译出语与译入语所属的语言环境不同，语言之间不可能完全对等。由于国家间政治制度与经济体制存在差异，职位、职称也同样存在不对等的现象，翻译时经常会出现难译或误译的情况。因此，有必要了解英文职务、职称的翻译。

1. 常见职务名称翻译

常见职务名称翻译，如表 3-1 所示。

表 3-1 职务的英译

职　务	英　译	职　务	英　译
公司总裁	Chief Executive Officer(CEO), President	会计师	accountant
总经理	General Manager(G.M.) Managing Director(M.D.)	设计师	designer
董事长	Chairman of the Board(Br.E), President(Am.E)	建筑师	architect
高级顾问	senior adviser	技师	technician
编辑	editor	研究员	research fellow
主任	head director; chief	主任委员	chairman
工程师	engineer	秘书长	secretary general
经济师	economist; economic administrator	常任理事	standing director

2. 职务中常见用词翻译

职务中常见用词翻译，如表 3-2 所示。

表 3-2 职务中常用词翻译

名　称	英　语	举　例
副……	deputy	可搭配的词有：manager(经理)、director(主任、处长)、chairman(董事长)、editor(编辑)、minister(国家部委的部长)、secretary-general(秘书长)、ambassador(大使)、governor(省长、总督)、attorney general(检察长)
	vice	可搭配的词有：president(总统)、chairman(主席)
	associate	表示与技术职称相关的副职，如：associate professor(副教授)、associate research fellow (副研究员)
	assistant	表示助理，如：assistant engineer(助理工程师)、assistant research fellow(助理研究员)
名誉	honorary/emeritus	honorary chairman(名誉主席)
代	acting	acting factory director(代厂长)
兼	and/ and concurrently	Chairman of the board of directors and chief executive officer (董事长兼首席执行官)

3. 政府行政人员职务名称的翻译

政府行政人员职务名称的翻译是一项复杂的任务。一是因为中国与英语国家的行政划分差异较大，中国的行政级别繁多，名目也较英语国家更丰富；二是国家间行政职务有诸多不对等之处，这就造成了翻译上的许多困难。对于这类职务名称的翻译，有以下两种方法。

一是寻找对等词。权威的字典如陆谷孙的《英汉大词典》，外研社的《汉英词典》提供了许多词语的对等词，比如部长(minister)、秘书长(secretary-general)、领事(consul)等。

二是遵循约定俗成的惯例。比如"县长""镇长""处长""科长"等，一般都可以用

chief 或 chief executive 来翻译，然后加上各自管辖的权限。比如：县长译为"Chief Executive of County Government"，镇长译为"Chief Executive of Township Government"等。

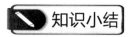

名片是日常交往中常见的信息交流工具，本项目介绍了名片常识，名片中涉及的姓名、地址、部门名称、职务、职称的翻译技巧和注意事项。

思考题

请总结名片中姓名、地址翻译的要点。

课后训练

一、请翻译以下名片中经常出现的职务。

1. 高级顾问   2. 公司总裁
3. 执行副经理   4. 高级工程师
5. 名誉教授   6. 研究员
7. 秘书长   8. 乡长
9. 总编辑   10. 会计师

二、请翻译以下姓名。

1. 司马相如   2. 文树安   3. 欧阳修   4. 孔子
5. 孟子   6. 老子   7. 陆克文   8. 李小龙

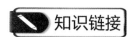

名片礼仪

1. 呈递名片

呈递名片给他人时，应当起身站立走上前去，将名片正面朝向对方，用双手或右手递上。递交的过程中，眼睛要注视对方，面带微笑，并大方地说："这是我的名片，请多多关照。"不要用左手呈递名片，不要将名片背面或颠倒着朝向对方，不要把名片举得高于胸部，也不要用手指夹着名片递交给他人。若与多人交换名片，应按照由近而远或由尊而卑的顺序依次进行。一般情况下，由地位低的一方先向地位高的一方，男性先向女性呈递名片。

2. 接受名片

接受他人的名片时应起身站立，面带微笑，目视对方，以双手去接名片，口头道谢并可以说"久仰大名"之类的赞美。在不得已的时候才能单用右手去接名片，千万不能单用左手去接名片。接过名片后，一定要从头至尾把名片看一遍，表示对交往对象的重视，而且能迅速了解对方的确切身份。看过名片后，要将其精心存放在名片夹、公文包或上衣口袋里，不能随意丢放名片或在名片上放置其他东西。

3. 索取和拒绝递送名片

通常情况下，最好不要强行索要他人的名片。如果有必要索取他人的名片，应当尽量采用委婉的方法索取。例如，可以向对方提议交换名片，可以主动递上本人名片，等等。当他人向自己索取名片而自己不想给对方时，应当把这个意思委婉地表达出来。可以说："对不起，我忘了带名片"，或者"抱歉，我的名片用完了"等。

<h3 style="text-align:center">名片上常用缩略语及其翻译</h3>

North→N 北	South→S 南
West→W 西	Northeast→N.E. 东北
Northwest→N.W. 西北	Southwest→S.W. 西南
Southeast→S.E. 东南	Road→Rd. 路
Street→St. 街	Room→Rm. 房间
Telephone→Tel. 电话	Office phone→(O) 办公电话
Post code→P.C. 邮政编码	Zip code→ZIP 邮政编码
World Wide Web Site→Website 网址	World Wide Web→WWW 万维网
PhD 博士	MBA 工商管理硕士
The People's Republic of China→PRC 中华人民共和国	

任务 3.2　英汉翻译技巧之词义选择

任务引入

英语和汉语一样，一词多用、一词多义的现象极为普遍。同一个词往往属于几个词类，每一种词类又常常具有不同的含义。以汉语的"上"字为例，请思考并讨论在下列词语中怎样翻译"上"字更合适。

1. 上班　　　　　　2. 上报(纸)
3. 上菜　　　　　　4. 上告
5. 上钩　　　　　　6. 上交
7. 上课　　　　　　8. 上任

9. 上瘾　　　　　　　　　10. 上灶

在英语词汇中也存在类似情况。试译下列词组，思考如何翻译"dry"。

1. a dry cow　　　　　　　2. a dry party
3. a dry book　　　　　　　4. a dry answer
5. dry humor　　　　　　　6. dry facts
7. a dry business season　　8. dry wines
9. a dry rehearsal

在英汉翻译过程中，我们在弄清楚原文的结构后，就要选择和确定原文中关键词语的词义。具体地说，可以从以下几个方面着手。

一、根据词性确定词义

选择某个词的词义，首先要辨明这个词在原句中是什么词性，然后再进一步确定其词义。正确判断词性对理解词义有着决定性的作用。例如"Workers can fish"，当"can"和"fish"分别被当作助动词和动词时，这句话应理解为"工人们会捕鱼"。但当"can"和"fish"被当作谓语动词和名词时，这句话的意思就变成"工人们把鱼制成罐头"。再以"round"为例：

The Earth is not completely round.
地球并不是完全圆的。(形容词)

The nuclear power plant is said to be capable of running with little maintenance all the year round.
据说核电厂可以终年运转而很少需要维修。(副词)

The watchman makes his rounds every hour.
守夜人每小时巡逻一次。(名词)

They had to drive round the fallen tree.
他们不得不驱车绕过那棵倒下的树行驶。(介词)

以 like 为例。

He likes mathematics more than physics.
他喜欢数学甚于喜欢物理学。(动词)

In the sunbeam passing through the window, there are fine grains of dust shining like gold.
在射入窗内的阳光里，细粒灰尘像金子一般在闪闪发亮。(介词)

Like knows like.
英雄识英雄。(名词)

再以 right 为例做进一步讨论。

Your account of what happened is not quite <u>right</u>.
你对于发生事情的叙述不太正确。(形容词)

Go <u>right</u> on until you reach the church.
一直往前走，直到你到达教堂为止。(副词)

It's my <u>right</u> of way, so that lorry must stop or slow down until I've passed it.
我有优先通行权，所以那货车必须停驶或减慢车速直到我走过去为止。(名词)

She tried her best to <u>right</u> her husband from the charge of robbery.
她尽力为她丈夫被控抢劫一案申冤。(动词)

二、根据词的语法形式确定词义

确定一个词的词义，还可以从词本身的语法形式变化来确定。英语中许多名词以单数或复数形式出现时，意思大不相同。如：

advice 忠告	advices 报道、消息
minute 分钟	minutes 会议记录
air 空气	airs 做作的姿态
paper 纸	papers 文件；证件
ash 灰	ashes 骨灰
custom 习俗	customs 关税，海关
quarter 四分之一	quarters 住处
damage 损害	damages 赔偿费
return 归还	returns 利润
force 力量	forces 军队
ruin 毁灭	ruins 废墟，遗迹
green 绿色	greens 青菜
spectacle 场面；光景	spectacles 眼镜
time 时间	times 时代
letter 字母；信	letters 文学
work 工作	works 著作；工厂

三、根据上下文确定词义

英语中同一个词，即使是同一词性，在不同语境中也往往有不同的含义，这就要求译者根据上下文的联系以及句型来确定某个词在特定语境中的含义。以动词 develop 在不同语境中含义上的差异为例。

We had hopes of <u>developing</u> tourism on quite a big scale.
我们曾希望大规模发展旅游业。

The company <u>develops</u> and markets new software.

这个公司<u>开发</u>并销售新软件。

By the first century the making of paper in some parts of China had been well <u>developed</u> and had been common.

到公元1世纪时，中国一些地方的造纸业已经很<u>发达</u>而且很普遍。

As early as his second film, Chaplin had <u>developed</u> his own manner of acting, the one that was to become world famous.

早在他演第二部电影时，卓别林就已<u>形成</u>了他自己的表演风格，这就是他后来闻名于世的那种表演风格。

Botanists have succeeded in <u>developing</u> many new plants.

植物学家成功<u>培育</u>出了许多植物新品种。

I'd like to <u>develop</u> this idea a little more fully before I go on to my next point.

在讲下一点之前，我想把这一概念<u>阐述</u>得更充分一些。

The photographer <u>develops</u> all his films.

那位摄影师所有胶卷都自己<u>冲洗</u>。

Land animals are thought to have <u>developed</u> from sea animals.

陆地动物被认为是由海洋动物<u>进化</u>而来的。

It is believed that before writing was <u>developed</u>, people in China used to keep records by putting a number of stones together.

人们认为，在<u>出现</u>书写之前，中国人常把石头放在一起来记事。

再看"delicate"这个词，它有"纤细的，精细的，病弱的，棘手的"等词义，翻译时到底用哪个词义必须根据上下文才能确定。例如：

Who's going to perform this <u>delicate</u> operation on the patient's eye?

这位病人眼部的手术很难做，谁准备来做？

She is in <u>delicate</u> health.

她身体虚弱。

He has a <u>delicate</u> ear for music.

他对音乐很有鉴赏力。

That's a <u>delicate</u> diplomatic question.

那是个微妙的外交问题。

与"delicate"搭配的短语还有：delicate skin(娇嫩的皮肤), delicate porcelain(精致的瓷器), delicate stomach(容易吃坏的胃), delicate difference(难以说清的差异), delicate upbringing(娇生惯养)等。

四、根据搭配关系确定词义

英语的一词多义往往也体现在词与词的搭配上。不同的搭配方式，可以产生不同的词义。因此，翻译时应注意英汉两种语言中词的搭配差异，选择恰当的语言来表达。

(一) 要注意定语和修饰语的搭配关系

比如形容词"open"在下列短语中应根据与之搭配的词汇确定词义。如：

an open book	一本打开的书	open wires	裸线
open speech	开幕词	an open question	一个悬而未决的问题
in the open air	在露天	an open river	一条畅通无阻的河流

再如"heavy"一词也因汉语搭配习惯不同而分别译成不同的词语。

a heavy box	重箱子	a heavy sea	波涛汹涌的海面
a heavy rain	大雨	a heavy smoker	烟瘾极大的人
heavy clouds	厚云	a heavy demand	苛求
heavy news	令人忧愁的消息	a heavy sleep	沉睡
a heavy line	粗线条	heavy bread	发得不好的面包
heavy wine	烈酒	heavy traffic	交通繁忙

(二) 要注意动词与宾语的搭配关系

例如，动词"play"在下列短语中与不同的宾语搭配，词义各不相同。

play chess	下棋	play the piano	弹钢琴
play football	踢球	play fire	玩火
play truant	逃学	play the flute	吹笛子
play high	豪赌	play with dice	掷骰子

再如动词"raise"一词虽然基本含义是"举起""使升高"，但在下列短语中却应当根据与之搭配的词汇确定其词义。

raise a monument	树碑	raise vegetables	种植蔬菜
raise poultry	饲养家禽	raise a family	养家
raise fears	引起恐惧	raise a fleet	集结一支舰队
raise fund	筹集资金	raise the roof	(在屋内)大声喧闹，闹翻天

五、根据学科和专业选择词义

英语中，同一个词或词组在不同学科或专业中的意义很可能大相径庭。因此，在选择词义时，应考虑阐述内容所涉及的概念属于哪种学科、何种专业。以"eye"一词为例，基本词义为"眼睛"。但在科技文献中，根据专业领域和使用场合的不同可分别表示：

"孔"（如 inspection eye 检查孔）
"环"（如 hoisting eye 吊环）
"镜"（如 observers' eye 观测镜）
"风眼"（如 fly through a hurricane's eye 飞行穿过飓风眼）
"芽眼"（如 potatoes full of eyes 芽眼很多的土豆）

再以"work"为例。

Pushing or pulling doesn't necessarily mean doing work.
推或拉并不一定意味着做功。(物理学)

The works of these watches are all home produced and wear well.
这些表的机件均系国产,有较好的耐磨性。(机械)

"work"在上述两句话中均为名词,但所表达的意义是完全不同的。在第一句中意思为"做功",在第二句中意思为"机件"。翻译时词义的选择还应注意符合不同专业、不同语域所用术语的习惯表达方法。

词义选择是英汉翻译的重要技巧之一,词义选择的正确做法是在掌握词典基本释义的基础上,根据词性、词的语法形式、上下文、搭配关系、学科和专业选择、确定词义。

思考题
请思考英汉翻译中词义选择应从哪几个方面入手?

课后训练
一、将下列句子译成汉语,并根据"light"在句中的词类确定其词义。
1. <u>Light</u> travels faster than sound.
2. It was getting <u>light</u> when the baby finally fell asleep.
3. Tonight, <u>lit</u> by countless electric lights, all the halls were as bright as day.
4. This veteran of two world wars traveled <u>light</u> through life and left little behind.

二、将下列句子译成汉语,并根据上下文及搭配关系来确定画线词的词义。
1. A rabbit has great <u>power</u> in its back legs.
2. The doctors restored his <u>power</u> of speech.
3. The country was a great naval <u>power</u> in past centuries.
4. It is necessary to provide industry with <u>power</u> it can afford.
5. In order to get a <u>large</u> amount of electric power, we need a <u>large</u> pressure and a <u>large</u> current.
6. She <u>wore</u> dark glasses, thick jersey and a silk scarf.

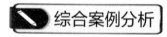

一、请完成下面名片翻译。

1.
```
International Education Foundation
Linda Jones
Liaison and Program Director
Add.: International Office, 4 west 43rd Street New York, NY10036
Tel:(212)944-7466 ext 42
Fax: (212) 944-6683
Email: ljones@iefintl.org
```

2.
```
中国东方航空公司北京营业部

李斌  总经理

地址：北京王府井大街 67 号
电话：010-46655367        传真：010-46655364
电子邮箱：Libin@126.com
```

二、请看下列句子翻译，注意词义，分析哪个译文正确，并说明理由。

1. This was the last place the explorers would leave, for it laid riches and natural resources.
   译文 1: 这是那些探险家最后离开的地方，因为那里蕴藏着财富和自然资源。
   译文 2: 这是探险家们最不愿意离开的地方，因为这里蕴藏着不尽的财富和丰富的自然资源。

2. Any man who was a man could travel alone.
   译文 1: 当时，只要是男子汉，就可以单独外出旅游。
   译文 2: 无论是谁，只要是人，都可以单独旅行。

假设你是一名翻译公司的商务翻译，项目主管给你两项翻译任务。一是完成客户名片的翻译，并总结名片翻译技巧及注意事项。二是举例说明英汉翻译中词义选择的翻译技巧。

翻译家谈翻译 II
学生可扫描获取"翻译家谈翻译 II"相关资料。

项目4 商标翻译与英汉翻译技巧之词义引申、褒贬和轻重

🔍 能力目标

1. 熟悉商标常用的几种翻译技巧;
2. 能够根据商标特点及翻译技巧进行商标翻译;
3. 能够灵活运用词义引申、褒贬以及词义轻重选择的翻译技巧进行英汉翻译。

🔍 知识目标

1. 了解商标的定义及其语言特点;
2. 理解文化因素对商标翻译的影响;
3. 熟练掌握词义引申、褒贬和轻重的英汉翻译技巧。

🔍 素质目标

通过商标翻译的学习培养创新、专研、精益求精的职业精神。

项目4 商标翻译与英汉翻译技巧之词义引申、褒贬和轻重

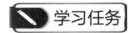

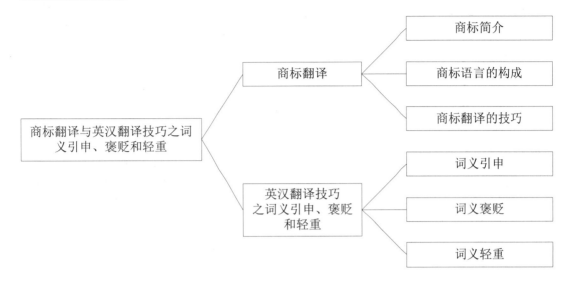

任务 4.1　商标翻译

任务引入

请同学们想一想著名商标"Goldlion"的中文翻译为什么由最初的"金狮"改为后来的"金利来",这对商品的销售有何影响?

学习任务

一、商标简介

(一) 商标的定义

商标(trademark)是企业、事业单位和个体工商业者对其生产、制造、加工、拣选或经销的商品所使用的标志。一般用文字、图形或其组合注明在商品、商品包装、招牌、广告上。

在我国,商标俗称"牌子""品牌""牌""货牌""商牌"等。商标具有独占性,商标持有人为保护对商标的专用权需要在国家商标管理部门对其商标进行注册。注册商标标识周围均有标记:注册商标(registered trademark)或者 TM®,其中®为国际通用,表示该商标已注册,在一定时期内商标持有人拥有对注册商标的专用权;未经商标持有人的许可,任何人不得擅自使用与该注册商标相同或相类似的商标,否则即侵犯注册商标持有人的商标专用

权,将承担相应的法律责任。商标是商品质量和商品信誉的保障,也是商品广告和商品销售的重要手段。商标依附于企业和产品,不能凭空捏造。翻译商标必须着眼于商标存在的语境。在出口商品商标的翻译中,既要考虑中西方文化差异,还要考虑国外顾客的心理,兼顾商标易读、易记、易上口的特点,最终达到译入和译出的等效。

(二) 商标特征

商标具有依附性、区别性、专属性、可视性、信息性、价值性、简洁性和创新性等特点。商标一般由文字、图案、字母、数字等构成,必须依附于商品或服务,是企业使自己的商品或者服务区别于他人的商品或者服务的标志。注册商标持有人对其商标具有专用权,受法律保护。作为一种无形资产,商标具有价值,可以有偿转让。商品竞争力与商标知名度成正比。商标必须易读、易写、易记、易辨,只有如此,才能给消费者留下深刻的印象。同时,创新是商标的灵魂。比如,娃哈哈集团于1998年推出了"非常可乐",面对扬名在先的"可口可乐"和"百事可乐",创造性地使用"Future Cola"作为其英文翻译,取得了较大的成功。

二、商标语言的构成

商标英语的构成主要来自三类英文单词。

(一) 专有名词

(1) 商标中有相当大的一部分来源于专有名词,如人名、地名(或者其简单的变形),以及一些具有特殊象征意义的专有名词。如使用公司创始人或产品发明人的姓氏、昵称作为商标。

Du Pont 杜邦 (E. I. Du Pont)　　　　　Ford 福特 (Henry Ford)
Mary Kay 玫琳凯　　　　　　　　　　Pierre Cardin 皮尔·卡丹
Levi's 李维斯　　　　　　　　　　　Tupperware 特百惠 (Earl Tupper)
老干妈 Laoganma (辣酱)　　　　　　李宁 LI-NING(运动服)

(2) 有些商标采用一些具有特殊意义的人名,如神话传说、影视文学作品中的人名和历史名人的姓名等。有时还会采用谐音的方式。例如:

Venus 维纳斯 (古罗马神话中的爱神和美神)　Nike 耐克 (希腊神话中的胜利女神)
Lincoln 林肯 (美国第16任总统)　　　　　Dukang 杜康 (传说中中国酿酒的鼻祖)

(3) 有些商标以公司所在地、著名风景名胜或虚幻的地名为名。通常,选择地名的产品希望能彰显其悠久历史或地域特征。例如:

Avon 雅芳(莎士比亚故乡所在地的河流名,某化妆品商标)
Olympus 奥林巴斯(希腊神话中诸神居住的山,某精密光学企业名称)
鄂尔多斯(内蒙古城市名,某羊绒衫商标)
青岛(山东城市名,某啤酒商标)

(二) 普通词汇

普通词汇为商标的设计提供了更大的创造性和选择余地，名词、动词、形容词、数词单独或组合构成商标。这些词汇可以间接地提示或暗示商品的质量及其实用功能和特点。相对于外国商标，中国商标更侧重于表达喜庆吉祥的意思。

(1) 暗示商品的质量。如：

Diamond　钻石 (手表)　　Crocodile　鳄鱼 (服饰)　　Crown　皇冠 (轿车)

(2) 暗示产品的特点。如：

Safeguard　舒肤佳 (含抗菌功能的香皂)　　Pampers　帮宝适 (婴儿纸尿裤)

(3) 表示美好的寓意或企业的理念。如：

Rejoice　飘柔 (洗发水)　　红双喜 (香烟)　　大发 (汽车)

(三) 臆造词汇

臆造词语在商标设计中也很常见。商标词的臆造可以通过词语缩略、组合、混合、拼写变换及改变词缀等来进行。

(1) 组合法是把两个或两个以上的词不加变化组合成新词。如：

Clean & Clear　可伶可俐 (化妆品)　　Head & Shoulders　海飞丝 (洗发用品)

(2) 缩略法是对原来的单词或词组进行整合，缩略其中的一部分构成新词，便于记忆和发音。如：

IBM —— International Business Machines　　美国国际商用机器公司
NEC —— Nippon Electric Company　　日本电气株式会社
JVC —— Victor Company of Japan, Limited　　日本胜利株式会社

(3) 拼缀法是用两个或两个以上能描绘商品用途、性能、特点的词，取其主题，根据一定的原则混合成新词。这种方法比较自由，使用非常普遍。

Duracel　金霸王 (电池，durable+cell)　　Sunkist　新奇士 (橙子，sun+kissed)
Quink　昆克 (墨水，quick+ink)　　Timex　天美时 (手表，time+excellent)

(4) 适度改变拼写，做到既不违反商标法，也能帮助消费者联想到商品的特征。在中文商标中则是采用谐音的办法。

Up2u　(化妆品，up to you)　　金雀 (手表，精确)
999 (药品，久久久)

三、商标的翻译技巧

在国际商品贸易不断发展的今天，商标也日益具有国际性。商标的翻译既要保留原文的精华，又要符合消费者的心理。音译法、意译法和音意结合法是商标翻译的主要方法。

(一) 音译法

音译法是根据商标原文的读音在目的语中用相近的发音表示出来。英译汉时,选用一些贴近产品用途的词。汉译英时,若意译冗长,采用音译更佳。例如:

Vichy 薇姿 (化妆品)	Mazda 马自达 (汽车)
Rolex 劳力士 (手表)	Nokia 诺基亚 (手机)
Philips 飞利浦 (视听产品系列)	Parker 派克 (钢笔)
Sony 索尼 (电视机)	Casio 卡西欧 (电子琴)
Gillette 吉列 (刀片)	浪莎 Langsha (袜子)
明 Ming (黄金首饰)	长虹 Changhong (电视机)

此方法多用于源自专有名词、臆造词的英文商标翻译,与其他商标雷同的可能性小,同时作为"新词"不仅能保留原文风格,还会表现出商品的异国情调,容易引起消费者的注意。

有些中文商标采用一种类似外语首字母缩略法的英文译名,如 FY——福耀(汽车玻璃)。这种缩写无法带给外国消费者与商品相关的联想,失去了商标的一部分功能。也有将普通名词直接音译的例子。如 Sharp(电子产品) ——夏普,Citizen(手表) ——西铁城,Intel(计算机的中央处理器 CPU) ——英特尔。如将这些词直接意译,不符合中国消费者的审美习惯,而采用音译能传达其异域特点。好的音译商标能从某个角度向消费者提示该商品的特点。例如 Casio(卡西欧)富于一种明快的节奏感。

(二) 意译法

意译法是采用词语的实际含义进行翻译。在翻译这类商标时要采取灵活对待原则,既能表达原商标的本意,又能给人一种美好的印象,尤其是汉译英时多采用意译,因为汉语是表意文字,内涵深刻。如:

Darlie 好来 (牙膏)	Rock 滚石 (唱片)
Shell 壳牌 (石油)	Camel 骆驼 (香烟)
双喜 (香烟) Double Happiness	长城 (干红葡萄酒) Great Wall
小天鹅 (洗衣机) Little Swan	熊猫 (电子产品) Panda
海鸥 (相机) SEAGULL	蝴蝶 (缝纫机) Butterfly

采用意译法翻译的商标名称带有某种象征意义。例如,国宝"熊猫"暗示电子产品的高质量,洁白的"小天鹅"表示洗衣机的优良性能,"Ivory"使人联想到香皂的纯度。

(三) 音意结合法

这种方法吸取了音译法和意译法的长处,要求译名与原名谐音,还要反映产品的特点或性能,使商标名称更富有感染力,诱发消费者的购买欲。例如:

Pepsi 百事可乐 (饮料)	7 UP 7 喜 (饮料)
Safeguard 舒肤佳 (香皂)	Goldlion 金利来 (领带)
Fotile 方太 (抽油烟机)	Midea 美的 (电饭煲)

Tide 汰渍 (洗化用品)　　　　　　康佳　Konka (电视机)

(四) 零译法

零译法是指对英文商标不做任何翻译处理，主要用于翻译名称过长或因原商标独特的构词法而很难用汉语诠释的商标。翻译者通常采用的是缩写商标词的做法。如：

IBM (电脑)　　　　　　　　　　LG (家电产品)
SK-II (化妆品)　　　　　　　　　JVC (音响)

以上介绍了商标的主要翻译方法。在商标翻译中还要注意理解和尊重民族文化差异。不同的民族由于在政治、经济、文化、宗教信仰等方面的差异，其价值观、消费心理和对商标译名所产生的联想意义也不尽相同。商标译名不能让译入语国家的消费者产生不好的联想。否则，再好的产品也很难打开销路。下面举例说明。

- Goldlion：该商标在中国香港的最初译名是"金狮"。由于"狮"一词的读音和"死"的读音相近，让人产生不好的联想，从而影响其领带的销售。后来，创始人曾宪梓先生将其改名为"金利来"，使中国的消费者有了很大的想象空间，满足了人们渴望吉利、富有的心理，取得了极大的成功。
- 金鸡：该钟表品牌在中国使人联想到"雄鸡报晓"，但翻译时却不能直译为 Golden Cock。在英、美等国家，"cock"常暗指男性的生殖器官，显然，以此作为商标词损害商品的原有形象，让消费者望而却步。改为"Rooster"能起到"雄鸡报晓"的功效。
- 白象：中国人认为白象力大无比、敦厚可爱，取名"白象"牌电池，其寓意是该电池能量大如象。然而在英语国家，White Elephant 则是耗费钱财而又无实际用途的东西，是个沉重的负担，以此为名的电池自然无人问津。
- 孔雀：在中国，孔雀让人联想到美丽、优雅和鲜艳的色彩。用"孔雀"作为电视机的商标暗指电视机的色彩逼真、质量上乘。但是，在英语国家，常视"孔雀"为污秽、猥亵之鸟，给人带来厄运。孔雀开屏被认为是自满、自傲的表现。在英语中，有"as proud as a peacock"(孔雀般地骄傲)和"play the peacock"(炫耀自己)的说法，因此，在英语国家中不能将"peacock"作为商标，以免损害商品的形象。

由此可见，在进行商标翻译时，要充分考虑文化因素的影响，以免因不恰当的商标翻译影响产品的销售。

知识小结

本项目介绍了商标的定义、特征，商标语言的构成，以及商标常用的翻译技巧，具体包括：音译法、意译法、音意结合法、零译法。此外，本项目还介绍了英语和汉语文化的差异对商标翻译的影响。

任务考核

思考题

1. 请思考文化因素对商标翻译的影响。
2. 总结商标的常用翻译技巧。

课后训练

一、请为下列商标选择适当的翻译，并将其代码填入前方的横线上。

_____ 1. Epson   A. 博朗
_____ 2. Carrefour   B. 克莱斯勒
_____ 3. Casio   C. 乐高
_____ 4. Colgate   D. 妮维雅
_____ 5. Lego   E. 凯蒂猫
_____ 6. Nivea   F. 爱普生
_____ 7. Chrysler   G. 家乐福
_____ 8. Hello Kitty H. 博柏利
_____ 9. Braun   I. 卡西欧
_____ 10. Burberry   J. 高露洁

二、请翻译下列商标对应的中文或英文。

1. Santana   2. Cadillac
3. Hummer   4. Buick
5. Toyota   6. 海信
7. 美的   8. 荣事达
9. 格力   10. 乐百氏
11. 雅戈尔   12. 苏泊尔
13. 非常可乐   14. 志高

三、请判断下列商标翻译，哪一个会更成功？请说明理由。

1. 金星(啤酒)   A. Gold Star   B. Kingstar
2. 黑人(牙膏)   A. Darlie   B. Dark/Negro
3. 金纺(纺织品)   A. Gold Textile   B. Comfort
4. 美加净(化妆品)   A. Maxam   B. Clean & Beautiful

商标改名与翻译

商标依附于企业和产品，不能凭空捏造。商标翻译必须着眼于商标存在的语境。比如：SK-II 是知名化妆品品牌，其全称是"Secret Key to Beautiful Skin"，即"开启美丽的神秘之匙"。如果完全按照原文翻译出来，消费者将难以记住，还不如采用商标零翻译，直接使用"SK-II"，简单明了，易记易读。

商标改名也是企业慎重选择的结果。如 2003 年 4 月 28 日，联想集团将其英文标识由"LEGEND"变更为"lenovo 联想"，并在全球范围内注册。"lenovo"是由联想创造的一个单词，其中的"novo"是一个拉丁词根，代表"新意""创新"，"le"为"legend"一词的继承部分，寓意为"创新的联想"或"联想创新"。显然，"联想"商标的翻译不是信手拈来，而是译者匠心独运的结果。类似的例子还有 2004 年日本丰田汽车公司把在中国使用了 10 年之久的"凌志"更名为"雷克萨斯"；"PRADO"原译为"霸道"，现改译为"普拉多"；"Camry"原译为"佳美"，现改译为"凯美瑞"，这都是迎合中国消费者的举措。

任务 4.2　英汉翻译技巧之词义引申、褒贬和轻重

试译下列英语句子，注意画线词的引申或褒贬。

1. The key won't go in the lock.
2. Victory always goes to the strong.
3. I am of one mind with you on this.
4. His new house was the envy of all his friends.
5. She envied John for his success.

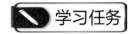

一、词义引申

英译汉时,有时会遇到某些词在英语辞典上找不到适当的词义的情况,如果任意硬套或逐词翻译会使译文生硬晦涩,不能确切表达原意,甚至造成误解。这时,应根据语境和存在的逻辑关系,从该词的根本含义出发,进一步加以引申,选择比较恰当的中文词句来表达。词义引申是英汉翻译的常用手法之一,主要有两种方法,即词义抽象化引申和词义具体化引申。

(一) 抽象化引申

英语中有时用表示具体形象的词汇或短语来表示某种特性、事物、概念等。译成汉语时,往往要将这种词汇或短语作抽象化引申,用比较笼统概括的词加以表达,以使译文流畅自然。例如:

There is a mixture of the tiger and the ape in the character of the imperialists.
帝国主义者的性格既残暴,又狡猾。

Every life has its roses and thorns.
每个人的生活都有甜有苦。

They have their smiles and tears.
他们有自己的欢乐与悲哀。

His success in this field has pushed his forerunners' point into the background.
他在这方面的成就使其前辈们的论点黯然失色。

As far as the head goes, at least, he does credit to the educational system pursued at my establishment.
无论如何,就智力才能而论,他确实能为本校所遵循的教育制度增光。

An electric power station is a factory in which energy is converted from one form or another into electric energy.
电站是把一种能或另一种能转变成电能的地方。

(二) 具体化引申

具体化引申是指用一个具体的事物或概念象征一个比较抽象笼统的概念。也就是说,将抽象笼统的概念引申为它所代表的具体事物或具体概念,避免造成译文概念不清或不符合汉语表达习惯的情况出现。如:

The car in front of me stalled and I missed the green.
我前面的那辆车停住了,我错过了绿灯。

"the green"的原意是指"绿色的东西",如果照搬原意的话,译文就无法理解了。所以这里要将抽象的词译为具体的意思。

All the wit and learning in this field are to be present at the symposium.

这一领域的所有专家学者都将出席这次专题研讨会。

本句中"wit and learning"原意是指"才智和学问"，但在本句话中应引申为"专家学者"。

He never teaches them any otherwise than by examples.

他总是通过举例教他们，从来不用别的办法教。

At thirty-two, she had first learned what it is to be an immigrant.

她32岁时生平第一次尝到了做移民的滋味。

The major problem in manufacture is the control of contamination and foreign materials.

制造中的主要问题是如何控制污染和杂质。

需要注意的是，词义引申的目的是使译文更忠实、更充分地表达原文内容。因此，引申必须适度，切勿忽视原文的基本含义，脱离上下文的逻辑联系妄加发挥。

二、词义褒贬

为了忠实于原文的思想内容，翻译时必须正确理解原作者的基本政治立场和观点，然后选用适当的语言加以表达。原文中有些词本身就表示褒贬意义，就应该把褒贬意义相应地表达出来；但也有些词语看似中性的，其实是带有感情色彩的，译成汉语时就要根据上下文，恰如其分地把它们的褒贬含义体现出来。此外，还应注意有的单词本身是褒义或贬义，原作者却反其意而用之，将其用于贬义或褒义。在这种情况下，译者一定要仔细分析，绝不能想当然，把原文意思表达错误。

(一) 英语中带有明显褒贬色彩的词

英语中本身就有褒贬意义，汉译时应相应地表达出来。例如：

He was a man of high renown (fame). (褒义)

他是一位有名望的人。

His notoriety as a rake did not come until his death.(贬义)

他作为流氓的恶名是他死后才传开来的。

The tasks carried out by them are praiseworthy.(褒义)

他们进行的事业是值得赞扬的。

Henry keeps boasting that he has talked to the President.(贬义)

亨利总是吹嘘说他曾同总统谈过话。

"He was polite and always gave advice willingly," she recalled. (褒义)

她回忆说，"他彬彬有礼，总是诲人不倦。"

We were shocked by his coarse manners. (贬义)

我们对他的粗暴态度感到震惊。

(二) 英语中的中性词

英语中有些中性词，本身没有褒义或贬义，在一定的上下文中可能有褒贬的意味，汉译时就应该用具有褒贬意味的相应的词来表达。请看下面两个例子。

ambition

a. A person with his ambition won't stay long in a potty little firm like this. (褒义)

一个有雄心大志的人在这样一个不起眼的小公司里是待不长的。

b. Surely, if you want to be famous, it is necessary for you to have ideals, because it is behind the accomplishment, but different from ambition. (贬义)

毫无疑问，如果一个人想成名，就需要有理想，因为理想是走向成功的基础，但是理想并不是野心。

encourage

a. We have close cooperation with Canadian Tourism Bureau to encourage Chinese people to visit Canada. (褒义)

我们同加拿大旅游局保持着密切合作，鼓励中国游客去那里旅游。

b. He wouldn't have thrown the stone if the other boys hadn't encouraged him. (贬义)

要不是那些男孩子怂恿他，他不会扔那块石头。

aggressive

a. An aggressive country is always ready to start a war.(贬义)

一个热衷侵略的国家总是准备挑起战争。

b. An aggressive young man can go far in this firm.(褒义)

一个富有进取心的年轻人在这家公司前途无量。

在不同的语境中，译者应当注意此类词语的翻译，以保证译文能够忠实于原文。再比如：

He was a man of integrity, but unfortunately he had a certain reputation. I believed the reputation was not deserved. (贬义)

他是一个正直诚实的人，但不幸有某种坏名声。我相信这个坏名声是不该有的。

He's always on the make; I have never known him do a disinterested action. (贬义)

他一贯唯利是图，我从来不知道他有什么无私的行动。

He had lied to me and made me the tool of his wicked deed. (贬义)

他欺骗了我，使我成了他进行罪恶勾当的工具。

As a demanding boss, he expected total loyalty and dedication from his employees. (贬义)

他是个苛刻的老板，要求手下的人对他忠心耿耿，鞠躬尽瘁。

三、词义轻重

英汉翻译中在确定词义时还要考虑词义的轻重。只有恰如其分地确定了词义的分量，才能避免将重词看轻、轻词看重。例如，英语中有一组动词用以表示"打破"的概念，但其分量却不尽相同：

break 为最基本用词，常指因打击或施加压力而破碎；

crack 指出现裂缝，但未成碎片；

crush 常指用力从外往内、从上往下压而致碎；

shatter 常指使某物体突然而剧烈地粉碎；

smash 多指突如其来的一种暴力使某物带响声地彻底粉碎。

又如，英语中，名词"anger""rage""fury""indignation"，均含有"愤怒"之义，但其词义的轻重亦迥然而异："anger"的意义较广，强烈的程度不定，有时也不一定流露出来；"rage"指"大怒"，着重猛烈发作，几乎难以自制；"fury"多指"暴怒"，比"rage"更强烈，常会有气得近乎疯狂之意；"indignation"主要指道义上的愤怒，亦即"义愤""愤慨"，多用于表示在遇到不公、欺侮时所表现出的愤激之情。试比较下列例句：

Reports of child abuse aroused public <u>indignation</u>.

一些关于虐待儿童的报道引起了公愤。

Mad with <u>fury</u>, he pounded his fists on the wall and beat his breast.

他气得发疯，用拳头又砸墙又捶胸。

He flew into a <u>rage</u> when he learned that his son had again failed in the examination.

他得知儿子又一次考试不及格时，大发雷霆。

Though he felt his <u>anger</u> mounting, he kept perfect control of himself.

他尽管越来越生气，但还是很好地控制住自己。

除了上述动词、名词的例子，其他类别的词在意义上经常也有轻重之分。值得一提的是，no 与 not 表示否定时在语义轻重上存在差异。具体地说，no 用于 be 动词与补语之间构成"特指否定"时，其否定意味往往要强于 not 构成的"谓语否定"所表达的否定意义。试比较下列例句：

a. She is no fool. 她绝对不傻。

b. She is not a fool. 她不是傻瓜。

再如：

a. He's only forty-seven, and that's no age these days.

他还只有 47 岁，如今这年龄根本算不上老。

b. He's already forty-seven, and that's not the age for entering the contest.

他已 47 岁，那不是参加这场比赛的年龄。

在进行翻译时，一定要仔细揣摩并确定原文词义的轻重表达，以恰当的方式把这种词义的轻重表达出来。

知识小结

英汉翻译中在进行词义选择时，要注意词义的引申、褒贬以及词义轻重的问题。引申包括具体化引申和抽象化引申。词义的褒贬要特别注意中性词在特定上下文中其褒、贬含义的翻译体现。词义的轻重也要在翻译中根据特定上下文有所体现，避免重词轻译、轻词重译的问题。

思考题

请思考词义引申的方法和注意事项，以及词义褒贬选择的要领。

课后训练

一、将下列句子译成汉语，并根据上下文及逻辑关系对画线词做必要的引申。

1. It is regrettable that our appeal remains <u>a dead letter</u>.
2. Such conduct is known in all <u>languages</u> as piracy.
3. He was not one to let his <u>heart</u> rule his head.
4. The <u>coverage</u> and <u>visibility</u> of a satellite is determined primarily by its obit.
5. At thirty-two, she had first learned <u>what</u> it is to be an immigrant.

二、将下列句子译成汉语，并根据上下文来确定画线词的褒贬。

1. They <u>incited</u> him to go into further investigation.
2. The plotters <u>incited</u> the soldiers to rise against their officers.
3. The enemy <u>killed</u> one of our comrades and we <u>killed</u> an enemy agent.
4. Nations sometimes <u>exploit</u> their colonies, taking as much wealth out of them as they can.
5. They <u>exploited</u> its rich resources in oil.

一、案例分析

试分析上海产的"白翎"钢笔英译为"White Feather"有何不妥，会给销路带来怎样的影响？同样地，试分析中文商标"芳芳"直译为"Fangfang"在英语国家推广会产生怎样的结果？

二、试分析下列句子译文哪个更合适，并说明理由，注意词义的引申。

1. The author's fingerprint is quite obvious in all of his works.
   译文1：作者的特色在他所有的作品中体现得十分明显。
   译文2：作者在他的所有著作里留下的指纹都相当清晰。

2. Tom also dropped a bombshell: Mary had a criminal record.
   译文1：汤姆还透露了一则爆炸性的消息：玛丽曾经有过犯罪记录。
   译文2：汤姆还扔下了一颗炸弹：玛丽犯有前科。

3. We expressed our gratitude for the outstanding and challenging speech of Mr. Brown.
   译文1：我们谨对布朗先生所发表的妙趣横生而又引人沉思的演说深致谢意。
   译文2：我们对布朗先生杰出而又具有挑战性的演说表示感谢。

作为一名翻译公司的商务翻译，项目主管要求你完成客户产品商标的翻译，并举例说明文化因素对商标翻译的影响。举例说明英汉翻译中词义引申、褒贬和词义轻重选择的翻译技巧。

翻译家谈翻译Ⅲ

学生可扫描获取"翻译家谈翻译Ⅲ"相关资料。

项目5　组织机构名称翻译与英汉翻译技巧之增词法

🔍 能力目标

1. 能够翻译常见组织机构名称；
2. 能够运用翻译技巧进行商号(企业名称)翻译；
3. 能够灵活运用增词法进行英汉翻译。

🔍 知识目标

1. 了解常见组织机构的分类、组织机构名称的语言特点；
2. 掌握组织机构名称的翻译技巧；
3. 熟练掌握商号(企业名称)的翻译技巧；
4. 熟练掌握增词法的英汉翻译技巧。

🔍 素质目标

通过组织机构名称翻译的学习培养严谨、求实、实事求是的职业精神。

知识结构图

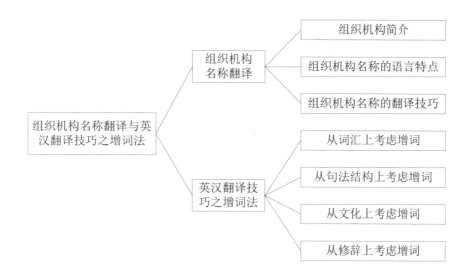

任务 5.1 组织机构名称翻译

1. 请翻译下列组织机构名称并尝试总结翻译技巧。

International Monetary Fund(IMF)　　United Nations(UN)
European Union(EU)　　Asia-Pacific Economic Cooperation(APEC)
外交部　　国家统计局
海关总署　　中华全国总工会

2. 你认识以下企业名称吗？请写出它们的译名。

Exxon Mobil　　Wal-Mart Stores
HSBC Holdings　　Toyota Motor Corporation
国家电网公司　　中国石油化工集团公司
中国移动通信集团公司　　东风汽车集团

一、组织机构简介

(一) 组织机构的定义

美国著名管理学家巴纳德给"组织"下的定义是：两个以上的人有意识地协调和活动的合作系统。构成组织的基本要素有共同的目标、合作的意愿和信息的交流。组织是社会的基本单位，是社会的基础，如各个层次的经济实体、政府间带有具体职能的协作系统、政府的职能部门组织、军事组织、党团组织、企业等，都是组织的基本类型。

(二) 组织机构的分类

常见的组织机构可分为5大类：国际组织、国家机关、事业单位、社会或民间团体以及企业。

1. 国际组织

国际组织是具有国际行为特征的组织，包括政府间国际组织和非政府间国际组织。国际组织在功能上、对成员的要求以及标准上表现出不同的特征，如世界贸易组织(World Trade Organization，简称WTO)属于全球性国际组织，欧洲联盟(European Union，简称EU)、非洲联盟(African Union，简称AU)、东南亚国家联盟(Association of Southeast Asian Nations，简称ASEAN)等则是区域组织。

2. 国家机关

国家机关是指国家为行使其职能而设立的各种机构，是专司国家权力和国家管理职能的组织，包括国家权力机关、行政机关、监察机关、审判机关、检察机关等。常见的一些机关名称有：部(Department，Ministry)、局(Bureau，Administration)、委(Committee，Commission)、司(Department)、厅(Department)、处(Division)、科(Section)、室(Section，Unit)、站(Station)、所(Institute，Office，Center)、管委会(Management Committee)等。

3. 事业单位

事业单位是指为了社会公益目的，由国家机关组建或者其他组织利用国有资产组建的，从事教育、科技、文化、卫生等活动的社会服务组织。其主要包括教育机构，例如大学(University，College)、学院(College，School)、系(Department)、中学(Middle School，High School)、小学(Primary School)等；医院及各类医疗机构，例如医院(Hospital)、诊所(Clinic)、医疗中心(Medical Center)、社区医院(Community Hospital)、保健中心(Health System)等；研究所及各种科研、检测机构，例如研究所(Institute)、研究中心(Research Center)、监督检验中心(Supervision & Test Center)、测试中心(Test Center)等。

4. 社会团体

社会团体是指以推广文化、学术、医疗、卫生、宗教、体育、慈善等为目的，由个人或团体组成的组织机构。常见的社会团体组织有协会(Association)、学会(Academic Society)、联合会(Federation, Confederation)、促进会(Promotion Council)、商会(Chamber)、救济会(Relief Institute)、论坛(Forum)等。

5. 企业

企业是涵盖面最广的一种组织机构形式。商号(trade names)也称厂商字号、厂商名称、企业名称等，是某一商事主体区别于其他商事主体的识别性商业标记。简单的商号只包含商业名称的核心部分，如 Canon Inc.佳能公司。复杂的商号一般包括公司的所属地或注册所在地、商标名称、核心经营范围或行业名称、组织形式或公司类别等上述 3～4 项内容。如 British Petroleum plc. 英国石油公司(公司所属地或注册所在地＋行业名称＋组织形式), Goodyear Tire&Rubber Corporation 固特异轮胎橡胶公司(商标名称＋行业名称＋组织形式或公司类别)。

二、组织机构名称的语言特点

(一) 国家机关、事业单位等名称的语言特点

组织机构名称在英语中属于专有名词范畴，其语用特征要求专词专用。组织机构名称因其本身内涵的确定性及严肃性，在英译时更要注重查核权威依据。尽量采用该机构的官方自选英文名作为标准定译。一个组织机构名称只能使用一种译名，其词语的缩写形式和组合方式都应该统一不变，如"中国银行"，英译为 the Bank of China(BOC)，不能对其作任何更改。在书写上要求首字母大写，但是像 of，the，and 等虚词一般小写，如 the People's Government of Huangdao District(黄岛区人民政府)。

(二) 企业名称的语言特点

一般说来，企业名称都是音形意的完美结合，具有易记、易上口的特点。如"麦当劳"三字，响亮而又有节奏感，极具传播力。另外，从功能角度来看，企业名称除了具有一般名称的功能之外，还具有重要的商业功能——实现广告效应，以达到促进企业生产、销售的目的。其具体表现如下。

1. 企业名称要与品牌、商标相统一

不少知名企业以其商标作为企业名称的字号，这有利于提高企业的知名度，突出品牌形象，以最少的广告投入获得最佳的传播效果。如"可口可乐(Coca-Cola)""希尔顿(Hilton)""沃尔沃(Volvo)""海尔(Haier)"等做到了三者统一，加深了消费者对企业及其产品的认识，起到事半功倍的效果。

2. 企业名称要富于吉祥色彩、彰显传统文化底蕴

我国企业的名称常常沿用传统的起名方法，使用"福""顺""隆""兴""瑞""泰"

"仁""和""盛""丰""昌""富""贵""金"等带有吉祥色彩的词，以示好彩头。例如，金利来远东有限公司的"金利来(Goldlion)"寓意给人们带来滚滚财源；"富康"汽车暗示会使人致富等。

3. 企业名称要富有特色、简短明快

企业名称应简短明快，富有节奏感，便于消费者记忆。一般情况下，企业名称越短，越能增强其传播力。此外，企业名称还应具有独特性，以加深大众对企业的印象，避免与其他企业的名称混淆。如"我爱我家(控股)公司""联想集团"等名称都具有独特性。其既高度概括了产品或服务的特性，又能诱发大众丰富的想象力，令人印象深刻。

三、组织机构名称的翻译技巧

(一) 国家机关、事业单位名称的翻译

国家机关、事业单位因其本身内涵的确定性及严肃性，在翻译时应采用定译的方法，要注重法定依据或权威依据。尽量采用该机构的官方自选英文名作为标准定译，如找不到标准定译，应根据人民网及《中国日报》等权威媒体上的英译，并参考英美等国相关机构英文名，斟酌选定。

在翻译机构名称时，语序宜保持一定规范，不要随意改变。在翻译时，可参考以下规范。

在翻译独立的政府机构名称时(如某市政府下辖的教育局是独立机构)，宜采用通名前置的方式(即把 Ministry、Bureau、Department 等通名放最前面)以示庄重和正式。例如"中华人民共和国外交部"译为"the Ministry of Foreign Affairs of P.R.C"，"国防部"译为"the Ministry of National Defense"。

在翻译独立机构下设的机构或科室时，宜采用通名后置的方式(即把 Division、Section 等词放修饰词后面)，以示简洁。如美国司法部刑事处(Criminal Division，U.S. Department of Justice)、交通局人事处(Personnel Division，Bureau of Communications)、Financial Section(财务科)。

(二) 企业名称(商号)的翻译

企业名称的翻译方法主要包括音译法、意译法及音意结合的翻译方法。

1. 音译法

当企业名称中含有人名、地名、商标品牌名或者缩略词时，多采用音译法翻译。如北京四通集团公司是中国的民营科技企业，该企业名称的翻译为"Beijing Stone Group"。"四通"一词取自英文"stone"的语音，意为"石头"，象征着如坚石般不断向高新技术的尖端冲击，名称令人震撼。又如：

上海五角厂集团有限公司	Shanghai Wu Jiao Chang (Group) Co., Ltd.
天津丽明化妆品工业公司	Tianjin Liming Cosmetics Industry Company
Tate & Lyle (Great Britain)	塔特-莱尔公司(英国)

Daimler-Benz (Germany) 戴姆勒-奔驰公司(德国)
Fiat (Italy) 菲亚特公司(意大利)

2. 意译法

意译法是按照公司商号或名称本身的字面意思来翻译。意译法能反映出公司、企业的经营特点,比音译法更容易理解、记忆,一般用于由国名/地名、普通行业/商标名称和企业组织形式构成的商号,通常可使企业的经营特点一目了然。例如:

American Tel & Tel (New York) 美国电话电报公司(纽约)
New York Times (New York) 《纽约时报》(纽约)
British Steel (Great Britain) 英国钢铁公司(英国)
北京协和药厂 Beijing Union Pharmaceutical Factory
首都钢铁公司 Capital Iron and Steel Company
中国路桥集团 China Road and Bridge Crop.

3. 音意结合法

音意结合法是指在翻译商号名称时,通过模拟原词的部分或全部读音,并结合原词义进行翻译的方法。因为新词大多按照构词法新创,形式新颖,能形象地表达企业理念和服务宗旨,有利于企业形象的塑造,所以深受欢迎。比如中国雅戈尔集团股份有限公司把"雅戈尔"翻译为"Youngor"可谓一个成功的范例。"雅戈尔"是"雅哥儿"的谐音,而"youngor"来源于"Younger",意为该公司生产的服装会使顾客更加年轻、充满活力,这与"雅哥儿"的含义是一致的。同时,使用"Youngor"而非"Younger"又使该名称既能表现其内涵,又形式新颖,给消费者留下难忘的印象。又如:

宁波贝特贝尔通讯设备有限公司 Ningbo Betterbell Telecommunication Equipment Co., Ltd.
飞尔图像公司 Fill Photo Co., Ltd.
远大医药(中国)有限公司 Grandpharma (China) Co. Ltd.

4. 各种企业组织形式的翻译

商务英语中,"公司"一词有多种表达。美国常用"corporation"(缩写为 corp.),多指股份有限公司;英国常用"company"(缩写为 co.),英国股份有限公司还常用"public limited company"(缩写为 PLC.或 plc.)。按不同角度,企业组织形式的英译主要分为以下几类。

(1) 按照公司规模,如表 5-1 所示。

表 5-1 按照公司规模对企业组织的英译

名称及含义	举例
"Holdings"为控股公司	Lehman Brothers Holdings 雷曼兄弟控股公司(美国) HSBC Holdings 汇丰银行控股公司(英国)
"Group"为集团公司	Royal & Sun Alliance Insurance Group 皇家太阳联合保险集团(英国) Haier Group 海尔集团

(续表)

名称及含义	举例
"Corporation/Company Limited/Company Incorporated"，"incorporated"常缩写为 inc.或 Inc.，意为"有限公司"，在我国商务英语翻译实践中，多将"corporation"用于较大公司的英文名称	Avon Products Inc. 雅芳产品有限公司(美国) 上海对外贸易公司 Shanghai Foreign Trade Corporation
"Firm"为小公司(常用于法律或咨询公司)	北京瑞云安泰咨询公司 Beijing R&A Consulting Firm

(2) 按照行业类别，如表 5-2 所示。

表 5-2　按照行业类别对企业组织的英译

名称及含义	举例
Industries/Industrial Corporation 工业/实业公司	Mitsubishi Heavy Industries 三菱重工公司 Hupool Industries 沪浦实业公司
Products 产品制造、销售公司	American Home Products 美国家庭用品公司
Airlines/Airways, Lines/Line 航空或海运公司	Shanghai Airlines 上海航空股份有限公司 COSCO Shipping Lines Co., Ltd. 中远海运集装箱运输有限公司
Store(s) 百货公司	Walmart Stores 沃尔玛百货公司
Insurance/Assurance Company 保险公司	New York Life Insurance 纽约人寿保险公司
System 系统公司	Electronic Data System 电子数据公司
Service 服务公司	U.S. Postal Service 美国邮政服务公司
Agency 代理公司	China Ocean Shipping Agency 中国外轮代理总公司
Communications 通讯/通信公司	Stanford Telecommunications, Inc. 斯坦福电信公司
Net/Networks 网络公司	Fluke Networks 福禄克网络公司(美国)

(3) 按照公司的管理层次，如表 5-3 所示。

表 5-3　按照公司的管理层次对企业组织的英译

名称及含义	举例
Home Office, National/General corporation 总公司	中国图书进出口总公司 China Books Import & Export Corporation (Head Office)
Branch/Branch Office 分公司(隶属于总公司)	中国银行杭州分行 Bank of China, Hangzhou Branch
Subsidiary 子公司[其股份的一半以上为另一家公司(控股公司)所控制，但在法律上是独立的]	Onhing Paper(Tianjin) Co., Ltd. Beijing Subsidiary 安兴纸业(天津)有限公司北京子公司
Affiliated Company/Affiliate 附属公司(指该公司的部分或全部归另一家公司所有)	丹江口汉江集团水电公司 the Water & Power Affiliated Company of Danjiangkou Hangjiang Group
Office 办事处(指总公司派出的一个分支机构或业务点)	北京丽文贸易公司上海办事处 Beijing Leewen Trading Company Shanghai Office

国外还有些公司名称有时将 Mr.的复数形式 Messrs 放在老板姓的前面构成公司名称，

Messrs 不必翻译。有时会出现 Son(s)、Brothers，通常译为"父子公司""兄弟公司"。还有一些公司名称中含有"&"以替代"and"，显得更为简洁，也不必翻译。很多国有企业中总公司的"总"字一般译作"national"，"中国"译为"China"，很少用"Chinese"。如：

Messrs. T. Brown & Co.　布朗公司(英国)
Brooks Brothers　布克兄弟公司(美国)
中国化工进出口总公司　China National Chemicals Import and Export Corporation

知识小结

由于各国政治体制、机构设置的差异，在翻译组织机构名称时宜采用定译的翻译方法。对于企业名称(商号、公司名称)的翻译，要注意其语言特点，采用音译法、意译法以及音意结合的翻译方法，注意各种企业组织形式的翻译。

任务考核

思考题
请思考组织机构类型及基本翻译方法和注意事项。

课后训练
一、请将下列组织机构名称的英语译文前的对应字母填入前面的横线上。

____ 1. 欧盟　　　　　　A. Organization of America States, OAS
____ 2. 七国集团　　　　B. European Union
____ 3. 美洲国家组织　　C. World Bank
____ 4. 石油输出国组织　D. International Monetary Fund, IMF
____ 5. 国际货币基金组织 E. Group of 7, G7
____ 6. 世界银行　　　　F. Universal Postal Union, UPU
____ 7. 国际商会　　　　G. Organization of the Petroleum Exporting Countries, OPEC
____ 8. 万国邮政联盟　　H. International Chamber of Commerce

二、请翻译下列组织机构名称。
1. 中华人民共和国外交部　　　　2. 中华人民共和国国防部
3. 中华人民共和国生态环境部　　4. 国家药品监督管理局
5. 中华人民共和国文化和旅游部　6. 中华人民共和国国家邮政局
7. 国家外汇管理局　　　　　　　8. 中国科学院
9. 中华慈善总会　　　　　　　　10. 中国国际贸易促进委员会

三、请翻译下列企业名称。

1. HSBC Holdings
2. AT&T
3. Carrefour
4. HP
5. General Motors
6. Honda Motor
7. 中国石油天然气集团公司
8. 中国银行
9. 中国建设银行
9. 中国华润总公司

常见企业名称及其翻译

Exxon Mobil　埃克森美孚
Walmart Inc.　沃尔玛百货有限公司
General Motors　通用汽车
Ford Motor　福特汽车
BP　英国石油
General Electric　通用电气
Citigroup　花旗集团
Toyota Motor　丰田汽车
IBM　国际商用机器
Volkswagen　大众
Hitachi　日立
Siemens　西门子
Sony　索尼
Xerox　施乐
AT&T　美国电话电报
Carrefour　家乐福
Honda Motor　本田汽车
Nissan Motor　日产汽车
Toshiba　东芝
Fiat　菲亚特
Boeing　波音
NEC　日本电气公司
HP, Hewlett-Packard　惠普
HSBC Holdings　汇丰控股
McDonald's　麦当劳
Nestlé　雀巢
Volvo　沃尔沃
Ricoh　理光
Robust　乐百氏
UBS　瑞士联合银行
Sinopec　中国石化
Unilever　联合利华
Peugeot　标致
Procter & Gamble，P&G　宝洁
Samsung Electronics　三星电子
Motorola　摩托罗拉
Mitsubishi Electric　三菱电机
Renault　雷诺
Intel　英特尔
BMW　宝马
Dell Computer　戴尔电脑
SK　鲜京
Metro　麦德龙
Johnson & Johnson　强生
Alcatel　阿尔卡特
Hyundai Motor　现代汽车
Bayer　拜尔
Nokia　诺基亚
Canon　佳能
American Express　美国运通
Apple　苹果公司
Microsoft　微软

Alston 阿尔斯通	Coca-Cola 可口可乐
Pepsi Co. 百事公司	Caterpillar 卡特彼勒
FedEx 联邦快递	Sharp 夏普
Playboy 花花公子	Daimler Chrysler 戴姆勒-克莱斯勒
Royal Dutch/Shell Group 皇家荷兰壳牌集团	
Royal Philips Electronics 皇家飞利浦电子	

任务 5.2　英汉翻译技巧之增词法

任务引入

试分析下列句子的翻译是否恰当，如果不恰当，请改译。

1. He was <u>wrinkled</u> and <u>black</u>, with scant gray hair.
   译文：他又皱又黑，头发灰白稀疏。
2. <u>My work</u>, <u>my family</u>, <u>my friends</u> were more than enough to fill my time.
   译文：我的工作，我的家庭，我的朋友占去了我的全部时间。

学习任务

由于英汉两种语言之间存在的巨大差异，在翻译过程中我们很难做到字词句上完全对应。因此，为了准确传达原文信息，往往需要对译文作一些增减。所谓增词法，亦称增补法、增译法，就是在原文的基础上添加必要的单词、词组、分句或完整句，使译文在语法、语言形式上符合汉语习惯，并使译文在文化背景、词语联想方面与原文保持一致，以实现译文与原文在内容、形式和精神方面对等。增词法不是随意增加，而是有目的地增加原文中虽无其词却有其意的内容。具体可以从以下几个方面考虑增词。

一、从词汇上考虑增词

在翻译过程中，有时为使译文明快达意、文从字顺，需要适当增词。

（一）增加动词

根据上下文的具体意义，汉译时经常需要在某些名词及动名词之前或之后增加动词，才能使译文的意思明确完整。例如：

Asia's strength of economic management, however, has not been its <u>perfection</u>, but its <u>pragmatism and flexibility</u>.

然而，亚洲经济管理向来不以完美见长，而是以务实和灵活取胜。

He spoke hopefully of the success of the negotiation.
他满怀希望地谈到谈判会取得成功。

Sanctions admittedly pressed harder on some countries than others.
实行制裁对某些国家的压力显然要大于对其他国家的压力。

(二) 增加名词

英语中某些名词，尤其是一些由动词或形容词派生而来的抽象名词，若不增词，意义往往不够明确，因此翻译时可根据需要在其后面增加名词，以使译文更加完整，更加符合汉语的表达习惯。例如：

From the evaporation of water people know that liquids can turn into gases under certain conditions.
根据水的蒸发现象，人们认识到液体在一定条件下可以变成气体。

It is enough to shatter his complacency.
这足以打破他的自满情绪。

Both sides are willing to hold face-to-face talks in order to ease tension in the Middle East.
双方都愿意举行面对面的会谈以缓和中东紧张局势。

当具体名词表达某种抽象概念时，在译文中也常常需要根据上下文增加适当的名词。例如：

He allowed the father to be overruled by the judge, and declared his own son guilty.
他让法官的职责战胜父子的私情，而判决他儿子有罪。

在形容词前面有时也需要增加名词，以使译文更加准确。例如：

The new type of computer is indeed cheap and fine.
这种新型计算机的确是价廉物美。

除了上述情况外，有时为了使译文意义完整明晰，行文自然流畅，还常常在某些不及物动词之后或形容词之前增译有关名词。例如：

Wash before meal.
饭前洗手。

Mary could knit when she was eight.
玛丽8岁时就会织毛衣。

The baby elephants were drinking from their mothers.
几头小象正在吮吸母象的奶。

(三) 增加形容词或副词

为了满足意义表达上的需要，英语句子译成汉语时，有的名词前可增加形容词，有的形容词或动词前可适当增加副词。例如：

Several years' service in the army will make a man of Fred.
在部队服役几年会使弗雷德成为真正的男子汉。

Jefferson's courage and idealism were based on knowledge.
杰斐逊的勇气和理想主义是以广博的知识为基础的。

To make sure that my parents understood, I declared that I wanted nothing else.
为了让父母切实了解我的心思，我特意宣布，别的我什么也不想要。

Time drops in decay, like a candle burnt out.
时间一点一滴地逝去，犹如蜡烛慢慢燃尽。

(四) 增加表示名词复数的词语

英语通常依靠词尾的屈折变化形式表示名词的复数，但汉语缺乏这种词形变化。实际上，英汉翻译中往往无须将英语名词的复数形式表达出来，尤其是对于某些具有特定含义或表示类别的复数更是这样。例如：

glasses　眼镜　　　　　savings　储蓄
arms　武器　　　　　　times　时代
damages　赔偿费　　　　authorities　官方
contents　目录　　　　　minutes　会议记录

再看下面这个例句，其中"plants"和"animals"分别表示类别，因此复数形式可省译：
Plants belong to a group called the Plant Kingdom, while animals and people belong to the Animal Kingdom.
植物属于一类，称为植物界，而动物和人则属于动物界。

当然，英语名词复数并非一概可以省译。有时，为了使译文的意思表达得更加贴切，或者为了增强修辞效果，需要在英译汉时增补重叠词、数词或其他一些表示复数意义的词语。例如：

All roads lead to Rome.
条条大道通罗马。

The lion is the king of animals.
狮子是百兽之王。

As is known to all, air is a mixture of gases.
大家知道，空气是多种气体的混合物。

(五) 增加量词

英语中数词与可数名词可以直接连用，不用加量词，而汉语则要加量词。例如：

A red sun rose slowly from the calm sea.
一轮红日从平静的海面冉冉升起。

Repeat the experiment using a wooden ruler, a metal spoon, a coin, a pencil and a rubber eraser.
再用一把木尺、一把金属匙、一枚硬币、一支铅笔和一块橡皮，重做这个实验。

It's a picture of an old castle in Egypt.
这是一张埃及一座古城堡的图片。

(六) 增加概括性词语

概括词是英汉两种语言所共有的,如英语中常用来表示概括的词语有:"in short"(总而言之) "to sum up"(概括地说) "and all that"(诸如此类) "and so on/so forth/the like"(等等)。汉语中则常用"……各方""……双方""等等""凡此种种"或其他类似的词语表示概括。尽管英汉两种语言中都有概括性的词语,但是由于语言习惯上的差异,两者使用这些词语的场合却不尽相同。因此,有时英语原文中并无概括性的词语,但是译成汉语却需要加以增补,才能使译文更加符合汉语的修辞规范。例如:

You and I are both green hands.
你我<u>二人</u>都是生手。

The advantages of the hall are bright, spacious, fashionable and without echo.
这个大厅有<u>四大</u>优点:明亮、宽敞、样式新颖、没有回声。

The Americans and the Russians have undergone series of secret consultations.
美俄<u>双方</u>已进行了一系列秘密磋商。

(七) 增加表达时态的词语

英语主要借助于动词词形变化或使用助动词表达时态,而汉语动词没有词形变化,表达时态须通过时态助词或其他表示时间的词语。所以,在表达过去的概念时往往加上"曾""已经""过""了"等,在表达进行时态时往往用"在""正在""着"等,在表达将来时态时往往用"将""就""要""会""便"等。此外,为了强调时间概念或强调时间上的对比,往往增加一些其他的词。例如:

Although a computer can think in a certain sense, the human brain with its billions of nerve cells <u>was</u> and still <u>is</u> a much more remarkable mechanism than any computer.
虽然计算机在某种意义上也能思考,但是具有几十亿神经细胞的人脑,<u>过去是</u>而且<u>现在仍然是</u>比任何计算机出色得多的机制。

According to our record, your corporation <u>bought</u> substantial quantity of chemicals from us. Unfortunately the business between us has been interrupted in the last few years.
根据我们的记录,贵公司<u>过去购买</u>我们化工产品的数量相当可观,可惜近年来业务一度中断了。

The agreement will <u>come into force</u> next spring.
协定<u>将</u>于明年春天<u>生效</u>。

Man, <u>was, is</u> and always <u>will</u> be trying to be improving his living conditions.
人类<u>过去</u>、<u>现在</u>而且<u>将来</u>总是在尽力改善生活条件。

二、从句法结构上考虑增词

按照英语的表达习惯和修辞要求,为了使行文简洁、紧凑,避免不必要的重复,经常将句中某些成分省略。但是,按照汉语的表达规范,这些成分往往不能省略,汉译时必须予以增补，否则就会使译文语言不畅、语法不通或语义不明。其主要有以下几种类型。

(一) 增补回答句中省略的词语

在回答英语一般疑问句时通常采用省略句。汉译时，为了使表达清楚、意思完整，有时需要增补省略的词语。例如：

When are they due to arrive? In about two hours.
他们定于什么时候到达？两个小时以后到达。
"How shall I do it?" "Just as you wish."
"这事我怎么做好？" "你想怎么做就怎么做。"

(二) 增补并列句中省略的词语

在英语并列句中，假若后面分句中有与前面分句相同的部分，经常予以省略，以避免重复。汉译时，为了使译文句子意思完整，表达通顺，往往需要增补所省略的词语。例如：

She majors in psychology and her brother in sociology.
她主修心理学，她弟弟主修社会学。
I hope that the meeting will not be too long, for it will only waste time.
我希望这次会议不要开得太久，太久只会浪费时间。
Ice is the solid state, water the liquid state, and water vapor the gaseous state.
冰是固态，水是液态，水蒸气是气态。

(三) 增补复合句中省略的词语

英语复合句中的省略比起并列句中的省略情况更为复杂。这种省略大多出现在状语从句中，但汉译时，这样省略的词语很多并非必须增补。是否需要增补，主要视具体情况根据汉语的表达习惯而定。例如：

I'll have the letter photocopied if necessary.
如果必要，我可以请人把这封信复印一下。
Internal defects in the specimen, if any, can be detected by ultrasonic waves.
样品内部的毛病，如果有的话，可以用超声波检查出来。
前一句 "if" 后省略的 "it is" 不必译出，而后一句 "if" 后省略的 "there is" 则应当增译。再如：

Unless compelled, they will not go.
除非他们被迫离开，否则他们不会走。
When pure, water is a colorless liquid.
水在纯净时，它是无色的液体。

(四) 增加关联性词语

英语和汉语行文中都应注意衔接与连贯，但是两种语言所采用的连接手法不尽一致。有时，英语句子中不可或缺的关联词语在汉语译文中却需省略。反之，在有些情况下原文中虽无关联词语，译成汉语却要加以增补，或者英语原文中本来只有一个连词，译成汉语时则可能需要增加连接词语，以便前后呼应。例如：

The strongest man cannot alter the law of nature.
<u>即使是</u>最强有力的人<u>也</u>不能改变自然法则。

White surfaces reflect heat, dark surfaces absorb it.
白色的表面反射热量，<u>而</u>黑色的表面吸收热量。

Unless England improve their game, they're going to lose the match.
除非英格兰队改进打法，<u>否则</u>会输掉这场比赛。

此外，英语句子中一些分词短语、由"with"或"without"引导的介词短语或独立结构等，实际起着相应的状语从句的作用。汉译时也经常需要增加有关的连接词语。例如：

Having never handled a computer, he met with some difficulties at first.
<u>由于</u>他从来没用过计算机，一开头他碰到了一些困难。

With your eyes shut, you can recognize hundreds of things by their sound or their touch.
你<u>就是</u>闭上眼睛，<u>也</u>还能凭声音或触感辨认数百种东西。

三、从文化上考虑增词

从文化上考虑的增词，主要是由于英汉文化的巨大差异促使译者在译文中增加一些解释成分或反映文化背景的信息，以提高其可读性。比如：

Advice and correction roll off him like water off a duck's back.
劝导对他好像水过鸭背似的<u>不起作用</u>。

He is sitting in a <u>Ford</u>.
他坐在一辆<u>福特牌</u>汽车里。

You must come back before nine. <u>Period</u>!
你必须九点前回来。<u>没什么商量的余地</u>!

"Period"在英文中比较常用，表示说话人不想让步。不加词就无法翻译。

四、从修辞上考虑增词

从修辞上考虑的增词，主要是增加一些恰当的语气助词以及无损原意的四字词组和叠词，以更好地表达原文的含义、修辞色彩，使译文更加生动、通顺。例如：

Don't take it seriously. It's only a joke.
不要认真<u>嘛</u>!这不过是开个玩笑<u>而已</u>。

But there had been too much <u>publicity</u> about my case.
但我的事现在已经搞得<u>满城风雨，人人皆知</u>了。

增词法是常用的英汉翻译技巧之一,增加的是"虽无其词已有其意"的词,主要可以从词汇、句法结构、文化以及修辞的需要来考虑增词。

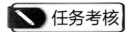

思考题
请思考英汉翻译时使用增词法的注意事项。

课后训练
翻译下列句子,注意在画线词前后的增词。

1. Jim Thorpe was a hero after the Olympics and <u>a sad, bewildered man</u> not too much later. (增加动词)

2. There were no <u>speeches</u>, no <u>foreign diplomats</u>, no "ordinary Chinese" with paper flags and bouquets of flowers. (增加动词)

3. His talent as <u>an author</u> was soon discovered, and when the time came to write the Declaration of Independence at Philadelphia in 1776, the task of writing it was his. (增加形容词)

4. Inflation has now reached unprecedented <u>level</u>. (增加形容词)

5. As mutual understanding <u>deepens</u>, love is <u>solidified</u>. (增加副词)

6. Refugees are now <u>pouring</u> into this country. (增加副词)

7. Today people often talk about inflation, unemployment and environmental pollution. (增加概括词)

8. For mistakes had been made, bad ones. (增加承上启下的词)

9. We will not only bring joy into other people's lives, but also, very often, add happiness into our own. (增加原文省略的动词)

10. It rains less often in autumn than in summer. (增加原文省略的部分)

综合案例分析

一、"分公司"的翻译。
请同学们参阅图书馆或网络资源,列举几种"分公司"的翻译方法。
二、试分析下列句子的译文哪个更合适,并说明理由,注意增词法的运用。

1. She felt the flowers were in her fingers, on her lips, growing in her breast.

译文1：她觉得手里和唇上都是花儿，胸中也生长着花儿。

译文2：她觉得她好像手里拿着花，嘴里吻着花，连胸中也生出了花。

2. He wanted to learn, to know, to teach.

译文1：他渴望博学广闻，喜欢追根穷源，并且好为人师。

译文2：他想学习，增长知识，也愿意把自己的知识教给别人。

 实训活动

作为一名翻译公司的商务翻译，项目主管要求你查询主要国家机关的官方译名，完成客户企业名称的翻译，总结企业名称翻译的技巧。举例说明英汉翻译中增词法的翻译技巧。

 翻译点津

翻译家谈翻译Ⅳ

学生可扫描获取"翻译家谈翻译Ⅳ"相关资料。

项目6　标识语翻译与英汉翻译技巧之重复法

🔍 能力目标

1. 能够准确翻译各种中英文标识语；
2. 能够灵活运用重复法翻译技巧进行英汉翻译。

🔍 知识目标

1. 了解中英文标识的语言特点；
2. 掌握中英文标识语的翻译技巧；
3. 熟练掌握重复法的英汉翻译技巧。

🔍 素质目标

通过标识语翻译的学习培养兼收并蓄、洋为中用及跨文化交际等从事商务翻译工作应具备的基本素养。

知识结构图

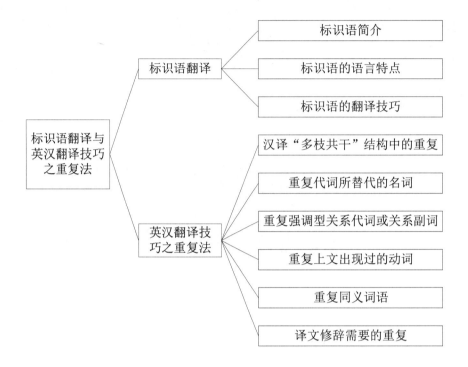

任务 6.1　标识语翻译

试译下列标识语，并分析标识语的语言特点。

1. Staff Only
2. No Parking
3. Bicycle Parking
4. Cargo Lift
5. Sightseeing Elevator/Lift
6. Filling/Gas Station
7. Escape Route
8. Fire Engine Access

 学习任务

一、标识语简介

(一) 标识的定义

标识是指为了向公众传递特定信息而将文字、图形、符号等设计制作成具有指示、说明或规定功能的公共信息牌。标识语也称为标志语、公示语、揭示语等。

(二) 标识语的分类

1. 根据标识语的语言风格和语气特征分类

(1) 指示性标识语(directive public signs)。主要起到为公众指示方位、地点、服务等作用。比如：

急救	First Aid	旅游服务	Travel Service
售票处	Ticket Office	地铁	Underground
公共厕所	Public Toilet	问询服务	Information

(2) 提示性标识语(informative public signs)。为公众提供有关告知性信息。比如：

油漆未干	Wet Paint	此货暂缺	Out of Stock
正在维修	Under Repair	保留车位	Reserved

(3) 警示性标识语(cautionary public signs)。起警示作用，提醒公众需要注意的问题。比如：

小心轻放	Handle With Care	小心地滑	Caution! Wet Floor!
前方有学校	School Ahead	当心滚石	Falling Rocks

(4) 限制性标识语(restrictive public signs)。限制、约束公众的有关行为，特别强调公众应当注意的事项，起告知和提醒的双重作用。比如：

残疾人设施	Disabled Only	限高3米	Restricted Height 3m
施工现场，禁止入内	Construction Site, Keep Out		

(5) 强制性标识语(mandatory public signs)。要求公众必须采取或者不能采取某种行为，语言应用直白、强硬，毫无商量余地，多用祈使句，起警示、强制作用；违反者往往受到一定的处罚或者制裁，这类公示语旨在约束公众行为、维护社会正常秩序与公众安全。比如：

禁止摆卖	Vendors Prohibited	严禁超车	Overtaking Prohibited
禁扔废弃物	No Littering	严禁拍照	No Photography

2. 根据标识语的应用场所分类

根据标识语的应用场所分类，可将标识语分为交通标识(traffic signs)、商用标识(business signs)、公共场所常用标识(public signs)，以及其他标识。

二、标识语的语言特点

1. 大量使用名词短语、动词短语或动名词

具有指示、说明性质的标识语往往使用名词短语，以直接、准确无误地传达特定信息。如：

Fast Lane　快行道　　　　　　　　Conference Centre　会议中心
Food & Beverage　餐饮部　　　　　Business Centre　商务中心
Road Work　正在施工　　　　　　　Tollgate　收费站
Check In　登记入住　　　　　　　　Baggage Office　行李房

具有强制、限制性质的标识大多使用动名词或祈使句，以将公众的注意力集中在所要求采取的行动上。如：

No Spitting　严禁随地吐痰　　　　　Mind the Gap　注意站台缝隙
Beware Obstruction　小心障碍

在翻译过程中，我们也应采用相应的名词短语或祈使句，力求在语气、信息度等方面做到匹配。

2. 标识语简单凝练，措辞精确

标识语多省略冠词、代词、助动词等，仅使用实词、核心词汇，以供人们用最短的时间了解最准确、最直接的信息。从词汇方面来看，不用复杂词汇和多种时态的动词；从句型方面考虑，祈使句是标识语常用的句型。标识语的字数往往精简到最低限度。如：

City Buses Only　市内公共汽车专用　　Postpaid　邮资已付
Danger　危险　　　　　　　　　　　　Admission Free　免票入场
Beverage Not Included　酒水另付

标识语有时甚至会借用一些简单的字母或数字代替单词。如：

4 SALE　出售　　　　　　　　　　　　Merry X'mas　圣诞快乐

3. 标识语具有很强的规约性

由于历史沿革和语言文化习惯，很多标识语的翻译已约定俗成，不宜随意变更。如：

油漆未干　译为　Wet Paint　　　　　双向行驶　译为　Two Way
远离火源　译为　Keep Fire Away

在标识语翻译中，译者宜多留意英美国家常用的、规范标准的标识语，尽量使用和汉语标识相应的、地道得体的英语语汇进行翻译。硬译、死译会导致不良后果。

4. 使用大写字母表示强调，并省略标点符号

为了强调所传递的信息，英语标识语常使用大写字母，并省略标点符号，例如 STOP、EXIT、DEAD END 等。翻译也应省略标点符号。

5. 标识语在语言运用效果上力求引人注目(eye-catching)

尤其是商业标识(business signs)及店铺的招牌(signboard)更是追求夸张的效果。如：

EOM(End of Month) Sale　月终大减价　　　Grand Sale/Bargain Sale　大甩卖
Big Price Plunge　大削价

三、标识语的翻译技巧

(一) 去繁从简

在特定的语境中，某些标识在被翻译成另一种语言时，其语用的含义比词语本身的含义更重要。这时，译者宜删除烦琐部分，仅保留足以传达标识语功能和目的的语汇。例如，"青岛是我家，清洁靠大家"常被译作"Qingdao is my home, its cleanness depends on all of us"。从表面上看，该译法似乎字字忠实于原文，但仔细分析发现，该翻译明显受中文表达习惯的影响，啰唆累赘。正确的翻译应该是"Keep our city clean"，简单明了。类似地，"注意安全，请勿攀爬单边墙(Pay attention to your safety, don't climb the single wall)""遇到火灾，勿用电梯(When there is a fire, don't use the elevator!)"可以相应地简化为"No Climbing!""Don't use the elevator in case of fire!"。

(二) 遵从习惯，使用规范、标准的标识语

标识语具有很强的规约性。受语言习惯的影响，很多标识语的翻译都已约定俗成，不能随意改动。例如，我们外出常见到的"小草微微笑，请你走便道""请勿践踏"等标识语就不能生硬地译为"Little grass is smiling slightly, please walk on pavement"，而要按照英语的习惯直接翻译成"Keep off the grass"。再比如，"前方修路，请慢驾驶"和"该段路为单行道"可以按英语习惯分别翻译为"Road work ahead"和"One way"。在标识语的汉英翻译中，译者宜遵从英文习惯，尽量借用英语里已经存在的情景相同、功能一致的规范文本进行翻译，避免生造标识语。

(三) 程式化套译

英语标识语的结构比较固定，程式化的套语运用广泛，因此翻译时可以采用程式化的方式进行套译。例如，表达"禁止做某事"可以套译"No+名词或动名词"的形式，如"禁止掉头(No U Turn)""禁止入内(No Admittance)""禁止停车(No Parking)""禁止吸烟(No Smoking)"等；表示"专用"可以采用"名词+Only"的形式，如"贵宾专用(VIP Only)""儿童专用(Children Only)"等；表示"请勿做某事"，可以采用"Do not +动词"的表达方式，如"请勿触摸(Do not touch)""请勿扔垃圾(Do not litter)"等。

(四) 反面着笔

英汉两种语言都存在着从正面和反面表达一种概念的现象。在翻译时，汉语的正面表达可以用英语的反面表达来实现；汉语的反面表达也可以通过英语的正面表达来实现。有时标识语的翻译可以通过这种方法成功地实现汉英转化。如"请勿将头伸出窗外"翻译为"Keep Head Inside Vehicle"，而不是正面表达为"Don't put your head out of the window"。再比如，"请勿触摸"译为"Hands Off"，"工地危险，禁止入内"译为"Danger, Building Site"，等等。

(五) 注意英国英语和美国英语在标识语方面的差异

英国英语和美国英语在标识语方面的差异，如表 6-1 所示。

表 6-1 英国英语和美国英语在标识语方面的差异

举例	英国英语	美国英语
地铁	Underground	Subway
邮资已付	Post-Free	Postpaid
药房	Chemist's Shop	Pharmacy
脚下留神	Mind Your Step	Watch Your Step
垃圾箱	Rubbish Bin	Garbage Can
面包店	Bakery	Baker's Shop
请勿疲劳驾驶	Tiredness Kills, Take a Break	Stay Alert, Stay Alive

(六) 零翻译

标识语的翻译属于外宣资料翻译的一种，应遵循"内外有别"的原则。有些标识语专门针对素质较差的人或者不文明现象，诸如"禁止在公园内随地大小便(Do Not Commit Nuisance)""严禁赌博(No Gambling)""严禁卖淫嫖娼(No Commercial Sex)""收费厕所(Pay Toilet)""严禁随地吐痰(No Spitting)""禁止乱刻乱画(No Carving or Drawing)"等无须翻译。

作为在日常生活中随处可见的公共信息牌——标识的作用不言而喻，其翻译对国际商务交往至关重要。本项目介绍了标识语的定义、分类、语言特点以及标识语翻译应遵循"功能对等"的翻译原则。在具体的翻译技巧上可以采用去繁从简、遵从习惯，使用规范、标准的标识语、程式化套译、反面着笔、零翻译等翻译技巧。

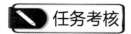

思考题

请思考中英文标识语在语言使用方面有哪些差异。

课后训练

一、请为下列汉语标识语选择恰当的英语译文，并将译文对应字母填入前面的横线上。

____ 1. 油漆未干　　　　　　A. Beware of Pickpockets

____ 2. 不要闯红灯　　　　　B. Do Not Crush

____ 3. 补票处　　　　　　　　　　C. Inflammable Solid
____ 4. 大宗购物处　　　　　　　　D. Don't Dash through the Stop Light!
____ 5. 当心扒手　　　　　　　　　E. Wet Paint
____ 6. 请使用旋转门　　　　　　　F. Do Not Overtake
____ 7. 禁止超车　　　　　　　　　G. Bulk Purchase Reception
____ 8. 切勿挤压　　　　　　　　　H. Please Use the Revolving Door
____ 9. 压缩气体　　　　　　　　　I. Fare Adjustment/ Pay Upon Arrival
____ 10. 易燃固体　　　　　　　　 J. Compressed Gas

二、请将下列英语标识语翻译成汉语。

1. Visitor Parking
2. Keep Quiet
3. Watch for Pedestrians
4. Hard Hat Required at All Times
5. Three Minutes Parking, Drivers Must Remain in Vehicle
6. Danger: High Speed Trains, Do Not Enter

三、请将下列汉语标识语翻译成英语。

1. 切勿近火　　　　　　　　　2. 禁止开窗
3. 机房重地，非公莫入　　　　4. 请勿倒置
5. 请您带好随身物品　　　　　6. 未经许可车辆不得入内
7. 一慢二看三通过　　　　　　8. 请勿打扰
9. 正在检修，请绕行　　　　　10. 请爱护公共设施

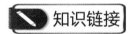

常见标识翻译

一、商场促销标识

50% Off on Selected Lines	部分商品降半价
Accessories & Spares Delivered to Your Door	配件送货上门
As Many Repairs As You Need, Free of Charge	随时免费维修
Best Choice and Best Discounts	最佳选择，最大优惠
Big Sale	大甩卖
Brighter Shopping, Brighter Prices	明智的购物，透明的价格
Buy One and Get One Free	买一赠一
Buy Two and Get One Free	买二赠一
Closing Sale	关门大甩卖
Customer care is our top priority	顾客至上

Final Clear Out	清仓大甩卖
Free Delivery to Your Door	免费送货上门
Offer is subject to availability	现货优惠，卖完为止
Save Up to 40%	6折优惠
Savings and Discounts all around the Store	店内所有商品均削价处理
Special Offer	特价
Try Before You Buy	先试后买

二、企业标识

Close the Door Behind You	请随手关门
Floor Cleaning in Progress	正在清扫地板
Interview in Progress	正在面试
Lift Out of Order	电梯发生故障
Meeting in Progress, Quiet Please	正在开会，请保持安静
No Food is to be Consumed in This Area	此处不准吃食物
No Littering	勿乱扔废弃物
No Smoking in This Area	此处禁止吸烟
Please Wait Here For Inquiries	请在此等候咨询
Finished Product Area	成品区

任务 6.2　英汉翻译技巧之重复法

任务引入

试分析下列句子译文是否准确，如果不准确，请改正。

1. They "make mistakes", suffered by them, acknowledged and studied them, thus planned victory.

   译文：他们"犯过错误"，吃过它们的亏，承认并研究它们，从而做出了胜利的决策。

2. New machines or techniques are not merely a product, but a source of fresh creative ideas.

   译文：新的机器、新的技术不仅是一种产品，而且是新的创造性思想的源泉。

学习任务

在汉语中，同义词语重复是一个比较明显的特点，而这在英语中很少见。在汉语修辞上，这种重复称为反复，目的是突出某个意思、强调某种感情，以加深读者印象。但在许多情况下，重复并非出于修辞的需要，而是语言本身所固有的。在翻译中，有时为了忠实于原文不得不重复某些词语,否则就不能忠实地表达原文意思。重复法就是指在译文中适当地重复原文中前面刚刚出现过的词语以使意思表达更加清楚,或者进一步加强语气,突出强调某些内容,以收到更好的修辞效果。通常,重复法有三个作用:一是为了明确,二是为了强调,三是为了生动。

一、汉译"多枝共干"结构中的重复

英语中经常见到一个动词带两个或几个宾语,一个宾语有两个或几个动词;一个名词由两个或几个定语修饰,一个定语同时修饰两个或几个名词;两个或几个介词后接同一个宾语,等等。这种一个词语与两个或几个词语的搭配组合被称作"多枝共干"结构,亦称"骈合结构"。译成汉语时,往往将相当于"干"的部分加以重复,以使译文明确达意、自然通顺。

(一) 重复共同的动词

Is he a friend or an enemy?
他是个朋友呢,还是个仇人?
For a good ten minutes, he cursed me and my brother.
足足有十分钟之久,他既骂我,又骂我的兄弟。
We talked of ourselves, of our prospects, of the journey, of the weather, of each other — of everything but our host and hostess.
我们谈到自己,谈到前途,谈到旅程,谈到天气,谈到彼此的情况——谈到一切,只是不谈我们的男女主人。
It is in this way that they re-examine the world, their region and themselves.
他们正是这样重新估价世界、重新估价他们所在地区以及他们自身。
Plant growth needs sunshine, air and water as well.
植物生长需要阳光,需要空气,也需要水分。
It was once hoped that such minicars could be successfully developed, and what was more, that their cost would be reasonable enough to make them commercially available.
人们曾经希望这种微型轿车能够研制成功,而且更希望其成本足够合理,能够上市销售。

(二) 重复共同的宾语

Let us revise our safety and sanitary regulations.
我们来修订安全规则和卫生规则吧!
I had experienced oxygen and/or engine trouble.
我曾碰到过,不是氧气设备出故障,就是引擎出故障,或者两者都出故障。
People use natural science to understand and change nature.
人们利用自然科学去了解自然、改造自然。
Teachers should try their best to develop the students' ability to analyze and solve problems.

教师应当尽力培养学生分析问题和解决问题的能力。

The purpose of radar is to obtain, process and display information.

雷达的用途在于获取信息、处理信息、显示信息。

Work with, and not against, nature.

要顺应自然工作，不要违反自然工作。

(三) 重复共同修饰的名词

To determine the consequences of sleep deficit, researchers have put subjects through a set of psychological and behavioral tests.

为了确定睡眠不足引起的后果，研究人员对测试对象进行了一系列心理测试和行为测试。

Scientists are still not very clear about the chemical and physical characteristics of this substance.

科学家仍然不很清楚这种物质的化学特性和物理特性。

She has already published a number of political and technical treatises.

她已发表数篇政治论文和科技论文。

(四) 重复共同的定语

He was studying Greek sculpture of the primitive and classical periods.

他正在研究原始时期和古典时期的希腊雕塑。

It requires such materials as can bear high temperature and pressure.

这需要能耐高温高压的材料。

当然，有时由于汉语的搭配习惯，翻译"多枝共干"结构中的重复并不一定都采用完全相同的词语。例如：

A scientist constantly tries to defeat his hypotheses, his theories, and his conclusions.

科学家总在试图推翻自己的假设、否定自己的理论、放弃自己的结论。

二、重复代词所替代的名词

英语代词的使用数量大大超过汉语。汉语中除非必要，一般不宜多用代词。因此，英汉翻译时，除了适当地将原文中的一些代词省译外，还经常将某些代词所替代的名词重复译出，以使译文意思清楚明了。

(一) 重复人称代词替代的名词

一般而言，英语为了避免重复而多用代称，汉语则习惯于实称，少用代称。尤其是第三人称代词，如果在一句话或一段话中重复出现，不仅可能造成指称混乱，而且不符合汉语的表达习惯。因此，汉译时原文中的人称代词该省译的须省译，该还原的须还原，即重复译出所替代的名词。例如：

Mary opened her eyes. They were filled with tears.
玛丽睁开眼睛，眼里饱含泪水。

He hated failure; he had conquered it all his life, risen above it, despised it in others.
他讨厌失败，他一生中曾战胜失败，超越失败，并且藐视别人的失败。

Liquids are like solids in that they have a definite volume.
液体像固体，因为液体也有一定的体积。

（二）重复物主代词替代的名词

英语中使用物主代词"its""his""their"等的频率很高。在一些场合，这种物主代词既不宜省译，也不宜照译，却常常重复所替代的名词，以使译文具体明确，更加符合汉语习惯。例如：

Happy families also had their own troubles.
幸福家庭也有幸福家庭的苦恼。

Big powers have their strategies while small countries also have their own lines.
强国有强国的策略，小国也有小国的路线。

The old man believes that poverty has its advantage.
那个老汉认为穷也有穷的好处。

（三）重复关系代词替代的名词

用于引导英语定语从句的关系代词，既在定语从句中充当某种成分，又代表定语从句所修饰的先行词。翻译英语关系代词，有时需要将充当先行词的名词重复译出。例如：

My uncle was born in Beijing, which is the capital of China.
我叔叔出生于北京，北京是中国的首都。

We are greatly inspired by the glowing success of the tremendous revolution, which is now changing the whole world.
这场巨大革命的辉煌胜利使我们欢欣鼓舞，这个胜利正在改变着整个世界。

（四）重复其他代词替代的名词

英语中经常使用的其他代词，如替代前面出现过的名词的指示代词"that""those"，不定代词"one(s)"等，译成汉语时为使意义明确具体、译文自然顺畅，经常将其代替的名词重复译出。例如：

It is known that in vacuum light bodies will fall as fast as heavy ones.
大家知道，在真空中轻的物体同重的物体降落得一样快。

Translation from English into Chinese is not so easy as that from English into French.
英译汉不如英译法容易。

The silks of China are better than those of any other countries.
中国的绸缎比任何其他国家的绸缎都物美价廉。

三、重复强调型关系代词或关系副词

英语中强调型关系代词或关系副词指的是由"who(m)""which""what"等代词及"where""when"等副词和"ever"构成的合成词。这些关系代词或副词既起着引导从句的作用，同时又在从句中充当某种成分。汉译时，经常重复这类关系词，以清楚表达强调意味。例如：

Whoever breaks the law deserves punishment.
谁犯了法，谁就应当受到惩罚。

You may take whichever interests you best.
你对哪一个最感兴趣，就可以拿哪一个。

Wherever there is plenty of sun and rain, the fields are green.
哪里阳光雨水充足，哪里的田野就绿油油。

I'll discuss it with you whenever you are free.
你什么时候有空，我就什么时候和你商量这件事。

四、重复上文出现过的动词

英语中为了避免重复，上文出现过的某些动词下文常常省略，而只保留不定式符号"to"，使用助动词"do"或其他助动词等。英汉翻译时按照汉语习惯，往往需要将这些动词重复译出。例如：

Some students want to suspend the experiment, but others prefer not to.
一些学生想要暂停实验，但其他学生则不愿暂停。

People forget your face first, then your name.
人们首先忘记你的容貌，接着又忘记你的名字。

If you want to go you may; I have no objection to your going.
你如果想走，可以走；我不反对。

五、重复同义词语

英语中为了避免重复使用同一个词语，在再次提及相同的人或物以及表达相同的意思时，往往使用同义词语。翻译时，只要符合汉语的搭配习惯，可以重复使用相同的词语，也可以使用同义词。例如：

No pains, no gains.
不劳无获。

Easy come, easy go.
来得容易去得快。

The monkey's most extraordinary accomplishment was learning to operate a tractor. By the age of nine, the monkey had learned to solo on the vehicle.

那只猴子最不平凡的成绩是学会了驾驶拖拉机。到了 9 岁的时候，这只猴子已经学会单独表演驾驶拖拉机了。

六、译文修辞需要的重复

有时，即使原文中没有采用重复、省略、变换等手法，翻译时为了使译文生动有力、自然流畅，同样需要借助于重复法，即灵活运用叠字叠词、四字对偶等修辞手段。例如：

Target priorities were established there.
目标的轻重缓急，孰先孰后，是在那里决定的。

The toasts were flat.
祝酒词平平淡淡。

His anger vanished and he burst out laughing.
他的怒气烟消云散，转而他放声大笑。

类似上面出现的"烟消云散"等四字对偶词组，在汉语中大量存在。在这种词组中前后两对字形成对偶，一般表达相同或相似的意思，实际也属于一种重复手法。英汉翻译时恰当使用这类词组可使译文言简意赅，生动活泼，通顺流畅。再如：

a mixed accent　南腔北调　　　by hook and brook　千方百计
calm　泰然自若　　　　　　　careless　粗心大意
deep hatred　深仇大恨　　　　earthshaking　惊天动地
ever changing　日新月异　　　fair　公平合理
prosperity　繁荣昌盛　　　　 gratitude　感恩戴德
ignorant　愚昧无知　　　　　in chaos　乌烟瘴气
rumors　流言蜚语　　　　　　strange tale　奇谈怪论
talk nonsense　胡言乱语　　　street gossip　街谈巷议

重复法是常用英汉翻译技巧之一，在翻译过程中为了使意思表达更加清楚、生动，或者进一步加强语气，在译文中适当地重复原文中前文刚刚出现过的词语，以取得更好的表达效果。在翻译技巧上主要包括"多枝共干"结构中的重复、代词所替代名词的重复、强调型关系代词或强调型关系副词的重复、上文出现过的动词的重复、同义词的重复，以及出于修辞需要的重复。

思考题
请思考重复法翻译技巧使用的具体语境。

课后训练

一、将下列句子译成汉语，并注意画线词语的重复。

1. They were starting from scratch, and <u>needed</u> men, guns and training.
2. The blow <u>hurt</u> not only his hands but his shoulders too.
3. As a mathematician, you should understand and use the electronic <u>computer</u> better.
4. Operators should inspect and oil their <u>machines</u> before work.
5. The engineer suggested our safety and sanitary <u>regulations</u> be revised.
6. "Tell us all about Paris, Susan," asked Linda.
   "How can I tell you about <u>it</u>, when I haven't seen one tenth of <u>it</u>?"
7. The children lived in terror of their stepfather, <u>who</u> had borne down on them so often and so hard that there was little left.
8. There is air all around us although we cannot see <u>it</u>.
9. The conductor has <u>its</u> properties, and the insulator has <u>its</u> properties. Their properties are different from each other.
10. Rich men have <u>their</u> cares while poor men have <u>their</u> happiness.

二、将下列句子译成汉语，并用叠字叠词或四字对偶词组表达原文中的画线词。

1. There are exceptions to <u>every rule</u>.
2. I had been completely <u>honest</u> in my replies，withholding nothing.
3. I stood there, my <u>whole attention</u> fixed upon the motions of her fingers.
4. It was a bright September afternoon, and the streets of New York were <u>brilliant with moving men</u>.
5. One of the characteristics of light is that it travels in <u>all directions</u> from the source of light.

综合案例分析

一、请将下列不恰当的标识语翻译改正过来，并总结标识语翻译技巧。

1. 顾客止步　　　　The customer stop
2. 小心台阶　　　　Be careful of the steps
3. 小心地滑　　　　Carefully slip
4. 敬请上前一步　　Please come onward to step
5. 禁止拍照　　　　No take photo

二、请分析下句译文哪个更合适，原因何在，注意重复法的使用。

New machines or techniques are not merely a product, but a source, of fresh creative ideas.

译文1：新的机器、新的技术不仅是一种产品，而且是新的创造性思想的源泉。

译文2：新的机器、新的技术不仅是新的创造性思想的结果，而且是新的创造性思想的源泉。

 实训活动

作为一名翻译公司的商务翻译,项目主管要求你翻译客户办公场所的标识语,总结中英文标识语翻译技巧,收集、整理公共场所常用中英文标识语,并进行翻译分析。举例说明英汉翻译中重复法的翻译技巧。

翻译点津

翻译家谈翻译 V

学生可扫描获取"翻译家谈翻译 V"相关资料。

项目7　广告翻译与英汉翻译技巧之省译法

🔍 能力目标

1. 能够正确翻译广告的常用词汇和句型；
2. 能够熟练翻译各类广告；
3. 能够灵活运用省译法的翻译技巧进行英汉翻译。

🔍 知识目标

1. 了解广告文体的语言特点、行文方式和格式；
2. 掌握广告的常用翻译技巧；
3. 熟练掌握省译法的英汉翻译技巧。

🔍 素质目标

通过广告翻译的学习培养严谨、创新的从事商务翻译工作应具备的基本素养。

项目7 广告翻译与英汉翻译技巧之省译法

知识结构图

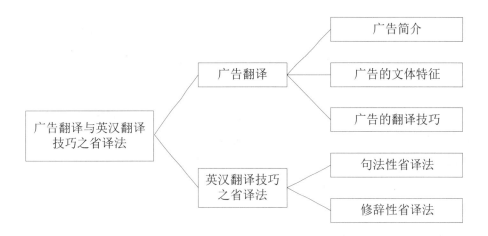

任务 7.1 广告翻译

任务引入

试译下面这则广告,体会广告的语言特点。

Sharp Z-20 Smallest Plain Paper Copier

It's more than just new. It's smaller, it's lighter, and it fits almost anywhere. It starts automatically. "Goes to sleep automatically." Even sets exposure automatically. And it's not only affordable to buy. Economical to run. It's also simple to maintain. It uses replaceable cartridge. For copies in red, blue, or black. And it has copy quality that is truly unsurpassed. In fact, it's the plain paper copier that's anything but plain. It's the new Sharp Z20. So incredibly small. It's the only plain paper copier that makes any place your workplace.

From sharp minds come sharp products.

一、广告简介

(一) 广告的定义

广告是企事业单位为达到推销商品、提供服务等目的,通过报纸期刊、广播电视、招贴橱窗等媒体进行宣传,引起消费者、使用者兴趣和购买动机的信息传播活动。通常由可识别的赞助商以付费方式通过各种媒体传达关于产品、服务或观点的说服性信息。一则完整的广告一般包含标题(headline)、正文(body text)、口号(slogan)、商标(trademark)、插图(illustration)、色彩(color)和版面编排(layout)等。

(二) 广告的特点与功能

真实是广告的生命,广告宣传应遵循实事求是的原则。拟制广告词时要针对不同的对象有的放矢地设计和表达广告内容,实现广告的目的。广告的功能作用只在一定时期内有效,具有时效性。广告要想给公众留下深刻印象,就要巧妙地调动和运用各种艺术手法,准确生动地揭示广告主题,体现广告创意,文字力求言简意赅,易读易记。因此,广告具有内容真实性、对象针对性、功能时效性、表达艺术性以及文面简短性的特点。广告一般分为说理和移情两种功能。前者属于"硬销(hard sell)"广告,主要依靠传递信息、表达事实吸引受众。后者属于"软销(soft sell)"广告,着重通过文学性的语言打动、感染受众。

二、广告的文体特征

与其他文体相比,广告在词汇、句法和修辞方式等方面有许多独特之处。

(一) 词汇特征

广告行文简单,生动形象并富有感染力,在词汇的运用上富有特色,具体表现在以下几个方面。

1. 选用简明易懂的常用词

广告用语应通俗易懂,使读者尽快获取信息。因此,多选用常见词,力求行文简单,具有感染力。如三星电子的广告"Feel the new space"(感受新境界),简单的几个词将产品的卓越品质展现无余。再如可口可乐的广告"It's Coca-Cola"。汉语广告也多选用常见词,简明达意,富有张力。如"龙的"牌真空吸尘器的广告"我有我品质"。简单的"我"和"品质"彰显了该品牌吸尘器的独特性能。

2. 常用形容词及其比较级、最高级

英语广告中，广告商为推销自己的商品，常使用积极、肯定、褒义的形容词来描述其产品的特性和品质，以激发消费者的消费欲望。如下面一则宾馆的广告：

Your trip can always be a carefree experience as our meticulous services keep you feel at home. Innovative decor, well-equipped guest rooms, elegant dining venues，attentive services and friendly smile…Only when you visit the Windsors can you discover how considerate we are！

该广告只有三句话，就用八个形容词来描述宾馆设备精美、服务周到，读者读后自然会浮想联翩、心驰神往。

为了吸引更多的消费者，使产品在众多的同类商品中脱颖而出，广告商通常使用形容词的比较级或最高级来突出自己，显示其产品的独特性和唯一性。请看下面两则广告：

Dale Batteries: the original and still the best. (戴尔电池)

戴尔电池——独创，最佳。

Let's make things better. (飞利浦)

让我们做得更好。

使用"best"和"better"抓住了消费者追求商品高品质的心理，分别画龙点睛地宣传了戴尔电池的优越性能和飞利浦产品的独特品质，最大限度地吸引了消费者的目光，激发了消费者的购买欲望。

3. 多使用单音节动词和动感性动词

为了使广告语言简洁生动，内容一目了然，广告英语中经常使用一些单音节动词。出现频率最高的动词有：make,get,give,have,see,come,buy,go,know,keep,look,need,love,like,use,feel,take,start,taste,help,meet,save 等。运用这些动感性动词，广告主巧妙地将自己或所宣传商品与消费者之间建立某种联系。如 have,get,give,buy,keep 表示消费者取得和拥有某种商品；take,use,have 表示消费者使用某种商品的动作和过程；而 like,love,need 表示消费者对其喜爱程度。这种联系一旦建立，很容易吸引消费者的注意，激发消费者的兴趣，从而达到促销的目的。

Now you can have your cake and diet too.

现在你可以一面吃甜点一面减肥。

这里的"have"表示消费者使用商品的过程，汉语在这种情景下即为"吃"。再如：

Practice really does make perfect.

实践就是出完美。

Get the feeling.

深有同感。

其中，"make"和"get"这些简单动词是人们生活中必需的、日常语言中使用最多的、意义最明确的动词。运用这些动词，使广告简练、通俗。

4. 运用复合词

复合词构词形式灵活、不受英语语法在词序排列上的限制，可以节省篇幅、节约费用，在英语广告中应用广泛。比如：

It's finger-licking good. (肯德基广告)

吮指回味，其乐无穷。

Free 24-hour delivery. 15-day money-back guarantee. On-site maintenance.

免费 24 小时送货；15 天退款保证；上门维修。

Hi-Fi, Hi-Fun, Hi-Fashion, only from Sony.

高度保真，高级趣味，高尚名流，只有来自索尼。

"Hi-Fi"即"High Fidelity"(高度保真)，"Hi-Fun"和"Hi-Fashion"即"High Fun"和"High Fashion"。前者是固有复合词，后两个是生造复合词，联合使用，使得广告语言浅显易懂、生动活泼、耐人寻味。常见的复合词如：first-class，durable-service，world-famous，brand-new，home-made，warm-hearted，best-selling，easy-to-dress，thirst-quenching，carefully-selected 等。

5. 运用缩略词

广告中使用缩略词可以节省广告篇幅、降低成本。例如：

ad. = advertisement	add. = address	co. = company
bnfts = benefits	hr = hour	mst = must
Bkground = background	bldg = building	dept. = department

汉语有时也会采用缩略语。如：

我们实行"三包"——包修、包换、包退。（"三包"承诺)

We offer 3-R guarantee, namely guaranteed repair, replacement and refund.

6. 模拟新造词

广告中常使用词汇变异手段，如单词错拼或加上前缀、后缀来杜撰新词、怪词，以体现产品的新、奇、特，满足消费者追求时尚、标榜个性的心理，使语言变得生动活泼，吸引读者的注意。

What could be delisher than fisher?

有什么比钓鱼更有趣?

这是一则户外钓鱼广告，言简意赅。巧借"delicious"的谐音，杜撰新词"delisher"，与后面的"fisher"形成押韵的效果，突出钓鱼的乐趣。

7. 广泛使用人称代词

现代英语广告常使用第二人称"you"以拉近广告与读者的距离，增强广告的亲和力，达到说服读者进行消费的目的。例如：

Are you going grey too early? (染发乳广告)

您的乌发是否过早变白了?

该广告口气极其亲切，倍加关心那些早生华发的人们，消费者比较容易接受。

汉语广告有时也使用人称代词。例如：

给您一个新的选择。

A new choice for you.

8. 借用外来词

为吸引消费者的注意力，广告中有时会巧借外来词汇，以突显异域风味。汉语广告有时也借用外来词。如：

横看、竖看，都是 SONY 最好看。(索尼电视机)

这样的品牌名称满足人们求新求异的心理，激发了消费者对产品强烈的购买欲望。

9. 雅语、俗语各有特色

广告宣传的商品不同，面对的消费群体不同，广告的语体也不尽相同。为了使广告流畅上口、易懂易记，广告中常使用俗语，使广告生动活泼，富有感染力。

Is microwave cooking fast? ——You bet!

微波炉煮饭快吗？——那还用说！

"You bet" 属非正式英语，相当于 "surely" 或 "certainly"，使广告贴近生活，语言生动活泼、富有感染力，符合家庭主妇的身份。

有时为了吸引高层次的消费者，广告中会使用正式的书面语来描述高档消费品，如汽车、高级饭店、手机、化妆品等。

(二) 句法特征

为体现广告创意，打动读者，广告句式呈现多样性特点。具体表现为以下几点。

1. 多用简单句，少用复合句

简单句节奏紧凑，跳跃性强，易于记忆，容易吸引消费者的注意。例如：

I love this game. (美国男子职业篮球联赛广告)

我爱这比赛。

We really do our part. (丰田汽车公司广告)

我们尽我们的职责。

Things go better with Coca-cola.(可口可乐广告)

饮可口可乐，万事如意。

2. 多用省略句和句子片断

广泛使用省略句和句子片断，能节省广告篇幅，节约成本，有效捕捉顾客的注意力，同时使得广告主题鲜明、节奏明快。比如：

Your World. Delivered. (AT&T 公司广告)

您的世界，我们传递。

与你同行。(中国电信广告)

Always with you.

A great way to fly. (新加坡航空公司广告)

飞越万里，超越一切。

3. 巧用祈使句

祈使句具有劝说、鼓动的功能，这与广告目的不谋而合。因此，广告中常用祈使句。

例如：

Take time to indulge.
尽情享受。

Make yourself heard.
理解就是沟通。

Turn it on!(彪马广告)
穿上它！

汉语广告中也常用祈使句。如：
胃痛，胃酸，胃胀，快用斯达舒胶囊。
保护嗓子，请用金嗓子喉宝。

4. 多用平行结构

把分句、从句或短语依次排列，而不用连词或从属连词，即采用并列平行的结构构成排比，以增强语势，加深消费者的印象。例如：

Designed with a computer. Silenced by a laser. Built by a robot. (沃尔沃汽车广告)
电脑设计，激光消音，机器人制造。

A world of visiting cards, a universe of duplication. (打字复印社广告)
名片世界，复印天地。

Eye it. Try it. Buy it. (雪佛兰汽车广告)
先看、后试、再买。

5. 常用疑问句

广告中常用疑问句，以引起消费者的好奇和注意；用反义疑问句来进行间接肯定。

Go to the cinema? I live at the cinema. (Philips)
去电影院？我住在电影院。(飞利浦)

In a world that's far from perfect isn't it nice to find something that is practically there?
在一个远不及完美的世界里能发现完美的东西，岂不让人惊喜？

汉语广告中也常用疑问句。例如：
人类失去联想，世界将会怎样？(联想集团)

6. 常用一般现在时

为使广告宣传的内容客观真实、实事求是，同时向消费者暗示商品属性、效应、信誉具有持久性和长远性，通常使用一般现在时。例如：

The taste is great. (雀巢咖啡)
味道好极了。

To me，the past is black and white，but the future is always color. (轩尼诗酒)
对我而言，过去平淡无奇；而未来，却绚烂缤纷。

(三) 修辞特征

在广告语中，为了增强广告的吸引力，使广告更富有感染性和煽动性，常常使用比喻、拟人、对偶、双关等修辞手法。比如：

Light as a breeze, soft as a cloud. (服装广告标题)

轻如微风，柔若浮云。(比喻)

从这则广告可以看出，服装的用料质量上乘，轻如拂面之微风，柔若天空之浮云，消费者自然联想到穿上这种服装肯定轻松舒适，会产生购买欲望。

Life is a journey. Enjoy the ride. (尼桑汽车广告)

生活就是一次旅行，祝您旅途愉快。(比喻)

将生活比作旅行，每个人都希望自己的人生之旅轻松愉快，而尼桑汽车能够在你繁忙的日常生活中给你带来愉快的感受。该广告含蓄、温馨、不动声色，于不经意处打动消费者的心扉。

Oscar de La Renta knows what makes a woman beautiful.

奥斯卡深谙女人美丽之道。(拟人)

Oscar de La Renta 是女性化妆品名。该广告通过拟人手法进行宣传，表明其深谙女人的美丽之道，对爱美的女士而言，极具鼓动性和诱惑性。

The world smiles with *Reader's Digest*. (《读者文摘》广告)

《读者文摘》给全世界带来欢笑。

汉语广告有时也会采用拟人的修辞手法。例如：

李锦记——餐餐陪着您。(拟人)

此外，广告中还经常使用对偶、押韵、仿拟等修辞手法。比如：

Once tasted, always loved.

一旦品尝，爱之终生。(对偶)

该广告利用结构相同的两组词形成鲜明的对比，给消费者留下深刻印象。

汉语广告中也有类似结构。如：

情系中国结，联通四海心。(对偶)

奥运中国心，网通传真情。(对偶)

Safety, Security and Simplicity. (手机广告)

安全，安心，实用。(押韵)

上面这则广告中，三个单词均以辅音 s 开头，形成头韵，节奏感较强，简洁醒目、悦耳。

Everyone needs the Sun. (保险公司)

人人需要阳光。

"Sun" 既指 "太阳"，又指 "阳光保险公司"。

Tide's in, dirt's out.

汰渍放进去，污垢洗出来。(对比)

Where there is a way, there is a Toyota.

丰田汽车，风行天下。(仿拟)

丰田这则广告仿拟了 "Where there is a will, there is a way" 的措辞方式，巧妙地将丰田汽车纵横驰骋的特性昭显天下，激发消费者的购买欲望。

三、广告的翻译技巧

广告的主要功能是信息功能(informative function)和呼唤功能(vocative function)，广告翻译的最终目的是广告功能的实现，即有效地把产品介绍给消费者，使消费者接受并购买产品。广告翻译要遵循译入语广告语体风格，尊重译语文化，注重译文读者的反应。只有这样，才能确保广告翻译实现它的预期功能，有效地把产品介绍给译语消费者，并促使其购买产品。具体的翻译技巧包括直译、意译和改译。

（一）直译

Challenge the Limits. 挑战极限。(三星电子)
Standard of the World. 世界的标准。(凯迪拉克汽车)
Communication unlimited. 沟通无极限。(摩托罗拉公司广告)
Melts in your mouth not in your hand. 只溶在口，不溶在手。(玛氏巧克力)
As soft as Mother's hands. 像母亲的手一样柔软。(童鞋广告)
Applying "Dabao" morning and night, makes your skincare a real delight. 要想皮肤好，早晚用大宝。(大宝护肤霜)

从上面的例子可以看出，译者不需要进行变通，通过在译文中保留原文的内容和形式，在译语文化中一样可以达到译文广告的预期功能。

（二）意译

由于英汉两种语言和文化的巨大差异，有时需要取原文内容而舍弃其形式进行翻译。采用意译法，在保持原文基本信息的基础上，通过形式的变通，使译文从消费者角度看比较地道，可接受性较强。例如：

A diamond is forever. 钻石恒久远，一颗永留传。(戴比尔斯钻石)

原广告"A diamond is forever"简洁明了，符合西方人直接表达的习惯。但如果直译"一颗钻石就是永远"，则平淡乏味，不像汉语广告。意译为"钻石恒久远，一颗永流传"符合东方人含蓄的表达方式，可读性强。虽然译文与原文不能一一对应，句子结构形式也荡然无存，但译文在译语文化中既展现了产品卓越的品质，又满足了汉语读者审美的需要，取得了很好的广告效果。再如：

衣食住行，有龙则灵。(中国建设银行广告)
Long Card makes daily necessities a piece of cake.

原广告中"龙"是双关词，既指该银行发行的"龙卡"，又是中国文化中常指的"龙"，其文化蕴涵丰富。在英美文化中，无法在简短的广告词中把这么一个富含文化底蕴的词表达清楚，并让译文读者瞬间产生兴趣。因此，译者只能取广告中"龙"是龙卡的意思，取其最基本的意思，即只要拥有该行发行的龙卡，生活将变得便捷、舒适，一切事情都可以轻松搞定。译文传达了该广告产品及服务的本质特征，同时符合英美读者喜欢直白表达的审美心理，能够在瞬间抓住读者的注意力，激发他们的兴趣。再如：

We race, you win. (福特汽车广告)

以实战经验，助你一路领先。

Whatever makes you happy. (瑞士信贷银行广告)

为您设想周全，让您称心如意。

(三) 改译

改译是脱离原文框架，摆脱原文语言形式的束缚，根据产品的具体情况及当地的语言或风俗习惯，在译语中重立新题，另起炉灶。比如：

If it moves, pumps, turns, drives, shifts, slides or rolls, we check it. (某品牌汽车)

成竹在胸，纵横驰骋。

原文句子中连用了几个动词细说此车优越的性能。如果简单地进行直译，则显得单调呆板，没有生机，也不符合汉语的表达习惯。此处进行改译，使译文生动形象，给人无限遐想，达到了产品宣传的目的。

比较常见的改译是借用读者熟悉的语言，套用家喻户晓的名言、名句，以消费者喜闻乐见的形式阐释产品，帮助广告译文取得意想不到的效果，实现其预期功能。比如：

To take BA or not to take BA? What a silly question! (British Airways)

英航，坐还是不坐，那是个愚蠢的问题！(英国航空公司)

英航的广告仿拟了莎士比亚名剧《哈姆雷特》中主人公哈姆雷特的个人独白"To be or not to be, that is the question"这句经典台词。其在给人以丰富的遐想的同时，也具有强大的鼓动力和经典的文化价值，让人自然而然想到，无须思考，当然要选择英国航空公司出行。

广告在日常生活和国际交往中应用广泛，做好广告翻译是国际贸易和国际交往的需要。本项目介绍了广告的定义、特点、功能、文体特征，以及广告直译、意译和改译的翻译技巧。

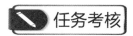

思考题

请思考文化因素对广告翻译的影响。

课后训练

一、翻译下列广告词，并指出所使用的修辞格。

1. Asia Garden Hotel—A Home Away From Home!(Asia Garden Hotel)
2. Big thrills, small bills. (Budget Car Leasing Center)

3. A day without orange juice is like a day without sunshine. (Florida Citrus Commission)
4. The driver is safer when the road is dry;
   The road is safer when the driver is dry.
5. 有路就有丰田车。
6. 臭名远扬，香飘万里。
7. 这里的网速很快，请系好安全带。

二、阅读下列广告及其翻译，讨论翻译技巧。

1. 原文：Beyond your imagination.(Korean Air)
   译文：意想不到的天空。(大韩航空)
2. 原文：Elegance is an attitude. (Longines)
   译文：优雅态度，真我性格。(浪琴表)
3. 原文：Taking the lead in a Digital World. (Samsung)
   译文：领先数码，超越永恒。(三星)
4. 原文：Your Future is Our Future. (HSBC)
   译文：与您并肩，迈向明天。(汇丰银行)
5. 原文：Prepare to want one. (Hyundai)
   译文：众望所归，翘首以待。(现代汽车)

三、翻译下列常用广告语。

1. 味道纯正   2. 经久耐用
3. 工艺精良   4. 款式新颖
5. 畅销全球   6. 男女老少皆宜
7. 具有中国风味   8. 采用先进技术和工艺
9. Literature free. 10. Obey your thirst.
11. Act Now!   12. Quality breeds success.

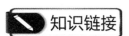
知识链接

常用汉语广告词英译

典雅大方	elegant and graceful	方便顾客	making things convenient for customers
美观耐用	attractive and durable	品种繁多	great varieties
质地考究	superior (in) quality	质地优良	fine quality
包装多样	diversified in packaging	价格适中	moderate cost
保质保量	quality and quantity assured	操作简便	easy and simple to handle
科学精制	by scientific process	口味鲜美	delicious in taste
烹制简便	convenient to cook	品质优良	excellent (in) quality
清仓大甩卖	clearance price	设计合理	professional design

设计新颖　modern design　　　　　　维修简易　easy to repair
味鲜可口　agreeable to taste　　　　性能优越　superior performance
选材精良　superior materials　　　　做工精细　fine workmanship
货源充足　ample supply and prompt delivery
款式新颖众多　diversified latest designs
质量第一，用户至上　quality first, consumers first
久负盛名　with a long standing reputation
价格公道　reasonable price; moderate price
经久耐用　durable in use; durable service
供不应求　in short supply; demand exceeding supply
独特的民族风味　to have a unique national style
包装新颖美观　fashionable and attractive packages
式样美观　aesthetic appearance; attractive fashion
行销世界　to be distributed all over the world
誉满中外　to enjoy high reputation at home and abroad
造型美观　attractive appearance; handsome appearance
技艺精湛　exquisite craftsmanship; fine craftsmanship
男女老少皆宜　suitable for men, women, the aged and children
节日送礼之佳品　ideal gift for all occasions

任务 7.2　英汉翻译技巧之省译法

试比较下列译文哪一句更合适，并分析原因。

1. We take this opportunity to inform you that we are now in a position to make prompt shipment of the merchandise.

　　译文 1：我们借此机会告知你们现在我们可以立即装运那批货物。

　　译文 2：兹奉告，该商品可即期装运。

2. Dr. Stevenson resumed his experiment as soon as he came into the laboratory.

　　译文 1：史蒂文森博士一到实验室，他就继续做实验。

　　译文 2：史蒂文森博士一到实验室，就继续做实验。

> 学习任务

翻译中的省译法，也称省略法、减译法，是对原文中某些词略而不译，这是出于译语行文习惯需要而采用的一种翻译技巧。省译法遵循"减词不减意"的原则。英译汉中的省译主要出于两方面的考虑：一是由于英汉句法差异，英语句法上所必需的一些表达某种句法关系或语法功能的词语，其表意作用不大或无表意作用，译成汉语时往往省去；二是根据汉语的修辞习惯需要删除一些不言而喻或冗杂累赘的词语。下面介绍英汉翻译中省译法的具体应用。

一、句法性省译法

汉语没有冠词，代词(尤其是人称代词、关系代词)、连词、介词和关系副词等用得也远比英语少。这些词类汉译时往往省略，省略后意思反而更简洁。英语中的系动词在汉译时也往往略而不译。

(一) 冠词的省译

一般来说，英语中冠词很多是没有意义的。当英语定冠词泛指类别，表示世界上独一无二的事物，或者用于带有限定性定语的名词之前、形容词最高级或序数词等之前时，汉译一般省略。不定冠词在泛指某一类事物中的任何一个或用于某些固定词组等情况下往往省译。比如：

The pen is mightier than the sword. 笔杆子比刀剑更有力。

The fox may grow gray, but never good. 狐狸会变老，但是不会变好。

A camel is much inferior to an elephant in strength. 骆驼的力量远不及大象。

英语中有很多含有不定冠词的常用短语。汉译时，这种短语中的不定冠词一般省译。例如：

a couple of　两个，几个	a few　几个
a variety of　各种各样的	for a long time　长时间
in a sense　在某种意义上	keep an eye on　注意，注视
make an exception of　将……除外	put an end to　结束

需要注意的是：英译汉时，省译原文中的冠词是一般情况，但在某些特殊情况下，冠词却不能省略。

当定冠词具有词汇意义、起着指示代词(this，that，these)的作用时，一般不能省译。例如：

"What about the horse?" cried the crowd of Trojans.

"这匹马怎么处置？"那群特洛伊人喊道。

The onlookers saw the little party climb ashore.

旁观的人看见那一小队人爬上岸去。

当不定冠词明显地表示数量"一"，或是表示"每一""同一"之义时，就不宜将之省译。例如：

We do translation exercises twice a week.
我们每星期做两次翻译练习。

He left without saying a word.
他一句话没说就走了。

(二) 代词的省译

英语代词的使用频率远远高于汉语。汉语中除非必要，尽量避免过多使用代词。因此，英译汉时需要按照汉语习惯将原文中的一些做主语或宾语的人称代词、反身代词以及引导定语从句的关系代词等省去不译。例如：

We live and learn.　活到老，学到老。
You can never tell.　很难说。
He who has never reached the Great Wall is not a true man.
不到长城非好汉。
He shrugged his shoulders, shook his head, cast up his eyes, but said nothing.
他耸耸肩，摇摇头，两眼看天，一句话不说。
Why do we feel cooler when we fan ourselves?
扇扇子时我们为什么会感到凉快些？

(三) 形式代词 it 的省译

英语句子中做形式主语或形式宾语的 it、强调句中的 it 及表示时空概念而本身没有具体意义的 it 往往可以省译。

It's impossible to master a foreign language in a few months.
几个月内掌握一门外语是不可能的。
It was only then that I began to have doubts whether my story would ever be told.
只是在那个时候，我才开始怀疑，我的经历究竟能不能公之于众。
It was on a small Pacific island that they found this rare kind of spider.
正是在太平洋的一个小岛上，他们发现了这种稀有的蜘蛛。
It was with some difficulty that he found the way to his own house.
他费了不少劲才找到了回家的路。
He glanced at his watch; it was 7:15.
他一看表，是七点一刻了。
It is raining(drizzling, pouring, snowing).
下雨(毛毛雨、倾盆大雨、雪)了。

(四) 介词的省译

频繁使用介词是英语的特点之一。相比之下，汉语中介词使用的频率要低得多。汉语句子成分之间的关系往往依赖词序和逻辑关系体现出来。因此，英译汉时，除了一部分介词可以按本义照译外，许多情况下须将介词转译成动词或省略不译，以使译文更加符合汉语规范。比如：

The People's Republic of China was founded in 1949.
1949年中华人民共和国成立。(比较：中华人民共和国成立于1949年。)

表示时间、地点的英语介词译成汉语时，如果置于句首，一般可以省略，置于句尾或其他位置大都不省略。再如：

In July, 1956, Egypt had seized the Suez Canal.
1956年7月，埃及占领了苏伊士运河。

At the top of the bookshelf, there is a pot of flowers.
书架顶上放了一盆花。

He lives in a small village among the hills.
他住在群山之间的一个小村庄里。(不能省略)

还有一些介词，汉译时若译文已明确体现其意思，也经常省译。例如：

They are all familiar with the operation of electronic computers.
他们都熟悉电子计算机的操作。

Most substances expand on heating and contract on cooling.
大多数物质热胀冷缩。

The products produced by this factory are good in quality and low in price.
该厂生产的产品物美价廉。

(五) 连词的省译

汉语的连词用得不多，逻辑关系常常是暗含着的，由词语的次序来表示。英语则不然，连词用得较多。因此，在英译汉时，很多情况下连词可以省译。可以省略的连词主要有并列连词、从属连词、因果连词、表示条件－结果关系的连词及表示时间的连词等。

并列连词 and,or,but,for 等在英译汉中经常省略。例如：

He looked gloomy and troubled.
他看上去有些忧愁不安。

The door was opened, and they came in.
门开了，他们走了进来。

Let us go and try it again.
我们再去试试。

从属连词汉译时经常可酌情省略。例如：

Because the departure was not easy, we made it brief.
告别这件事难受得很，我们做得简短一些。

If winter comes, can spring be far behind?
冬天来了，春天还会远吗？

John rose gloomily as the train stopped, for he was thinking of his ailing mother.

火车停了，约翰忧郁地站了起来，因为他想起了病中的母亲。

This shows <u>that</u> something unexpected may have turned up.
这表明可能出现了意料之外的情况。

<u>As</u> the temperature increases, the volume of water becomes greater.
温度升高，水的体积就增大。

(六) 动词的省译

除省略句外，英语句子中一般有谓语动词。汉语则不然，句子的谓语不一定由动词充当，形容词和名词(词组)等同样可以作谓语。因此，英译汉时可根据汉语的表达习惯适当省略原文中的某些动词，主要有系动词和与具有动作含义的名词等搭配使用的动词。例如：

She <u>is</u> very fond of speaking ill of others.
她好说别人的坏话。

His speech to the Senate <u>was</u> as bald and brief as his address to the soldiers.
他在参议院的讲话同对士兵的讲话一样单调而简短。

When the pressure <u>gets</u> low, the boiling-point becomes low.
气压低，沸点就低。

The power plant <u>gives</u> factories its constant supply of electricity.
该电厂源源不断地向工厂提供电力。

Delivery must be <u>effected</u> within the time stated on the purchase order.
必须在购货订单规定的时间交货。

These developing countries <u>cover</u> vast territories, <u>encompass</u> a large population and abound in natural resources.
这些发展中国家土地辽阔，人口众多，资源丰富。

二、修辞性省译法

修辞性省译法是从译文修辞角度考虑省略英文中的某些词语。

(一) 原文重复词语的省译

Part-time job hunters who have worked at a job will receive preference <u>over those who have not</u>.
寻找业余工作者，有工作经验的优先聘用。

Instead of one old woman knocking me about and starving me, everybody of all ages <u>knocked me about and starved me</u>.
那时打我并且使我挨饿的不只是一个老太婆，而是老老少少各式各样的人。

(二) 不言而喻词语的省译

原文中有些词语可能是不言而喻的，有些词语在译文中虽无其词，却有其意，还有些类似的词语如果全盘照译，往往会形成不必要的冗言赘语。因此，根据汉语的修辞规范，常常要将这些词语省略，以使译文更加简洁、洗练。例如：

The crowd was pushing harder. Those in the middle were squeezed against each other so tightly that they could not move <u>in any direction.</u>

人群越挤越厉害，夹在当中的人被挤得动弹不得。

There was no snow, the leaves were gone <u>from the trees</u>, and the grass was dead.

天未下雪，却已叶落草枯。

Remember: you are not any <u>old Tom, Dick or Harry</u> giving his opinion. You'<u>re a man</u> who was sent as a representative of the British Government.

要记住：你不是一个可以随便发表意见的普通百姓，你是英国政府派出的代表。

这句的翻译将"are a man"删去不译，可让句子的表达干脆有力。如照字面意思逐个译出："你是英国政府派出的作为代表的人"反而显得不够自然。另外，"old Tom""Dick or Harry"既不能——译作"老汤姆""迪克或者哈利"，简单地用"老百姓"代之即可。

从以上介绍可以看出，省译法不失为使译文简练的必要手段。同时仍须强调，省译只是省去冗词赘语或可有可无的词语，切不可因盲目照搬、机械套用省译法，而使原文意义表达受到影响。

知识小结

省译法是常用英汉翻译技巧之一，本着"减词不减意"的原则，对比英汉语言的差异，省译法主要包括句法性省译和修辞性省译。句法性省译主要是对英语句子中冠词、代词、介词、连词、动词的省译。修辞性省译主要是对原文重复词语以及不言而喻词语的省译。

任务考核

思考题

请思考省译法"减词不减意"原则的应用，并对比英汉两种语言在英汉翻译中如何使用省译法使译文简洁、地道。

课后训练

将下列句子译成汉语，注意省译法的使用。

1. <u>The</u> compass was China's early invention. (冠词的省略)
2. <u>The</u> purpose of insurance is to provide protection against financial loss at a reasonable cost. (冠词的省略)
3. The search <u>is</u> on for less expensive metals to serve this purpose. (系动词的省略)
4. The same <u>is</u> true of all other gases. (系动词的省略)
5. <u>You</u> are kindly requested to let us have <u>your</u> best quotation for the canned fish. (代词的省略)

6. It is too late for another try. (it 的省略)

7. There are a variety of population problems in all parts of the world. (介词的省略)

8. With most machines maintenance is necessary. (介词的省略)

9. Telephone communication is now widespread and efficient.(连词的省略)

10. There must be some people in the room, for I heard a voice.(连词的省略)

综合案例分析

一、请比较以下两句广告词的英译哪个更适合，并说明理由。

1. 食在广州

  译文 1: Eating in Guangzhou.

  译文 2: Guangzhou is the place to eat.

  译文 3: If you like great cuisine, come to Guangzhou.

  译文 4: Guangzhou, the ideal place for gourmands.

  译文 5: East or west, Guangzhou cuisine is the best.

2. Tide's in，dirt's out. ("汰渍"牌洗衣粉)

  译文 1: 汰渍放进去，污垢洗出来。

  译文 2: 汰渍到，污垢消。

  译文 3: 汰渍到，污垢逃。

二、试分析下列句子译文哪个更合适，并说明理由。

1. We should be pleased to let you have samples to give a demonstration at your premises.

  译文 1: 能为您奉赠样品在贵厅展出，我们甚感欣慰。

  译文 2: 欣奉我方样品，在贵厅展出。

2. We are looking forward with interest to your reply.

  译文 1: 我们带着极大的兴趣盼望贵方的答复。

  译文 2: 盼复。

3. Please make serious efforts to get the goods dispatched with the least possible delay.

  译文 1: 请努力迅速发货，尽量不误。

  译文 2: 请速发货，勿误。

4. Your prompt reply would be greatly appreciated.

  译文 1: 贵方的快速回复将使我们不胜感谢。

  译文 2: 即复为感。

实训活动

作为一名翻译公司的商务翻译，项目主管要求你收集、鉴赏中外优秀广告翻译，总结广告的翻译技巧。举例说明英汉翻译中省译法的翻译技巧。

风格的翻译

学生可扫描获取"风格的翻译"相关资料。

项目8　企业介绍翻译与英汉翻译技巧之词类转换法

🔍 能力目标

1. 能够正确使用企业介绍常用词汇和句型；
2. 能够规范地进行企业介绍的英汉、汉英翻译；
3. 能够灵活运用词类转换法进行英汉翻译。

🔍 知识目标

1. 了解企业介绍的组成；
2. 掌握英文企业介绍的语言特点及翻译技巧；
3. 熟练掌握词类转换法的英汉翻译技巧。

🔍 素质目标

通过企业介绍翻译的学习培养跨文化交际、认真、敬业、合作等从事商务翻译工作应具备的基本素养。

知识结构图

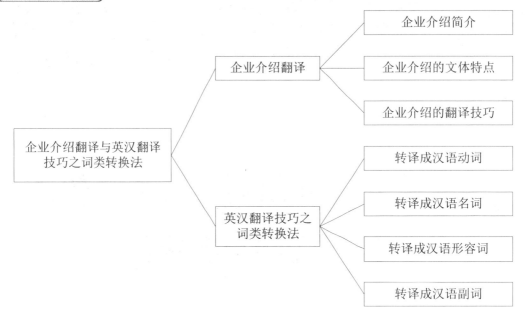

任务 8.1　企业介绍翻译

试译下列两则企业简介并思考企业简介的内容、功能以及中英文企业简介的特点。

1. 广州酒家简介

广州酒家始建于 1935 年，总店坐落于广州市文昌南路与下九路交汇处，以经营传统粤菜驰名，素有"食在广州第一家"之美誉。广州酒家从早期一间仅有 40 多万元资产的老酒家，通过自身积累发展，到现在拥有多间酒家、一个大型食品生产基地及遍布全市的数十间连锁食品商场，企业员工 3000 人，总资产 10 亿元。企业先后被评为"中国十大餐饮品牌企业""中华老字号""国家特级酒家""全国十佳酒家""中华餐饮名店""国际餐饮名店""中国餐饮业著名品牌""中国餐饮百强企业""全国用户满意服务企业""全国精神文明建设先进单位"，荣获"全国五一劳动奖章"。广州酒家将秉承"服务于大众，诚暖顾客心"的服务宗旨与企业精神，以品牌优势和技术优势为依托，致力于走多元化经营、多功能服务的发展道路，不断发展规模，创造新的业绩。

2. OSRAM Profile

OSRAM is one of the two largest lighting manufacturers in the world and has 46 factories in 17 countries. This global player has its headquarters in Munich and employs more than 39 000 people throughout the world. In the 2009 fiscal year sales amounted to EUR 4 billion. OSRAM generates over 66 percent of sales from energy-efficient products. OSRAM is the world's number one supplier of automotive lamps and LED for vehicles and one of the market leaders in the field of electronic control gear (ECG) for lamps. The OSRAM brand name was registered way back in 1906 and is one of the oldest trade names still recognized throughout the world.

一、企业介绍简介

企业介绍也称公司简介，英文常用 company(corporate/enterprise) introduction(profile/overview/information)表示，是企业为树立形象，对企业现状、历史背景、企业性质、业务范围、业务特色等基本情况进行介绍的文本，有两个主要功能：一是提供企业信息，即介绍企业名称、成立时间、地理位置、经营产品、发展经历、经营规模、企业理念和发展目标等，二是宣传企业，为公众所知晓。

企业介绍通常包括标题、正文和结束语三部分。其中，标题一般由企业名称加上简介构成。如"美的企业简介"(brief introduction to Midea)。正文一般包括企业背景、服务内容或产品介绍、企业员工和企业结构介绍；企业顾客群或服务范围介绍；企业近期内的重大发展介绍以及企业地址和联系方式。结束语部分通常是合作邀请，表达企业的诚意和希望，有时这部分可以省略。

二、企业介绍的文体特点

企业介绍有宣传介绍功能，目的是使读者对该企业及其产品留下深刻印象。从文体上看，企业介绍属于商贸应用文体；从语篇类型上看，属于"信息+鼓动类"语篇，是运用语言、文字唤起人们对企业的好感，达到促使其购买产品或服务的目的。

(一) 英文企业介绍的文体特点

1. 词汇特点

(1) 用词简洁易懂、多用专业词汇及阿拉伯数字。英文企业介绍倾向于"白"，即语调平实，措辞简洁，但不乏专业词汇，整体语气正式平和，很少采用冗长、陈旧的词汇，读起来自然顺畅。同时，企业介绍中经常会对企业的资金、营业额、员工人数、占地面积等用数字进行介绍，能给客户以直观的印象。例如：

The factory can produce various new types of buttons in thousands of different designs for coats, suits, fashions, shirts and sweaters.

该厂能生产大衣、西装、时装、衬衣、毛衣等不同类型服装用的上千花色品种的纽扣，产品齐全、品种繁多、造型新颖。

The company has a fixed asset of 50 billion yuan, more than 10 million employees at home and abroad and more than 560 direct-sale stores.

该公司拥有固定资产500亿元，海内外员工1000多万人，直营店560余家。

(2) 多使用积极意义的形容词。英文企业介绍的词汇和广告有一定的相似性，常使用积极意义的形容词，如 leading，global，premier，large，superior，diverse，broad，great，new，superb，top，high，efficient，innovative，creative，talented，trusted，attractive，unmatched，unparalleled，exceptional，extraordinary，outstanding，world-class，world-acclaimed，best-known，well-known，well-established，exclusive 等。

(3) 多使用单音节动词。动词上常使用单音节动词，如 grow，meet，form，start，have，rank，help，span，run，use，make，serve，do 等，这些词汇在汉语中不缺乏对等词，一般直译即可。

(4) 大量使用名词。为使行文简洁，传递更多的信息，英语企业介绍还大量使用名词。有很多表示企业文化和价值观的词在英语企业介绍中多用名词来表示，而汉语习惯用动词，在翻译时应注意这种英汉差异。例如：

superior performance　追求卓越　　　exceeding expectations　超越期望
teamwork　团队合作　　　　　　　　caring for others　关爱他人

2. 句法特点

从形式上看，英文企业介绍多使用简单句和省略句；从功能上看，多使用祈使句。简单句和省略句的使用使企业介绍通俗易懂，便于读者快速阅读，并掌握企业相关信息。祈使句的使用有命令的意味，在企业介绍中普遍用来表达公司信守其价值观，以实现公司愿景和完成公司使命等内容，祈使句的使用能传递企业坚定的信念。例如：

In some automated plants, electronic computers control the entire production line.

在某些自动化工厂，电子计算机控制整个生产线。(简单句)

Operation in more than 60 countries.

在超过60个国家设子机构。(省略句，省略了主语和谓语)

More than 79 000 employees worldwide.

全球拥有超过79 000位雇员。(省略句，省略了主语和谓语)

在翻译省略句时，可以在不引起误解的情况下译成汉语的省略句，因为省略句能让读者迅速抓住主要信息。

Become a market-focused tire company providing superior products and services to end-users and to our channel partners, leading to superior returns for our shareholders.

使公司以市场为导向，为所有终端客户和合作者提供优质的产品和服务，为股东带来丰厚的回报。(祈使句)

英语中的祈使句可以对应翻译成汉语的无主句。此外，在企业介绍的句子结构上多用"with"引导的介词短语以及现在分词和过去分词，使企业介绍更加简洁明了。

With graceful environment and convenient transportation, there are altogether 20 branches under the company with a total asset of 7 billion RMB yuan.

该公司环境优美、交通方便，下设20多家分公司，总资产达70亿元人民币。

(二) 中文企业介绍的文体特点

1. 选词富有感染力，常使用标语口号式文字

中文企业介绍在内容上注重提供详细信息，在选词上使用富有感染力的词汇，过于使用溢美之词，经常使用排比式的四字词组以达到渲染的目的，促使读者接受信息、采取行动。此外，中文企业介绍还经常使用标语口号式的文字，一般位于正文结尾，具有简短、醒目的特点，起到画龙点睛的作用。请看例子：

长春汽车制造厂具有近六十年的建厂史，拥有雄厚的技术力量。

The Changchun Automobile Factory (CAF) prides itself on a history of nearly sixty years, boasting tremendous technological strength.

原文中"有近六十年的建厂史"若简单译为"have a history of nearly sixty years"，译文就会显得平淡乏味，难以给读者留下印象。译文选用富有鼓动性的词组"pride...on"吸引读者的注意力。同样，"boast"比"have"更具有鼓动性，使译文达到宣传的目的。

依法经营、信誉第一、优质服务

management by law, credit first and service foremost.

我们热忱欢迎海内外各界朋友前来洽谈业务，共同合作，共谋发展。

We warmly welcome domestic and overseas friends from all walks of life coming for business cooperation and mutual development.

欢迎海内外朋友前来垂询、洽谈。

Domestic and overseas friends are most welcome to make inquires and business negotiations.

2. 在句式结构上多使用程式化句式和排比并列句式

中文企业介绍擅长使用笼统、抽象的套话。在表示企业历史、地理位置、企业性质、声誉口碑、规模产能、经营产品等方面有一些常用的表达方式。

地处/位于/坐落于……   be located in, be situated in, lie in

创建/成立于……   be established/founded/set up (in…)

经营范围   business scope, scope of business

主要经营   engage in, handle a large range of business including...

专业生产/专业从事……的生产   specialize in

占地面积/建筑面积/营业面积   floor area, construction area, business area

注册资本   registered capital

拥有资产总额……，年销量……，年贸易额……   have a general assets of..., annual turnover..., and annual trading value...

经营宗旨/企业理念   business principles, corporate ideals (values)

热忱欢迎……   We warmly welcome....

奉行/坚持……原则   hold/abide by the principles of...

以……为宗旨　adhere to the aims of...,follow the tenet...,based by the motto of the company,with the enterprise spirit of...

经……批准　approved,appointed,permitted...

集……于一体　feature,integrate,combine...

合并于　be incorporated in...

被列入，跻身于　be listed as/ be ranked...

良好的声誉/享誉……　a (very) good reputation,enjoy a reputation(for...)

被命名为世界最具影响力/驰名的品牌之一　be named one of the world's most recognizable/famous brands...

通过ISO 9002质量认证　pass/gain/obtain/be granted the Certificate of ISO 9002 International Quality System

中文企业介绍在语篇上常采用排比、夸张等修辞方法渲染效果，而英文企业介绍注重事实和客观陈述，句子讲求结构的完整和严密。因此，翻译时常常进行省译。

三、企业介绍的翻译技巧

（一）注意英汉两种语言在语句结构等方面的差异，使译文符合译入语读者的阅读习惯，遵循通顺原则

英语强调句法的完整性和合理性，汉语句法结构是外形松散而内含逻辑联系。因此，在企业介绍的翻译中切忌停留在词汇层面上进行转换或孤立地看句子，要认真了解句间、段间的关系，理清各层逻辑关系，分清主次，摆脱中文句式的束缚，对原文信息进行重组，用规范的英文句式表达出来。例如：

It is our constant endeavor to make our service as nearly perfect as possible, and no mistake is too minor to receive our closest attention.

使我们的服务尽可能完善是我们一贯的努力。任何错误不管多么微小，我们都能密切关注。

原文是由"and"连接的一个长句，在译文中去掉"and"，将原来的长句分译成两个更加通顺易懂的简单句。

There are mobiles from the market. Many of them are made by TOYOTA.

市场上的汽车有许多都是丰田制造的。

原文由两个简单句组成，在译文中将两个简单句合译为一个更加紧凑的简单句，所表达的意思更加简洁直观。

目前该企业主要生产单缸、多缸中小功率柴油机，是全国小柴行业中产品品种最全、功率覆盖面最广、质量最优、知名度最高、主导产品均有自主知识产权的企业。

With its own intellectual property right for the major products, the company, a manufacturer of small power multicylinder and single cylinder diesel engines, has become best known for its great variety of products, power coverage, quality as well as popularity.

这段译文充分考虑到英语表达的语言特点，借助介词"with"复合结构以及同位语的应

用，将丰富的信息带入到一个单一的主谓结构中，符合西方人的阅读习惯。

(二) 注意保持译文与原文风格一致

由于民族风格、文化背景、时代特点和经营特色、产品特点等各不相同，译者在翻译过程中要深入了解所介绍企业的情况，抓住特色要点，正确表达。必要时采用意译法。例如：

According to *Financial Times*, this group was ranked the second most competitive steel producer globally.

在《金融时报》的排名中，该集团名列最具竞争力的钢铁公司第二位。

这句的翻译就是将句子结构进行了转换，使意思的表达更加清楚，同时也起到了强调的作用。但需要注意的是，企业介绍翻译在保持译文内容正确的同时，要注意译出相应业务文献的文体风格，使用相对正式的语言，用词要多以褒义词或中性词为先，但不能夸大，涉及的数据要准确。

(三) 综合运用增、减译或改译手段，处理中西方因文化背景差异而造成的理解偏差

忽视中西方文化背景的差异会造成读者不能清楚领会译文含义，因而需要在翻译过程中进行适当调整，删减修改。例如：

经过十多年的发展壮大，ABC公司已成为中国油画行业的龙头企业。

原译：After more than ten years' development, ABC Company has become a dragon head enterprise in China's oil painting industry.

分析：由于中西方文化不同，在企业介绍翻译中，注意文化因素是翻译必须关注的另一个原则。本例中"龙头企业"是中文的常见表达，然而"龙"的形象在西方文化中是残暴和邪恶的象征，所以"龙头企业"要根据英语国家企业宣传资料的习惯译成 industry leader,pioneer,locomotive enterprise,flagship enterprise。

改译：As a result of over ten years' development, ABC Company has evolved into a leader of China's oil painting industry.

知识小结

企业介绍是企业宣传的主要媒介之一，企业介绍翻译对国际贸易、国际交往以及企业形象的树立都发挥着重要作用。本项目讨论了企业介绍定义、功能、构成、文体特点以及翻译技巧。

思考题

请思考中、英文企业介绍在行文风格上的差异以及对企业介绍翻译的影响。

课后训练

一、翻译下列企业简介中的常见表达。

1. 全资子公司
2. 跨国公司
3. 《财富》全球 500 强企业之一
4. 畅销全球
5. 长期盈利能力
6. 深受国内外客户的信赖和赞誉
7. 供不应求
8. 选材精良
9. 居同类产品之首
10. 做工讲究

二、翻译下列企业简介的句子。

1. Swiss International Air Lines Ltd. is a Swiss company, because it is established under the laws of Switzerland, it has its legal domicile in Switzerland and its Board of Directors consists mainly of Swiss nationals.
2. Royal Philips Electronics is tenth on Fortune's list of global top electronics corporations. We are active in about 60 businesses, varying from consumer electronics to domestic appliances and from security systems to semiconductors.
3. TCL 集团股份有限公司创办于 1981 年，是一家综合性大型国有企业。
4. 该厂已经通过了 ISO 9002 和 SQ 9000 国际质量体系认证。
5. 本企业全体同仁竭诚为各界服务。

企业介绍常见表达翻译

中文	英文	中文	英文
子公司	subsidiary	分公司	branch, division
流水线	assembly line	生产线	production line
总资产	total assets	年产量	annual output
年销量	annual turnover	年贸易额	annual trading value
净资产	net asset	国家专利	national patent
生产能力	production capacity	资产重组	recapitalization
企业名称	company name	总部地址	head office address
企业状况	company status	员工数量	number of employees
销售数额	sales figures	证书资质	certifications

荣誉企业	honorable enterprise	优质企业	qualified enterprise
一级企业	class A enterprise	外资企业	foreign-funded enterprise
合资企业	joint venture	合作企业	cooperative enterprise
获得金奖	be awarded the gold prize	产品多元化	product diversification

交通便利　with convenient transportation access
其他财务数据　other financial figures
最受欢迎产品奖　be awarded most welcome goods

任务 8.2　英汉翻译技巧之词类转换法

任务引入

试比较下列译文哪一句更恰当，并分析原因。

1. Those small factories are also lavish consumers, and wasters of raw materials.
    译文 1：那些小厂还是原材料极大的消耗者和浪费者。
    译文 2：那些小厂还极大地消耗和浪费了原材料。

2. My clothes are a witness to my poverty.
    译文 1：我的衣服是我贫穷的目击者。
    译文 2：我穿的衣服证明我是贫穷的。

学习任务

词类转换法，也称转译法，是为了使译文通顺达意、自然流畅，将原文中属于某种词类的词译成译语中的另一类词。词类转换法不仅能使译文自然流畅、纯正地道，有时甚至是翻译得以进行所必须采用的方法。在某些情况下，有的词若不改变词类，其意义几乎无法在译文中妥帖地表现出来。如：

The turning point of my life was my decision to give up a promising business career and study music.

我生活的转折点是我决定不做发迹有望的商人而专攻音乐。(此句中将名词"decision"转换为动词"决定")

事实上，词类转换法是英汉翻译中不可或缺的变通手段，可以突破原文词性束缚、避免硬译、死译，使译文准确、通顺、易懂。但应注意，词类转换法的运用必须遵循"忠实于原文意义、使译文自然流畅、通顺易懂"的原则。下面具体介绍英汉翻译中的词类转换法。

一、转译成汉语动词

将英汉两种语言稍加对比就会发现,英语动词远比汉语动词用得少。一个英语句子(单句)往往只用一个限定性动词作谓语,而在一个汉语句子中却可以出现几个动词。例如:

He admires the president's stated <u>decision</u> to fight for the job.

他对总统声明为保住职位而<u>决心</u>奋斗表示钦佩。

英语的谓语动词只有"admires"一个词,其他用的是过去分词(stated)、动词派生名词(decision)、不定式短语(to fight for)等。汉语没有词型变化,但可以几个动词连用。因此,英语中不少词类(尤其是名词、介词、形容词和副词)在汉译时往往可以转译成动词。

(一) 名词转译成动词

英语中许多含有动作意义的名词、动名词和由动词派生的名词以及其他一些名词经常可以转译成汉语的动词。例如:

He was accused of <u>neglect</u> of his duties.

他被指控<u>玩忽</u>职守。

The <u>sight</u> and <u>sound</u> of our jet planes filled me with special longing.

<u>看到</u>我们的喷气式飞机,<u>听到</u>隆隆的飞机声,令我特别神往。

No other <u>changes</u> occur upon mixing the two compounds.

把这两种物质混合起来不会发生其他<u>变化</u>。

The engine has given a constantly good <u>performance</u>.

这台发动机一直<u>运转</u>得很好。

Some of my classmates are good <u>singers</u>.

我的同学中有些人<u>歌唱</u>得很好。

His father is a <u>non-smoker</u>, but he is a <u>chain-smoker</u>.

他父亲<u>不抽烟</u>,他<u>抽</u>起来却一根接着一根。

英语中有些短语动词,如"give a picture of""have a try""have a look at""have a rest""make mention of""pay attention to"和"take care of"等,它们的中心词是名词,译成汉语时,一般可以转换成动词。例如:

The lecturer gave an excellent <u>picture</u> of the living conditions in Africa.

讲演者生动地<u>描绘</u>了非洲的生活状况。

A baby has no <u>knowledge</u> of good and evil.

婴儿不<u>懂</u>善恶。

英语中有些名词虽然不具有明显的动作含义,但有时转译成汉语动词。这样,不仅有效地保持了原意,而且能使译文更加通顺、自然。例如:

A <u>fire</u> in the neighbor's house can easily bring disaster to everyone.

一家<u>失火</u>,四邻遭殃。

Differences between the social systems of states shall not be an <u>obstacle</u> to their contact and cooperation.

各国社会制度不同,但不应妨碍彼此接触与相互合作。

(二) 介词转译成动词

英语中常用介词来表达动作意义。汉译时,可将介词转译成动词。经常带有动作意味的介词包括 across,around,by,for,in,into,over,past,through,toward,with 等,翻译时应根据具体情况转换为汉语动词。例如:

"Coming!" Away she skimmed <u>over</u> the lawn, <u>up</u> the path, <u>up</u> the steps, <u>across</u> the veranda, and <u>into</u> the porch.

"来啦!"她转身蹦蹦跳跳地跑了,<u>越过</u>草地,<u>跑上</u>小径,<u>跨上</u>台阶,<u>穿过</u>凉台,<u>进了</u>门廊。

Millions of the people in the mountain areas are finally <u>off</u> poverty.
数百万山区人民终于<u>摆脱</u>了贫穷。

(三) 形容词转译成动词

英语中表示知觉、情欲、欲望等心理状态的形容词,在系动词后作表语时,通常可转译成动词。例如:

Doctors have said that they are not <u>sure</u> they can save his life.
医生们说他们没有十足的<u>把握</u>救活他。

This credit card is especially <u>popular</u> with the travelers who needn't carry a large amount of cash.
旅游者特别<u>喜欢</u>这种信用卡,因为这样他们就不必携带大量现金了。

The researchers have been quite <u>aware</u> of the shortcomings of the newly-developed device.
研究人员<u>深知</u>新研制装置的缺点。

A machine part must be made of a material that has properties <u>suitable</u> for the condition of service.
机械零件必须用性能<u>符合</u>工作条件的材料制成。

常用的这类形容词有:

afraid	害怕、担心	anxious	渴望
certain	确信	doubtful	怀疑
aware	察觉	ashamed	惭愧
careful	当心、注意	delighted	喜欢
glad	高兴	sorry	可惜、遗憾
uncertain	不能确定	familiar	熟悉
ignorant	不知道	thankful	感谢
confident	深信	content	满足、满意

(四) 副词转译成动词

英语中一些副词，如 apart, behind, in, off, on, out, over, up 等在用作表语或宾语补足语时，经常可以转译为汉语动词。例如：

Steps are being considered to speed up the plan lest we might be behind schedule.
正在考虑采取措施加速执行计划，以免落后于预定时间。

The Republicans will be in again in the foreseeable future.
在可以预见的将来，共和党会再次执政。

As he ran out, he forgot to have his cap on.
他跑出去时忘记了戴帽子。

That dictionary will be out pretty soon.
那本词典很快就出版了。

二、转译成汉语名词

英汉翻译中，将英语其他词类转译成汉语名词虽不如非动词词类转译成动词那样普遍，但这样的词类转换同样使译文通顺达意。一般说来，可以转译成汉语名词的英语词类包括某些动词、形容词和副词。

(一) 动词转译成名词

英语中很多由名词派生的动词以及由名词转换的动词，在翻译成汉语的过程中，往往很不容易找到对应的动词，这时可以将其转译成名词。如：

A well-dressed man, who looked and talked like an American, got into the car.
一个穿着讲究的人上了车。他的外表和谈吐都像个美国人。

Formality has always characterized their relationship.
他们之间的关系，有一个特点，就是以礼相待。

The design aims at automatic operation, easy regulation, simple maintenance and high productivity.
设计的目的在于自动操作，调节方便，维护简易，生产率高。

(二) 形容词转译成名词

英语中一些名词化的形容词与定冠词连用，表示一类人或事物。汉译时，我们往往将其转换成汉语名词。例如：

Robin Hood and his merry men hated the rich and loved and protected the poor.
罗宾汉和他的伙伴们痛恨富人，热爱并保护穷人。

The mayor said that his city government will do its best to build a school for the blind and the deaf.
市长说市政府将尽一切努力为盲人和聋哑人修建一所学校。

The young and the old should unite in shaping a fuller and more meaningful life for all.
青年人和老年人应当团结起来，为大家创造更美满、更有意义的生活。

(三) 副词转译成名词

英语中有一些以名词作词根派生出的副词，往往含有"在……方面""用……方法"等含义。这类副词在科技文献中尤为常见。翻译时，为使译文通顺，经常将其转换为汉语名词。例如：

It was officially announced that the President had decided to postpone his visit to the Middle East.
官方宣布，总统已决定推迟出访中东。

The paper said editorially that McMillan has stolen the western leadership during Dulles' absence.
这家报纸的社论说，麦克米兰公司在杜勒斯卧病期间窃走了西方领导权。

Oxygen is one of the most important elements in the physical world, and it is very active chemically.
氧是物质世界最重要的元素之一，其化学性能很活泼。

三、转译成汉语形容词

大体说来，英语中可以转换成汉语形容词的主要包括某些名词和副词。

(一) 名词转译成汉语形容词

通常可以转换成汉语形容词的英语名词基本是一些由形容词派生、表达事物的性质或是前面带有不定冠词、在句中作表语且可引申出形容词含义的名词。不过，有时为了使译文自然达意，也将其他名词变通处理，转译为形容词。例如：

She has beauty still, and, if it is not in its heyday, it is not yet in its autumn.
她依然很美，即使不是风华正茂，也还不到迟暮之年。

He found some difficulties to design a reactor without an electronic computer.
他发现在没有电子计算机的情况下设计反应堆是困难的。

They admitted the feasibility of our proposal.
他们承认我们的建议是可行的。

The moderate price coupled with the superiority of our goods will surely induce you to pass our orders.
由于价格公道，品质优良，相信贵公司定会向我们订货。

(二) 副词转译成汉语形容词

英语副词转换成汉语形容词主要是由于所修饰的动词或形容词转译成了名词，或者是某些副词本身在句中作定语，翻译时相应转换成形容词。例如：

Her lecture impressed us deeply.

她的演讲给我们留下了<u>很深</u>的印象。

Securities laws require companies to treat all shareholders reasonably <u>equally</u>.
证券法要求给所有的持股人既合理又<u>平等</u>的待遇。

The computer is <u>chiefly</u> characterized by its accurate and quick computations.
计算机的<u>主要</u>特点是计算准确且迅速。

It is said that at ordinary temperature mercury is greatly <u>stable</u> in air.
据说常温下水银在空气中具有很强的<u>稳定性</u>。

另外，英语中有些副词，如 above, abroad, around, below, here, there 等，常作定语用。汉译时，这类副词往往转换成形容词，仍然作定语。例如：

The <u>above</u> suggestion seems to be sensible.
<u>上述</u>建议似乎是合情合理的。

四、转译成汉语副词

其他词类转换成副词的情况相对比较少见，主要涉及一些形容词、少数动词和名词等。

In order to make <u>better</u> use of the materials, people have studied their properties.
为了<u>更好地</u>利用这些材料，人们研究了其特性。

Below 4℃ water is in <u>continuous</u> expansion instead of continuous contraction.
水在4℃以下<u>不断地</u>膨胀，而不是不断地收缩。

以上只是英汉翻译中词类转换的基本情况，需要强调的是，无论采用何种词类转换，译文必须忠实于原文，并用符合译语习惯和规范的表达形式再现原文内容。

词类转换法不仅能使译文自然流畅、纯正地道，而且往往是翻译得以进行所必须采用的方法，是常用的英汉翻译技巧之一。本项目介绍了不同词类转译成汉语动词、名词、形容词、副词的翻译技巧。

思考题

请思考在英汉翻译中，什么情况下需要使用词类转换法？包含哪些具体的词类转换技巧？

课后训练

将下列句子翻译成汉语，注意画线词的词类转换。

1. We were <u>enemies</u> of all war, but above all of dynastic wars.
2. A <u>glance</u> through his office offers a panoramic view of the Washington Monument and

Lincoln Memorial.

3. These rustic lassies are good <u>singers</u>.

4. The volume of trade has <u>increased</u> tremendously to the advantage of both countries.

5. They signed two agreements that <u>served</u> to warm up the atmosphere of their relations.

6. In those years the Republicans were <u>in</u>.

7. This computer is <u>of</u> high sensibility.

8. Independent thinking is an absolute <u>necessity</u> in study.

9. We must make <u>full</u> use of existing technical equipment.

10. The buildings <u>around</u> are mostly of modern construction.

综合案例分析

一、试译下面的企业介绍，体会企业介绍的文体特点与翻译技巧。

海尔集团是世界第四大白色家电制造商，也是中国电子信息百强企业之首。旗下拥有40多家法人单位，在全球30多个国家建立本土化的设计中心、制造基地和贸易公司，全球员工总数超过5万人，重点发展科技、工业、贸易、金融服务四大支柱产业。

海尔集团在首席执行官张瑞敏确立的名牌战略指导下，先后实施名牌战略、多元化战略和国际化战略。2005年12月26日，海尔集团在创建21周年之际宣布进入第四个战略阶段——全球化品牌战略阶段。

1993年，"海尔"成为中国驰名商标。自2002年以来，"海尔"品牌价值连续6年蝉联中国最有价值品牌榜首。"海尔"品牌旗下的冰箱、空调、洗衣机、电视机、热水器、电脑、手机等18个产品被评为中国名牌，其中"海尔"冰箱、洗衣机还被国家质检总局评为中国十佳世界名牌之首。2005年8月30日，海尔被英国《金融时报》评为"中国十大世界级品牌"之首。2007年，"海尔"品牌价值高达786亿元，实现全球营业额1180亿元。

二、试分析下列句子译文哪个更合适，并说明理由，注意词类转换法的应用。

1. Lincoln was a good speaker and student of political philosophy.

译文1：林肯是一个杰出的演说家，又是一个政治哲学系的学生。

译文2：林肯擅长演说，又刻苦学习政治哲学。

2. I have often tried to conceive of what those pages might contain, but of course I cannot do so because I am a prisoner of the present-day world.

译文1：我经常试图去猜想这几十页中可能是什么内容，但我当然不能，因为我的思想被禁锢在当今这个世界里。

译文2：我经常试图去猜想这几十页中可能是什么内容，但我当然不能，因为我是当今这个世界的囚犯。

3. Every country is the best judge of what is required to safeguard its national security.

译文 1：每个国家需要什么来保卫国家的安全，只有它自己才最能判断。

译文 2：每个国家需要什么来保卫国家的安全，只有它自己才是最好的法官。

作为一名翻译公司的商务翻译，项目主管要求你翻译客户的企业介绍，并总结企业介绍常用术语和表达的翻译以及企业介绍的翻译技巧。举例说明英汉翻译中词类转换的翻译技巧。

颜色词的比较与翻译Ⅰ

学生可扫描获取"颜色词的比较与翻译Ⅰ"相关资料。

项目9 产品说明书翻译与英汉翻译技巧之反译法

🔍 能力目标

1. 能够熟练地将产品说明书翻译成英语;
2. 能够灵活运用反译法进行英汉翻译。

🔍 知识目标

1. 了解产品说明书的语言特点和相关知识;
2. 掌握产品说明书的翻译技巧;
3. 熟练掌握反译法的英汉翻译技巧。

🔍 素质目标

通过对产品说明书等科技文体翻译的学习培养认真、细致、严谨、专业等从事商务英语翻译工作应具备的基本素养。

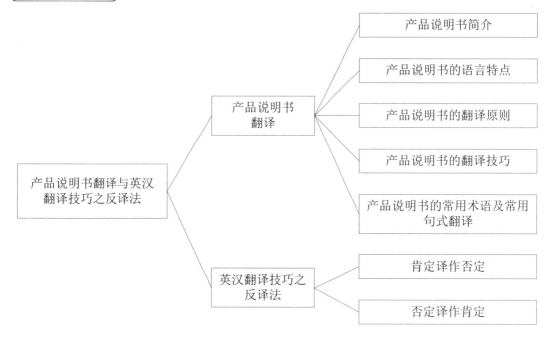

任务 9.1　产品说明书翻译

任务引入

阅读下列产品说明书并思考产品说明书的定义、构成及目的。

POLY CLEAN

Poly Clean is specially formulated to clean all dirt and stain from glass, window and other hard surfaces quickly and easily. It leaves no streak, and restores beautiful sparkling shine. It is ideal for cleaning glass, window, windshield, stainless steel, porcelain, and synthetic leather surfaces.

DIRECTIONS: Remove cap. Spray it on the surface of the object and wipe with clean paper towel or dry cloth.

CAUTION: In case of eye contact, clean your eyes with water. If swallowed, drink plenty of water and consult physician immediately. Not recommended for use on varnished surface.

一、产品说明书简介

产品说明书,也称商品说明书,是关于产品构造、性能、规格、用途、使用方法、维修保养等的说明。在英语中通常有三种不同的说法,即 instruction(使用指导)、direction(指示,用法说明)、description(说明书)。产品说明书的翻译是以科技翻译为主的应用文体翻译,在强调其信息功能的同时,还应注重其呼唤功能。一份准确清楚的说明书,可以激起人们的购买欲望,起到良好的宣传促销效果。

一般说来,产品说明书由标题、正文和落款三部分构成。标题可起到引导作用。正文是说明书的主要部分,产品不同,正文所包括的内容也不尽相同。正文通常包括产品性状描述、适用范围、使用方法以及注意事项等。落款要写明产品制造厂家的名称、地址、邮编、E-mail地址、电话、传真以及产品的批号、生产日期、优质级别等。不同的产品说明书,落款的项目有所不同,应根据实际需要落款。

二、产品说明书的语言特点

作为科技说明文的一种,产品说明书的词汇和句式具有准确性、明确性和说明性的特点。若阅读对象不是技术维修人员,还应具有通俗性。

(一) 英文产品说明书的词汇特点

1. 普通词汇专业化

英文中某些专业术语是在赋予普通词汇以特定新意后产生的。对于这些词,译者切不可望文生义,必须准确理解该词在具体领域和上下文中的意思。例如,"description"表示"描述",在药品行业表示"症状";relief 表示"减轻、安慰、救济"等含义,而用在陶瓷行业表示"浮雕"的意思;bus 常指"公共汽车",在计算机行业则指"总线"。

2. 词汇的多专业化

同一英语专用词不仅为某一专业采用,还被其他专业用来表达各自不同的专业概念,甚至在同一专业中同一个词汇又有多个不同的词义,如 charge(要价、收费、谴责等)、power(影响力、政权、控制力、能力、机会等)。同一词语词义的多专业化倾向并不存在于汉语中,汉语一般是专词专用。

3. 借用外来语

现代社会中,新产品层出不穷,尤其是高科技产品的说明书涉及越来越多的科技术语。一些新出现的科技术语经常借用其他语言的词汇。在医药领域,很多术语都来自希腊词根和词缀。如希腊前缀"hyper"表示程度上"超过",加在"tension"前,构成 hypertension(高血压)。

4. 大量运用合成词

科技英语词汇中有大量的词语是利用已有单词,通过词缀法和拼缀法合成而构成的新词。例如:"macroinstruction"(macro+instruction)表示"宏指令","dew-point"(dew+point)表示"露点","comsat"(communication+satellite)表示"通信卫星"。

5. 运用缩略词

缩略词简单易记,在实用科技英语中使用广泛。英文说明书在介绍不同的商品时也会涉及一些特定的缩略语。例如:ADP——Automatic Data Processing(自动数据处理),FTP——File Transfer Protocol(文件传送协议),DNA——Deoxyribonucleic Acid(脱氧核糖核酸),TB——Tuberculosis(肺结核)等。

中文说明书在介绍产品性能时,除使用较多的专业词汇外,还常用四字词语,如色泽艳丽、设计新颖、造型美观等。

(二) 英文产品说明书的句法特点

翻译产品说明书还需要了解英文产品说明书的句法特点,包括时态运用和句法结构等。

1. 常用现在时态

产品说明书提供的信息往往使用描述性文字,多使用现在时态的简单句,给人一种"现实感"和"亲切感"。例如:

The CHANEL whitening lotion prevents the skin from water shortage.

香奈尔美白乳液能有效防止肌肤缺水。

2. 广用被动语态

由于产品说明书的说明对象是各种产品,通常以产品本身为主体,侧重于对产品的客观描述。因此,在其英译过程中大量使用被动语态,使译文客观简洁,而且可以使读者的注意力集中在受事者这一主要信息上。比如:

您可以在光盘的电子使用手册中找到额外的信息。

Additional information can be found in the electronic user's manual which is located on the CD-ROM.

在保修期内可向您提供免费的硬件技术支持。

Free hardware technical support is provided for the duration of your warranty.

3. 多用动词的不同形式

在产品说明书中,动词的现在分词、过去分词以及不定式出现频率较高,动词的同根名词也时常出现。例如:

Enriched moisturizing ingredients leave skin feeling soft and refreshed. For extra moisturization to prevent the creation of melanin, apply after using calming lotion.

此例中的 enriched,moisturizing,feeling,refreshed 和 to prevent 的使用让多个动词的复杂含义表达通过动词-ing形式、动词"-ed"形式和动词不定式的形式转化得以实现,句子结构也因此变得十分精练清晰。同时,动词"moisturize"的同根名词"moisturization"在随后句中的出现让相近的"保湿"意思的表达不显单调重复，句子语言也显得富于变化。

4. 多使用祈使句

产品说明书是指导消费者使用产品的文字，祈使句经常用于说明书的警告、注意事项、操作要点等要求消费者特别注意的事项。比如：

Keep the monitor out of direct sunlight and away from stoves.

不要让阳光直射显示器，并要远离炉子。

有时，产品说明书还会采用整句大写(capitalization)的方式，以起到强调警示目的。例如：

请勿重复消毒。("鸽"牌注射器)

DO NOT RESTERILIZE.

5. 采用各种省略手段，简化或避免重复

例如：

For ages 6 months and up.

这句话省略了主谓宾语，仅留下了状语部分，这样的省略常用在英文产品说明书的使用方法或用法、用量中。即使省略了部分结构，消费者也能清楚理解，不会产生歧义。

三、产品说明书的翻译原则

(一) 准确和简洁原则

根据产品说明书的特点，其翻译必须遵守准确性、简洁性原则。例如：

功能主治：疏风解表，清热解毒。用于风热感冒、发烧、头痛、鼻塞流涕、喷嚏、咽喉肿痛、全身酸痛等症。

原译：Functions & Indications: Smooth wind and resolve the exterior; clear heat and resolve toxin. Used for wind heat, common cold, fever, headache, congestion and running nose, sneezing, sore swollen throat, sour pain of whole body, etc.

上文是一感冒清胶囊说明书功能主治部分的译文，译文中主要使用省略句和被动语态，句子结构简单清晰，符合简洁性原则，但其准确性却存在严重问题。"疏风解表"是中医术语，"疏"指"疏通"，"风"指"风邪"，"解表"指祛除和消除感冒所引起的咳嗽、头痛、发热和流涕等症状。原译为"smooth wind"和"resolve the exterior"，显然是风马牛不相及。况且"exterior"指"外部、表面、外貌、外部的、外来的"，很容易使人联想到"皮肤"(skin)，若将"皮肤"去掉，则会使人产生误解。"清热解毒"译成"clear heat and resolve toxin"，属于字面的对等，鉴于现行中医对外翻译已经采用此法，姑且不予改动。其实，"解毒"不是"解决"的"解"，而是"清除"毒素。"Wind heat common cold"的译法也是几个单词的机械相加。"congestion"多指"拥挤、充塞"，"鼻塞"用"a stuffy nose"或"get plugged"更形象。"全身酸痛"竟然是"sour pain"，"sour"指的是"有酸味的、馊的、使某物变酸、变馊以及使某事变糟"，"sore"才有"(肌肤的)痛处、伤处"或"疼痛的"含义。

改译：Functions & Indications: Effective in resisting pathogenic factors, eliminating the symptoms, easing fever and resolving toxin. Used for common cold, fever, headache, nasal congestion or a runny nose, pharyngitis and whole body sore pain etc.

(二) 等效原则

由于说明书属于科技应用文的范畴，在翻译过程中应特别注意它的语用功能，注意文化差异，通过各种翻译方法使译文不仅要传达原文应有之义，而且还要迎合译文读者的阅读口味。例如：

消食健脾，止渴生津。

原译：Help to digest and strengthen spleen, help produce saliva and slake thirst.

"消食健脾""止渴生津"是中医特有的说法。大家知道，脾会影响人的消化能力，唾液分泌可以止渴，汉语中"消食"和"健脾"此处当为同义，"生津"与"止渴"也是同义反复。英语中"help digest"与"slake thirst"就足以传递原文所要表达的实际功效，而"strengthen spleen"和"help produce saliva"，尤其是后者，不仅不会给人以美的联想，还会使目的语读者感到费解，甚至对此药产生误解而拒绝服用。

改译：Help digest and slake thirst.

四、产品说明书的翻译技巧

(一) 词汇的翻译

为实现其信息功能对等，产品说明书中的词汇翻译必须将准确传达原文信息放在首位。词汇的翻译必须准确规范，符合该产品所属行业的语言特点，不能使读者混淆产品的特征。词汇翻译还需精练平实、不花哨、不拖沓。根据以上原则，译者可以采取多种翻译方法，如意译、音译、音意结合法、图形译法、零翻译等。

1. 意译

意译就是根据英语科技术语的技术含义，使用语义对等的目的语来表达的翻译方法。这是在科技词汇翻译中最常用的方法。例如：

This <u>icewine</u> evolves from <u>frozen grapes</u> handpicked at temperature below 10℃.

本<u>冰酒</u>用<u>冷冻于零下 10 摄氏度的精选葡萄</u>配制而成。

2. 音译

一些新型材料或产品，或一些约定俗成的度量单位在目标语中无法找到对应词，必须根据术语的发音采用发音相同或相近的目的语来表达。例如：

亩 mu　　斤 jin　　pint 品脱　　clone 克隆

3. 音意结合法

有些专业术语由两部分组成，一部分是新发明或新发现的材料和技术，另一部分是人们熟悉的技术和材料。在这种情况下，可采用音意结合的翻译方法。例如：

Internet 互联网　　　　Doppler effect 多普勒效应

4. 图形译法

当产品的名称或说明中用字母或单词表示形状时，翻译时可以直接移植或用中文中相对应形状的字词来代替，使读者对产品的形状一目了然。例如：

O-ring　O形环、环型圈　　　V-belt　三角带　　　U-bend　马蹄弯头

5. 零翻译

英语首字母缩写词在科技术语中占有很大比重，如将每一个词展开译出将会非常拖沓冗长，因此在很多情况下不翻译。例如：

DOS　磁盘操作系统　　　　SARS　重症急性呼吸综合征

此外，上文提到了普通词汇专业化的现象，有些新词是由旧词赋予新意产生的，形象生动，在联想意义上与旧词有相似性，如计算机词汇 menu,firewall,window，按字面意思译作"菜单""防火墙""窗口"。这些词在未普及前，需打上引号，但在获得普遍认同后，这些词义就变成原词的一个固定词义，不需要再打引号。

（二）句子成分翻译

说明书语言简洁、通俗易懂，句子经常被浓缩为名词(或词组)。被动句、祈使句、省略句、分词(介词)＋名词、情态动词＋be＋介词短语、be＋形容词＋介词短语等句式经常被使用。句子的翻译通常用直译和意译。

1. 直译

产品说明书很大篇幅是叙述使用方法和操作步骤，语言平实，修辞手法单调，很少用到文学作品中常出现的比喻、拟人、夸张等修辞手法，因此，其译文也相应比较平实，英译时以直译为主。

试译下面婴儿奶粉 Frisomel Advance(金装美素乐)的产品介绍。

【Directions for use】Follow the instructions carefully for the sake of your baby's health：

Wash hands and utensils carefully.

Rinse soap from utensils and boil them for five minutes.

Boil water for five minutes and allow it to cool to 50℃.

Pour the indicated amount of water into the bottle or jug.

Add one leveled scoop of Frisomel Advance to each 30 ml of water.

Stir or shake until the powder is completely dissolved.

Test temperature and feed your baby when Frisomel Advance is lukewarm.

If you do not use the prepared formula immediately, store the feeding in the refrigerator for at maximum 24 hours. Discard unfinished feedings.

【Storage】Store in a cool and dry place. Close the tin tightly. Use contents within 4 weeks after opening.

参考译文如下。

【食用方法】为了宝宝的健康，请遵照以下说明：

仔细清洗双手及所有器具。

将器具冲洗干净,并放入沸水中煮 5 分钟。

煮沸清水,之后放凉至 50℃。

将适量的温开水注入奶瓶或杯子。

每 30 毫升温开水加入一平匙金装美素乐。

搅拌或摇晃奶瓶至奶粉完全溶解。

测试牛奶的温度,待温度适中后,方可喂给宝宝。

冲调好的牛奶最多可在冰箱存储 24 小时。请将没有喂完的倒掉。

【储藏方法】存放在阴凉、干燥处,务必盖紧罐盖。开罐后请在 4 周内食用完毕。

产品说明书的翻译应尽量忠实于原文,采用直译法。从句子结构看,原文多用祈使句,翻译成汉语时也用祈使句。翻译产品说明书时还必须考虑上下文,确定专业术语具体的、确定的含义,才能准确传递原文的意思,如"Directions for use"翻译成"食用方法",而不是"使用方法";"formula"原意为"方式、规则、配方",此处确定意义为"配方奶粉";"prepare"原意为"准备",此处为"冲好"之意;又如"contents"原意为"内容、容量、同意",根据上下文,此处含义为"奶粉"。另外,可以根据上下文,适当使用各种翻译技巧,比如把"rinse soap from utensils"翻译成"将器具冲洗干净",而省略了肥皂,因为现在都使用专门的婴儿奶瓶清洁剂,此处肯定表示冲洗掉各种奶瓶清洁用品;又如把"Use contents within 4 weeks after opening"翻译成"开罐后请在 4 周内食用完毕",此处省略了"奶粉"。

2. 意译

虽然产品说明书的翻译以直译为主,但是有时也要适当运用意译。在英译过程中,将原文的句子成分做适当的调整,才能使译文更好地符合英语的表达习惯。其主要包括语序调整和句子成分增减等。比如:

Using this detergent, you can get rid of even the most stubborn dirt from your sofa, curtain or linen sheet without hard scratch.

用这种清洗剂清洗沙发套、窗帘或者床套,无须大力搓洗,就能洗净顽固的污渍。

为了使译文读者清楚地了解介绍的产品,翻译时需要根据实际情况采用增译法。如上例中使用了非谓语动词"using this detergent",翻译时后面增加了动词"清洗",使句子通顺自然。再如:

It is attractive in appearance, small in size and light in weight.

本品外观精美、小巧轻便。

此句省略了"size"和"weight"的翻译,采用汉语的四字短语结构,简洁清晰地翻译出原文的内容。

五、产品说明书的常用术语及常用句式翻译

(一) 常用术语翻译

成分/配料　ingredients/components
主治/适应症　indications
规格　specifications/specs
包装　package/packing
净重　net weight
副作用　side effect
生产日期　production date
不良反应　adverse reaction
维修，维护　maintenance
适应性　adaptability
性能　performance
耐磨的　wear-resisting
开袋即食　edible after opened
生产商/企业　manufacturer/producer
剂量和用法　dosage and administration
储藏/保存方法　storage/preservation method
批准文号　license number/permit No./ratification No.
有成本效益的；合算的　cost-effective; cost-efficient
有效期限　period of validity
到期日；截止日期　expiration (or expiry) date

功能　functions
用法　usage
性质，特性　ingredients
净含量　net content
保质期　shelf life
操作程序　operating procedures
注意事项　precautions
安装　installation
耐用性　durability
耐压的　pressure-resisting
精确度　precision
节能的　energy-saving
使用说明　directions for operation

(二) 常用句式翻译

1. 产品用途

例如：

它能满足……的需求/需要

It meets/satisfies the demands/needs of…

它为……提供……

It offers...for...

它广泛应用于……(场所或领域)

It is greatly used in…

2. 产品特点

例如：

本产品是一种理想的新型材料。

The product is an ideal new material.

本品性质温和、气味清雅、泡沫丰富、洗净力强。

The product is mild in quality, fresh in fragrance, rich in foam, and powerful in cleaning.

本品款式新颖，质量上乘。

The product features novel design and excellent quality.

本产品采用先进的工艺。

This product is made by advanced technique.

3. 产品维护

例如：

本品操作简单，维修方便。

The product is convenient for operation and maintenance.

本品便于操作，易于维修。

The product features simple operation and easy maintenance.

本品结构简单，安装、维修方便，使用安全可靠。

The product is simple in structure, convenient for installation, adjustment and maintenance and safe and reliable in operation.

4. 产品声誉

常用"主语—系动词—表语"的结构。常用动词有 gain,reach,choose,compete,award, enjoy,win 等。例如：

产品在国内外享有很高声誉。

This product enjoys high prestige both at home and abroad.

本产品深受用户好评。

The product wins high praises from its consumers.

本产品深受广大消费者欢迎，远销东南亚。

This product is well received by its consumers and sells well in Southeast Asia.

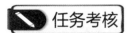

知识小结

产品说明书兼具信息功能和呼唤功能，是商务文体中常见的一种文本类型，其翻译属于科技英语翻译范畴。本项目介绍了说明书的定义、构成、语言特点、翻译原则、翻译技巧、产品说明书常用句型及常用表达的翻译。

任务考核

思考题

请思考产品说明书翻译应注意哪些问题。

课后训练

一、将下列产品说明书常用词汇翻译成中文。

1. wear-resisting
2. energy-saving
3. durability
4. maintenance
5. installation
6. performance
7. adaptability
8. dosage and administration
9. shelf life
10. manufacturer/producer

二、将下列化妆品说明书常用词汇翻译成中文。

1. foundation
2. blusher
3. moisturizer
4. anti-wrinkle
5. nail polish
6. concealer
7. makeup remover
8. essence
9. sun blocker
10. eye mask
11. toner
12. eye shadow

三、将下面食品说明书翻译成英文。

> 品名：芝麻甜饼
> 配料：小麦粉、食用植物油、白砂糖、奶粉、鸡蛋、黑芝麻、食用膨松剂
> 生产许可证编号：QS4208 0801 0257
> 净含量：200 克
> 保质期：12 个月
> 执行标准：GB/T20980—2007
> 卫生许可证号：钟卫食字(2006)第 1769 号
> 生产日期、批号：(年/月/日)请见包装上
> 制造商：湖北广源食品有限公司
> 地址：湖北钟祥经济开发区新美香大道
> 电话：0724－4260868　4283128　　　　传真：0724－4268368
> 网址：http://www.hbgysp.com
> 储存方法：常温储藏，开袋即食

产品说明书翻译要点提示

1. 对相关背景知识的了解和储备

产品说明书除了对产品进行描述以外，还具有一定的宣传功能，会对产品本身或产品的

产地、生产企业等进行描述,常提及产品的历史、企业的规模和声誉、产品的特殊性等,还涉及相关的文化知识。在翻译时,译者需要查阅相关的背景资料,了解背景知识,弄清不同文化的差异,否则容易出错,使译文无法达到原文说明书的预期效果。

2. 熟悉原语与目的语的语言差异

熟悉所要翻译的两种语言的差异是对所有译者的基本要求,产品说明书的翻译也不例外,如汉语中"说明书"一词在英语中有不同的表达,如 Instructions,Directions,Manual 等,但具体用法略有不同。"Instructions"原意是"指示""指导",引申为"操作指南""用法说明";"Directions"原意是"指示",引申为"说明",常见于药物使用说明书中;"Manual"表明该说明书比较详细,一般有十几页或几十页。

另外,由于英汉两种语言对某些特定事物的度量单位不一样,如温度、长度、重量、距离等,翻译时要做出相应的换算,以符合汉语的表达习惯。例如:

原文	译文
Length: 5 inches (12.70cm)	长:12.70 厘米 (5 英寸)
Width: 3 inches (7.62cm)	宽:7.62 厘米 (3 英寸)
Height:1 inches(2.54cm)	高:2.54 厘米 (1 英寸)
Operating temperature: 50℉ to 80℉ (10℃ to 26.7 ℃)	操作温度:10℃ 至 26.7℃ (50℉ 至 80℉)
Storage temperature: -10℉ to 120℉ (-23℃ to 48.9℃)	存放温度:-23℃至48.9℃ (−10℉ 至 120℉)
Maximum shipping altitude: 30 000 feet (9 144 meters)	最高装运高度:9 144 米 (30 000 英尺)

任务 9.2 英汉翻译技巧之反译法

任务引入

试译下列句子,体会采用正面表达的难处。

1. Her husband hates to see her stony face.

2. She refrained from laughing.

3. His speech leaves much to be desired.

学习任务

英语和汉语中均可用肯定形式或否定形式表达同一概念。例如:

1. 相当难　　quite difficult　　　不很容易　　not very easy
2. 不遗余力　spare no effort　　　竭尽全力　　do one's utmost

3. 完全一致　　just the same　　　　　毫无二致　without the slightest difference

上述例子中，尽管说话的语气不尽相同，但是表达的含义基本一致。虽然在英汉翻译时也常常采用正译法，即以肯定译肯定、以否定译否定(也就是用汉语里的"不""非""无""没""没有""未""否"等译英语中的"no"或"not"以及一些带有否定词缀的词)来进行翻译，但是由于英汉表达习惯的巨大差异，正译法有时并非切实可行。这时，英语中的肯定形式可以甚至必须译成汉语中的否定形式，而英语中的否定形式却宜译作汉语中的肯定形式，也就是使用"反译法"，亦称作"反面着笔法"或"正反、反正译法"。例如：

1. Wet Paint!
   原译：湿的油漆!　　　改译：油漆未干!
2. Keep upright!
   原译：保持直立!　　　改译：切勿倒置!

上述例子中的原译不符合汉语的表达习惯，采用反面表达，更符合汉语的表达习惯。从中可以看出，在恰当的场合灵活地采用反译法不失为确保译文语义明晰、文从字顺的有效手法。具体包括以下几个方面。

一、肯定译作否定

肯定译作否定，亦即"正说反译"。在很多情况下，若从正面着笔很难行得通，可以考虑正说反译。尤其是当原文中有些词语具有特殊含义时，更是如此。

(一) 动词(短语)

常在句中表示否定的动词有 fail(to do)(未能，没做到)、lack(缺乏，没有)、deny(不承认，不给)、deny(不服从、不遵从、不让)、differ(不同，不同意，不合)、miss(未打中，未见到，未达到)、forbid(不许)、stop(不准)、ignore(不理，不肯考虑)等，还有一些与介词 from 连用的动词，如 keep，prevent，protect，save 等。

Such a chance was denied him.
他没有能得到这样的机会。

She missed the point of his joke.
她没有听懂他讲的笑话。

The doctor lost his patient.
医生没把病人治好。

On Sunday Jim idles away his time.
星期天吉姆无所事事。

Scientists reject authority as an ultimate basis for truth.
科学家不承认权威是真理的最终依据。

(二) 副词

常用于表示否定的副词有 only，hardly，seldom，barely，rarely 等。

Staff Only!
闲人免进!

Admission by Invitation Only!
非请莫入!

A: The boy is quite clever.　　B: Exactly.
A: 这孩子很聪明。　　B: 一点没错。

You may safely say so.
你这样说错不了。

Time is what we want most, but what many use worst.
时间是我们最缺少的,但偏偏许多人最不善于利用时间。

Julia continued to look absently at the sea.
朱莉娅一直心不在焉地看着大海。

(三) 形容词

常用于表示否定的形容词及形容词短语有 absent(不在,不到), awkward(不熟练,不灵活,使用起来不方便), bad(令人不愉快的,不受欢迎的,不舒服的), blind(看不到、不注意), dead(无生命的、无感觉的、不毛的), difficult(不容易的), foreign to(不适合于,与……无关), short of(不够), poor(不好的,不幸的), ignorant of(不知道)等。

The explanation is pretty thin.
这种解释理由很不充分。

It is very important that a drawing be free from ambiguities and be subject only to a single interpretation.
图纸不应有模棱两可的地方,而只能有一种解释。

It is a terrible thing to be 16 and never to have shaved.
16 岁还没有刮过胡子,这实在太不像话了。

That is only a marginal agreement.
那只不过是一个无关紧要的协议。

(四) 介词(短语)

常见的可用于表示否定的介词及介词短语有 below(与……不相称,不足,不值得), beneath(不值得、与……不相称), beyond(为……所不及), under(未满足、不足), without(无、不、没有、毫不), except (不包括), within(不超出、不出), instead of (而不是)等。

He is above meanness and deceit.
他不至于做卑鄙和欺骗的事情。

He is beyond doubt an enterprising young man.
无疑,他是一位有进取心的青年人。

Only one of them has ever gone to live in the country and he was back in town within six months.

他们中只有一个真正在乡下生活过，不过这个人不到半年就返回城里了。

It will generally be found that the men who are habitually <u>behind</u> time are as habitually <u>behind</u> success.

人们通常看到，习惯不准时的人通常也不会成功。

(五) 连词

可用于表示否定的连词有 before，rather...than，unless 等。

You'd better write down his address now <u>before</u> you forget it.

趁还没有忘记，你最好现在就把他的地址写下来。

before 可译作"未……就，还没有……就"。

Life may well turn out to be true, <u>rather than</u> exception.

很可能生命是普遍存在的，而不是一种例外，这一点很可能得到证实。

rather...than 可译作"而不是"。

<u>Unless</u> England improve their game, they're going to lose the match.

英格兰队如果不改进打法，就会输掉这场比赛。

"Unless"可译作"如果不"。

(六) 名词

英语中可表示否定意义的名词，常见的有 defiance(不顾，无视)，denial(否认，否定)，exclusion(排除)，freedom(免除)，lack(无，缺乏)，failure(失败，失效，不履行)，refusal(不愿、不允许)，loss(失去)等。

This book is a <u>fool</u> to that both in plot and execution.

这本书不论在情节上还是写作技巧方面，都不及那一本。

<u>Shortness</u> of time has required the <u>omission</u> of some states.

由于时间不够，没能访问某些国家。

How can machines work in the <u>absence</u> of electricity?

没有电时，机器如何运转？

A <u>lack</u> of awareness of cultural differences or local customs can create problems.

不注意文化差异或当地习俗可能会产生问题。

(七) 某些固定短语和句子

"It + be +形容词 + 名词 + that..."句式。

It is a wise father that knows his own child.

聪明的父亲也未必了解他自己的孩子。

It is an ill wind that blows nobody good.

坏事未必对人人都有害处。

The escaped criminal is still at large.
逃犯仍未捉拿归案。

The hotel was anything but satisfactory.
这家旅馆让人太不满意了。

His grandmother is already 80, but she carries her years lightly.
他祖母已经80岁了，可是并不显老。

I am wiser than to believe such stories.
我不至于蠢到竟然相信这种谎言。

二、否定译作肯定

否定译作肯定，或称"反说正译"，是将与"not"等否定词连用的词或带有否定词缀的词译成汉语中的肯定形式。否定译作肯定实质是英汉思维视角转变在翻译中的体现和运用，往往是出于翻译的客观需要，由上下文、修辞及习惯表达方式等多种因素决定的。

(一) 动词

英语中有些作反面表达的动词在译文中往往可以从正面表达。如："unfasten"为"解开"，"displease"为"使人生气"，等等。

The doubt was still <u>unsolved</u> after his repeated explanations.
虽经他一再解释，疑团仍然存在。

The mother gently <u>disengaged</u> her hand from that of her sleeping baby.
母亲小心翼翼地从熟睡的孩子手里抽出自己的手。

How she longed to <u>unsay</u> her tactless words.
她多么希望收回她那些不得体的话啊！

The boss could fire any employee who had ever <u>displeased</u> him.
老板可以开除任何曾得罪他的雇员。

(二) 副词

She <u>carelessly</u> glanced through the note and got away.
她粗略地看了看那张便条就走了。

It's <u>invariably</u> wet when I take my holidays.
我休假时总是下雨。

Mike believed that the Minister of Education had <u>dishonorably</u> resigned from office.
迈克认为教育部长辞职是很丢面子的。

The sea was, <u>unfortunately</u>, very rough that day.
可惜，那天的海浪很大。

(三) 形容词

This bird is an <u>unusual</u> winter visitor to Britain.
这种鸟很少冬季到英国来。

Bill is too <u>indecisive</u> to make a good leader.
比尔优柔寡断，当不了好领导。

(四) 名词

A look of <u>disbelief</u> replaced the smile on his face.
怀疑的神色取代了他脸上的微笑。

We were puzzled by the sudden <u>disappearance</u> of our guide.
向导突然失踪，我们感到困惑不解。

There has been serious <u>disagreement</u> between the two political parties over this question.
关于这个问题，两个政党之间存在着严重分歧。

These slums are a <u>disgrace</u> to the city.
这些贫民窟是这座城市的耻辱。

(五) 短语

<u>Don't lose time</u> in posting this letter.
赶快把这封信寄出去。

The examination left <u>no doubt</u> that the patient had died of cancer.
调查结果清清楚楚说明病人死于癌症。

Student, <u>with no exception</u>, are to hand in their papers this afternoon.
今天下午学生统统要交书面作业。

He meant to help, <u>no doubt</u>, but in fact he has been a hindrance.
他的的确确是想帮忙的，可实际上却成了累赘。

It would be foolish, <u>not to say</u> mad, to sell your house.
你要卖房子真蠢，简直疯了。

(六) 句子

The significance of these incidents wasn't lost on us.
这些事件引起了我们的重视。

Such flights couldn't long escape notice.
这类飞行迟早会被人发觉的。

A book may be compared to your neighbor; if it be good, it cannot last too long; if bad，you cannot get rid of it too early.
书好比邻居，如果是本好书，相伴得越久越好；如果是本坏书，越早摆脱掉越好。

For many years there was no closeness between the two countries.

两国关系曾疏远了许多年。

最后需要指出，反译法的使用须针对具体情况灵活掌握，不能一概而论。有些句子正译、反译皆可，两者并无实质性差别，究竟采用何种译法主要依据个人行文习惯或视具体的上下文而定。例如：

Much to our regret the packing of the landed goods is quite different from that you have promised.

a. 十分遗憾，到货的包装与贵方承诺的相差很大。

b. 十分遗憾，到货的包装与贵方承诺的大不相同。

They have found your terms and conditions agreeable.

a. 他们同意你方条款。

b. 他们对你方条款没有异议。

反译法是常用英汉翻译技巧之一，有时由于英汉表达习惯的巨大差异，正译法无法实现翻译的准确达意，可以采用反译法。反译法主要包括肯定译作否定和否定译作肯定，反译法实质是英汉思维视角转变在翻译中的体现和运用。

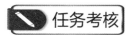

思考题

请思考反译法的应用是由哪些因素决定的。

课后训练

请用反译法将下列句子译成中文。

1. Asia was passed over by the industrial revolution.

2. If the weather holds a couple of days, the team of explorers will set off.

3. What you said is beside the question.

4. She was deaf to all advice.

5. The motor refused to start.

6. Appearances are deceptive.

7. The machine has two serious disadvantages.

8. It was beyond his power to sign a contract of 1 million US dollars.

9. Mexico city is an earthquake zone and earth tremors are not unusual.

10. He gave me an indefinite answer.

一、试译下面产品说明，体会产品说明书的翻译技巧。

Lacovo

Lacovo, scientifically prepared with choice ingredients including malt extract, milk, powder cocoa, fresh butter and eggs, is rich in vitamins A, B, D and organic phosphorous. It promotes health and aids convalescence and is especially good for neurasthenia and mental exhaustion. Taken regularly, Lacovo helps build up body resistance against disease. A nourishing beverage for all ages. An excellent gift in all seasons.

For drinking hot: Put two or three teaspoonfuls of Lacovo in a cup, then add hot water and stir until the grains are thoroughly dissolved. Add sugar and milk to taste.

For drinking cold: Put two or three teaspoonfuls of Lacovo in a glass of cool-boiled water and stir until the grains are thoroughly dissolved. Then add fresh milk or condensed milk. It makes a delightful and wholesome drink in summer.

二、试译下面短文，体会反译法的翻译技巧。

Biology may not be destiny, but genes apparently have a far greater influence on human behavior than is commonly thought. Similarities ranging from phobias to hobbies to bodily gestures are being found in pairs of twins separated at birth. Many of these behaviors are "things you would never think of looking at if you were going to study the genetics of behaviors", says psychologist Thomas J. Bouchard, Jr., director of the Minnesota Center for Twin and Adoption at the University of Minnesota.

作为一名翻译公司的商务翻译，项目主管要求你翻译客户的产品说明书，总结产品说明书常用术语、常用表达方式，以及产品说明书的翻译技巧。举例说明英汉翻译中反译法的翻译技巧。

颜色词的比较与翻译 II

学生可扫描获取"颜色词的比较与翻译 II"相关资料。

项目10　内部文稿翻译与英汉翻译技巧之被动句翻译

🔍 能力目标

1. 能够正确翻译内部文稿常用词汇和句型；
2. 能够熟练翻译各类内部文稿；
3. 能够灵活运用被动句的翻译技巧进行英汉翻译。

🔍 知识目标

1. 了解内部文稿的行文方式、文体类型和语言特点；
2. 掌握内部文稿的常用翻译技巧；
3. 熟练掌握被动句的英汉翻译技巧。

🔍 素质目标

通过内部文稿翻译的学习培养严谨认真、礼貌周到、谦恭得体等从事商务翻译工作必备的基本素养。

知识结构图

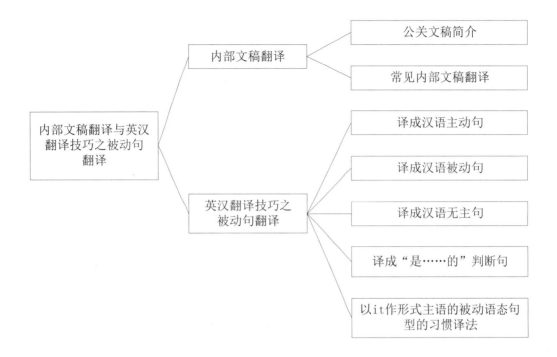

任务 10.1 内部文稿翻译

试将下面英文记事卡翻译成中文。

×××TRADING COMPANY

Message for_____
From _____
Of _____
Phone number_____

☐Telephoned   ☐Will call again
☐Called to see you   ☐Returned your call
☐Wants to see you   ☐Urgent
☐Please call   ☐Visited your office
☐Others

一、公关文稿简介

"公共关系"一词源自英语的 public relations(简称 PR),其本质是通过传播手段与公众建立良好的关系,并与公众共享利益,其重要的信息载体是公关文稿。公关文稿的语言体现强烈的公关意识,具有真实、准确、富有创造性的特点,同时语言正式庄重,谦恭得体。按用途可分为内部文稿和对外文稿两大类。本项目介绍内部文稿的翻译,对外文稿翻译将在下一项目中介绍。

内部文稿是企业内部交流使用的一种文函形式,其格式比较固定。翻译时应注重目的语的结构以及行文习惯,文字尽量浅显确切,提供实质性信息,强调简洁性、逻辑性、紧凑性和客观性。常见的内部文稿包括传真(fax)、电子邮件(e-mail)、备忘录(memorandum,缩写为 memo)、会议纪要(minutes of meeting)及商务报告(business report)等。

二、常见内部文稿翻译

(一) 传真

传真广泛应用于商务活动中。例如:

Herbert Import & Export

Telephone:(212)2215608

Fax:(123)555-5436

388 Station Street, New York, 10018 U.S.A.

To: Johnson Company

Date: May 23, 2020

Attn:Eric Lee

From: Simon Davis

Your Ref:2051/ef

Our Ref:5237/nl

CC:Kate Long

Pages: 2

Dear Sirs:

  We are an American company, and our shares are to be issued next month. Our company is to be granted a World Bank credit soon. Should you be interested in cooperation or in buying our shares, please do not hesitate to contact us. We look forward to hearing from you.

Yours Sincerely,

Simon Davis

Managing Director

参考译文

赫伯特进出口公司

电话：(212)2215706

传真：(123)555-5436 美国纽约车站街388号 10018

至：约翰逊公司

日期：2020年5月23日

收件人：埃里克·李

发件人：西蒙·戴维斯

贵方编号：2051/ef

我方编号：5237/nl

抄送：凯特·郎

页数：2

敬启者：

我方为一家美国公司，我方股票将于下月发行。本公司即将得到世界银行的一笔贷款。贵方如有兴趣与我方合作或购买我方股票，敬请与我们联系。恭盼回复。

敬上

西蒙·戴维斯

总经理

传真首页上方的信头并非所有传真都要沿用的格式，但这些内容给收发双方带来了方便。传真信头用缩略语如下。

Ref.(reference) —— 信函参考编号，一般编号往往包括有关人员姓名的首字母。

Our Ref. —— 我方编号，即发信人编号。

Your Ref. —— 贵方编号，即收信人编号。

Atten. —— 收件人

CC —— 抄送(其他收件人)

传真与普通商务书信的一个显著区别在于传真中必须写出页码，即使只有一页。因此，翻译时应把页码翻译出来。

（二）电子邮件

随着全球经济一体化的发展，商务英语电子邮件的使用越来越普遍。电子邮件的信头包括：From(发信人)、To(收信人)、CC(副本收件人/抄送)、Blind CC(隐匿副本收件人/密抄)、Subject(事由/主题)和Re(关于)等。

From: marywang@126.com

To: moris_scarv@hotmail.com

Subject:enquiry for products

Date:Wednesday, April 8, 2020

Dear Moris,

Thanks for your brochure.

We are interested in articles from No. 208 to No. 220. Could you quote your best prices? If favorable, we'd like to place large orders.

Enclosed is the inquiry sheet.

We shall appreciate your prompt reply.

Best regards,
Wang Min
Business Development Manager

参考译文

发信人： marywang@126.com

收信人： moris_scarv@hotmail.com

主题： 产品询价

日期：2020 年 4 月 8 日，星期三

尊敬的莫里斯：

感谢贵方邮寄的产品说明书。

我方欲购编号为 208 至 220 的产品。请报贵方最低价。如价格优惠，我方将大量订购。

随函附上询价单。

贵方的及时答复将令我方不胜感激。

谨上

王敏
市场开发部经理

（三）备忘录

备忘录也称便函，是企业、商业机构内部同级之间、上下级之间的书面交际形式。一般包括标题部分(Headline)和内容部分(Body)。内容部分一般以叙述性的文体出现，不需要过于正式的词汇，在翻译时应尽量避免一些过于正式的书面语言，而使用一些非正式，甚至是口语化的词汇。另外，大多数备忘录是用于下达指示和发布通知，时间、地点和相关事件都是重点内容，翻译时应注意把时间、地点放在突出的位置。例如：

Memorandum

To: All
From: Michael Smith
Subject: Staff Meeting

On Friday, November 10th, we will have our staff meeting at 9:00 a.m. at the Conference Hall on the sixth floor. We expect the meeting to last one hour and the agenda is attached. If you have anything else you think should be addressed, please let me know no later than October 28th.

参考译文

<h2 style="text-align:center">备 忘 录</h2>

致：全体员工
自：迈克尔·史密斯
主题：员工会议

兹定于11月10日(星期五)上午9点在六楼会议室召开员工大会。会议将持续一个小时，议程在附件中。如有其他议题，请在10月28日前告知。

(四) 会议纪要

会议纪要(Minutes of Meeting)是客观详细地记录会议情况，如会议的时间、地点及讨论的问题等。

April 8, 2020

Subject: Routine Meeting of the Domestic Sales Team

Present: …

Chairperson: James Wang

Secretary: Jane Lee

Apologies for absences: …

Discussion:

The minutes of the previous meeting were accepted without comment. The participants then proceeded to discuss the following points:

1. Report on a Market Survey by Johnson Wang

Mr. Wang reported back on his investigation into the production problems the company had been experiencing at the time of the last meeting. He reported that these had now been completely overcome, and stated that production was now back at its expected level.

…

2. Other business

Mr. Han reported that the local fire officer would conduct an inspection prior to the renewal of the Safety License.

Resolved: that Mr. Charlotte Sun with the help of the secretary is to see it that everything is up to requirements.

3. Date of next meeting

There being no other business, the next meeting was provisionally set for Monday, May 11.

4. The meeting adjourned at 11:30 a.m.

Signed:

参考译文

2020年4月8日

主题：国内市场销售人员例会

出席：……

主持人：詹姆斯·王

秘书：简·李

请假缺席者：……

讨论内容：

通过上次会议纪要。参加会议者继续讨论下列问题。

1. 约翰逊·王介绍市场调查报告

王先生报告了上次会议期间出现的生产问题的调查。他说这些问题现在已全部解决，并称目前生产已恢复到预期水平。

……

2. 其他事务

韩先生报告说地方消防官在更换安全执照前还要进行一次检查。

决定：夏洛特·孙先生在秘书协助下负责使各处都达到要求。

3. 下次会议时间

如不出现其他问题，下次会议将于5月11日(星期一)举行。

11:30 会议结束。

签名：

翻译会议纪要的注意事项

(1) 翻译会议纪要内容时必须使用比较中性的词汇和语调，不可带有主观性，应注意措辞，使会议纪要显得比较正式。例如：

Mr. Wang acknowledged that further research was necessary, and offered to undertake this research. It was agreed that once it is clear that a market does exist, the production can proceed.

王先生指出，还需要进一步调查，并提出要承担这项调查工作。会议同意，一旦证实市场确实存在，可以批准生产。

(2) 会议发言人使用的主动语态在会议纪要中一般改为被动语态翻译。例如：

You are requested to submit your report as the date of meeting is approaching.

由于会议日期临近，谨请提交报告。

The production has been greatly increased.

产量有了很大的提高。

I was supposed to know something about market.

有人建议我了解一下市场情况。

The American trade delegation was given a hearty welcome.

美国贸易代表团受到热烈欢迎。

This idea was put forward by the manager.
这个意见是经理提出来的。

知识小结

本项目介绍了公关文稿的定义、分类以及常见内部文稿(传真、电子邮件、备忘录和会议纪要)的翻译技巧。

任务考核

思考题

请思考公关文稿的作用、体现的文体风格以及翻译的注意事项。

课后训练

一、翻译下面会议纪要,并总结内部文稿的翻译技巧。

MINUTES OF THE MEETING OF THE BOARD OF DIRECTORS

Date: October 7th, 2020
Place: the company meeting room
Present: …
Absent: …

1. The meeting was called to order by the chairman.
2. The report on the state of business of the company was given by the Sales Manager.
3. Mr. J proposed that a gold medal be given to Peter as a reward for his hard work in the past 2 years. The chairman seconded the proposal. The proposal was approved.
4. The meeting adjourned at 4:00 p.m.
5. The next meeting will be held on October 27th in the meeting room.

Lindy Green
Secretary

二、翻译下面的通知,并总结内部文稿的翻译技巧。

通　　知

兹定于 10 月 23 日(星期五)上午 9 时在教学楼 401 室由 Henry Smith 博士给经管系 2019 级 3 班上英语公开课。全体英语教师务必出席。欢迎其他系科任教师参加。

系主任办公室
2020 年 9 月 20 日

备忘录常用句式翻译

1. I have the honor to inform you that...
   我很荣幸地通知您……

2. I would like to remind you that our office is in want of a new English typewriter.
   我想提醒您一下,我们办公室急需一部英文打字机。

3. I have several proposals for cutting down the cost.
   我有几个关于降低成本的建议。

4. In response to your request for... I have to inform you that we can not approve it.
   对于你……的请求,我不得不告诉你,我们不能批准。

5. This is further to your memo dated June 6, 2020, in which you proposed that employees adopt the "punch in" system.
   回复你2020年6月6日关于员工实行打卡考勤制度的备忘录。

6. The board of directors approved your proposal at the meeting last week.
   董事会在上周的会议上通过了你的建议。

7. Please let me know your response to these suggestions.
   我想知道你对于这些建议的看法。

8. Please feel free to contact me if you need further information.
   如果需要更多的信息,请随时与我联系。

9. I highly appreciate your considerations to these proposals.
   我期待你能考虑一下这些建议。

会议纪要常用语翻译

call to order　宣布开会　　　　　　minutes approved　通过上次会议记录
preside　做会议主席,负责主持　　　adjournment　休会,闭会
submit　提交　　　　　　　　　　　transcribe　写下,记录

任务 10.2　英汉翻译技巧之被动句翻译

试比较下列译文哪一句更合适,并分析原因。
That young man cannot be relied upon.

译文 1：那位年轻人不可以被信赖。
译文 2：那位年轻人不可信赖。

We are kept strong and well by clean air.
译文 1：我们被清洁的空气保持得健壮。
译文 2：空气清洁能促使我们身体健壮。

语态是表明句子中谓语与主语之间关系的一种语法手段。主语若是谓语行为动作的发出者，即为主动语态。主语若作为谓语行为动作的承受者，则为被动语态。英语中被动语态的使用范围很广，凡是无须提及主动者、无意点明主动者、无从说出主动者，或是为了上下文的衔接与连贯等，往往采用被动语态。此外，英语被动结构能给读者以客观、不带个人感情色彩的印象，因而在科技文体、公文文体和应用文体中使用极为普遍。相形之下，被动句式在汉语中的使用范围要窄得多。使用被动语态的句子称为被动句，英语被动语态的翻译可以采用以下方法。

一、译成汉语主动句

英语被动语态的句子译成汉语主动句有几种不同情况。

(一) 原句主语译作译文主语

翻译某些被动句时，如果无须指出施事(即动作的发出者)，主动意义与被动意义也不致产生歧义，动词动作又不带有不利于受动者(亦称受事)的色彩，那么往往可以翻译成主动句，原句主语仍然充当译文的主语。在现代汉语中，经常需要采用"受事主语＋谓语动词"的句式。例如：

Water can be changed from a liquid into a solid.
水能从液体变为固体。

The goods under Order No. 5820 are covered against all risks.
5820 号订单下的货物已投保了一切险。

When the tea was first sold in London, the price was as high as 10 British pounds for one pound of tea.
茶初次在伦敦出售时，每磅价格高达十英镑。

The old lady had been stricken with a heart attack earlier in the morning.
清晨，老妇人的心脏病发作了。

(二) 原句主语译作译文宾语

英语中许多被动句未提及施动者，这种句子常常可以译成汉语的无主句。这时，原句中的主语往往就相应地转译为宾语。这种译法在科技文章中颇为常见，因为这类文章在描述某种事情时，一般更多地着眼于动作、过程本身及其对受动者的影响，而不突出强调施动者。例如：

Many strange new means of transport have been developed in our century, the strangest of them being perhaps the hovercraft.
本世纪发明了许多新奇的交通工具，其中，最新奇的也许数气垫船。

Problems will be solved tomorrow afternoon.
明天下午就能解决问题了。

Work is done when an object is lifted.
举起一个物体时，就做了功。

Additional International Standards may be added to the series in the future.
将来还可能对本系列标准增加若干国际标准。

(三) 动作发出者译作译文主语

英语被动句中一般由介词"by"引出动作的发出者(或称施动者)。研究表明，约八成的英语被动句中并不包含施动者。在确实提及施动者的被动句里，施动者大多受到一定程度的强调。因此，在译成汉语时，为使施动者处于相应的突出地位，可以将其转译为主语。例如：

Only a small portion of solar energy is now being used by us.
现在我们只能利用一小部分太阳能。

The magnificent hotel had been practically destroyed by the big fire.
大火把这座富丽堂皇的宾馆几乎完全烧毁了。

His car was towed away by a towing truck from Lewis Company.
路易斯公司的一辆拖车把他的汽车拖走了。

(四) 把原句中的某一部分译作译文主语

英语中还有一些被动句译成汉语时，需要将句中某个适当的成分转译成主语。这样做既不背离原义，又更符合汉语规范。经常转译为主语的成分包括一些地点(方位)状语(中的名词)以及某些谓语。不言而喻，谓语转译成主语时，谓语动词也就相应地转换为名词。例如：

The numerical data concerned are provided in the next chapter.
下一章提供了有关的数据资料。

Rust is often formed on a water pipe.
水管经常生锈。

Yet in the western hemisphere the wheel was never invented.
然而，西半球却从未发明过车轮。

40°C was read from the clinical thermometer.
体温计的读数是40摄氏度。

A triangle is defined as a plane figure with three sides and three angles.
三角形的定义是有三条边和三个角的平面图形。

(五)增译某些含泛指意义的词语作主语

若英语被动句没有表示施动者的现成词语,又不宜将其他成分转译成主语,那么翻译时,可以依据逻辑关系增译某些泛指性词语作主语,这些词语包括"人们""大家""有人""我们"等。例如:

Shipment can be made within two weeks after receipt of your L/C.
在收到你方信用证的两星期内,我们即可发货。

They will be reminded that peace is the highest aspiration of our people.
我们要提醒他们,和平是我国人民最高的愿望。

Copper articles have been used for several thousand years.
人们使用铜器已有数千年。

Do not be surprised if you are offered milk, coffee or soda with a meal.
用餐时,如果人家给你牛奶、咖啡或汽水,你不用诧异。

二、译成汉语被动句

在汉语中有时也使用被动形式,其目的是突出被动的动作,有些说出动作的发出者,有些则不说出动作的发出者。将被动句汉译时往往使用"挨""叫""称""让""由""给""受""遭""为……所""加以""予以"等。例如:

The company was enjoined from using false advertising.
这家商号被禁止使用虚假广告。

The words "work" and "power" are often confused or interchanged in colloquial use.
在日常口语中,"功"和"功率"是常被混淆或相互代用的两个词。

Pure oxygen must be given patients in certain circumstances.
在某些情况下必须给病人吸纯氧。

He had been fired for refusing to obey orders from the head office.
他因拒绝接受总公司的命令而被解雇了。

Traveling expenses from the home country to the point of arrival in Australia will be borne by each member taking part in the seminar.
从贵国至澳大利亚的旅行费用将由参加研讨会的各位成员自行负担。

The heated water is thus cooled as it goes through the radiator.
热水流过散热器时就被冷却了。

The books have been affected with damp.
这些书受潮了。

Last year the region was visited by the worst flood in 100 years.
去年该地区遭受了一个世纪以来最严重的洪涝灾害。

三、译成汉语无主句

英语有些句子常常是强调怎么做而不强调谁去做。这类被动句译成汉语时，常译成汉语无主句。例如：

It must be recognized that China is still a developing country.
必须承认中国还是一个发展中的国家。

英语中有些成语动词含有名词，变成被动语态时可将该名词作主语，这是一种特殊的被动语态。汉译时可以把主语和谓语合译，译成汉语无主句的谓语。例如：

The unpleasant noise must be immediately put an end to.
必须立即终止这种讨厌的噪声。

Very often, introductions are made using both first and last name.
介绍的时候往往连名带姓。

Care should be taken at all times to protect the instrument from dust and damp.
应当始终注意保护仪器，不使它沾染灰尘，不使它受潮。

四、译成"是……的"判断句

有些英语被动句并不强调被动动作，而着重对事物的状态、过程和性质等加以描述，其作用与系表结构类似。翻译这种英语被动句时，可采用"是……的"判断句式。例如：

The manuscript was sent to the printer in London a few weeks before the French Revolution.
手稿是在法国革命前几周寄往伦敦付印的。

The ship was destined for Lagos.
船是去拉各斯的。

Our International Club was founded a year ago to help foreign businessmen in this city to meet together.
我们的国际俱乐部是在一年前成立的，其目的是协助本城的外国商人组织聚会。

The credit system in America was first adopted by Harvard University in 1872.
美国的学分制是 1872 年在哈佛大学首先实施的。

五、以 it 作形式主语的被动语态句型的习惯译法

以"it"作形式主语，被动语态动词作谓语，后接"that"引导的主语从句的结构是英语中的一种常用句型。在英语科技文章中，这种惯用句型更为常见。这种类型的英语被动句译成汉语时大多转为主动句，即把原文中的主语从句译在宾语的位置上，而将"it"作形式主语的主句中的被动语态谓语译成主动式，通常采用以下两种处理方法。

(一) 不加主语

It is assumed that...	假设/假定	It must be pointed out that...	必须指出
It should be noted that...	应当指出	It is reported that...	据报道
It has been proved that...	业已证明	It will be seen from this that...	由此可见

例如:

It is reported that goods already manufactured in Italy and successfully marketed in foreign countries could be produced in and exported from China.

据报道,在意大利已有生产而且在国际市场上成功打开销路的产品可以在中国生产并出口。

It needs to be noted that there are different understandings concerning whether an offer is firm or not.

需要注意的是,人们对实盘和虚盘的理解有所不同。

It should be mentioned that the market situation is turning for the better.

应该提及的是,市场情况正向好的方面转化。

(二) 添加主语

增补一些泛指性词语作为主语,包括"有人""人们""大家"等。例如:

It is admitted that...	人们(大家)承认	It is asserted that...	有人主张(断言)
It is believed that...	有人相信(认为)	It is claimed that...	有人(人们)主张(要求)
It is felt that...	人们(有人)认为(感到)	It is found out that...	人们发现
It is known that...	大家知道(众所周知)	It is noticed that...	人们注意到(有人指出)
It is pointed out that...	有人指出	It is regarded that...	人们认为
It will be said that...	有人会说	It is stressed that...	有人强调说
It is suggested that...	有人建议	It is taken that...	有人(人们)认为
It is thought that...	有人(人们)认为	It was told that...	有人曾经说

除了上述情况外,英语中还有几种"暗被动"的表达。

①"动词+动名词"表示被动。

This young man deserves punishing.

这个年轻人应该受到惩罚。

The paper can stand criticizing.

这篇论文经得起推敲。

②"get+过去分词"表示被动。

The novel finally got translated into nine languages.

这部小说最终被译成了9种文字。

As I passed by, my coat got caught on a nail.

我走过去时,外衣被钉子勾住了。

总之,在翻译被动语态时,应该记住英语和汉语中被动语态使用的异同,这有助于更加忠实和通顺地表达意愿。

英语和汉语中都存在被动句,在英语中被动句的使用更加广泛。在汉译时,应根据汉语的表达习惯,采用译成汉语主动句、被动句、无主句、"是……的"汉语判断句、添加主语等不同方法,使汉语译文自然通顺、明快达意。

思考题

请思考被动句在英语中应用广泛而在汉语中应用较少的原因。

课后训练

将下列被动句翻译成汉语。

1. Most of the questions have been settled satisfactorily, only the question of currency in L/C remains to be considered.
2. It should have been obvious that the plan to market food in Australia would have to be scrapped.
3. We do not expect an agreement can be arrived at without your further concession.
4. Eventually, of course, the plan to push the sale of the new product was abandoned.
5. The decision to import know-how in space was not taken lightly.
6. Henry was dismissed for neglect of his duty.
7. Our reasonable price has already been accepted by Sears, which will lead to further business.
8. If we fail to receive the shipping instructions from you before the 15th this month, the silence on your part will be regarded as affirmation.
9. The atomic particles cannot be accelerated past the velocity of light.
10. Those who perform deeds of merit will be rewarded.

综合案例分析

一、试将下面备忘录翻译成英文,并与译文比较,体会备忘录等内部文稿的语言特点和翻译技巧。

To: All Staff

From: Susan Sanders, Supply Manager
Date: April 5th, 2020
Subject: Network/Telephone Maintenance

Please be advised that tomorrow evening, Thursday, April 6th at 6:00 p.m., the network will be unavailable for 1-2 hours. During this time the telephone system will also be temporarily out of service for approximately 15 minutes.

This is due to general maintenance on both systems and we deeply apologize for it. Please schedule your work so this does not cause you inconvenience.

二、请选择合适的处理手段翻译下列被动语态的句子。

1. China's compliance with an intellectual-property accord is seen as a keen test of its sincerity in abiding by WTO rules.
2. According to the stipulations of the said L/C No. 5301, the total quantity of the goods should be shipped before the end of this month and neither partial shipments nor delay are allowed.
3. Claim, if any, must be made within 30 days after the arrival of the goods at the destination, after which no claims will be entertained.
4. If a letter of credit is not used by the beneficiary, it may be returned to the applicant for cancellation.

作为一名翻译公司的商务翻译,项目主管要求你翻译客户的内部文稿——电子邮件、备忘录、会议纪要。同时,总结内部文稿的语言特点、翻译技巧及英汉翻译被动句的翻译技巧,并举例说明。

修辞的翻译 Ⅰ

学生可扫描获取"修辞的翻译 Ⅰ"相关资料。

项目11　对外文稿翻译与英汉翻译技巧之词序调整

🔍 能力目标

1. 能够正确翻译对外文稿常用词汇和句型；
2. 能够熟练翻译各类对外文稿；
3. 能够灵活运用词序调整的翻译技巧进行英汉翻译。

🔍 知识目标

1. 了解对外文稿的行文方式、文体类型和语言特点；
2. 掌握对外文稿常用翻译技巧；
3. 熟练掌握词序调整的英汉翻译技巧。

🔍 素质目标

通过对外文稿翻译的学习培养商务翻译人员应具备的跨文化交际素养。

知识结构图

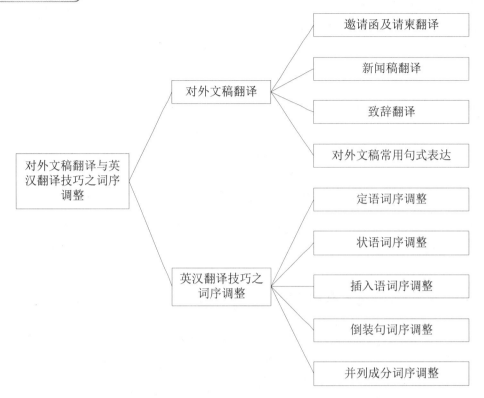

任务 11.1 对外文稿翻译

任务引入

阅读并试译下面对外文稿,思考对外文稿的语言特点。

Mr. Vice President,

Our American friends,

My colleagues,

Ladies and Gentlemen,

  On behalf of all the members of our mission, I would like to express our sincere thanks to you for inviting us to such a marvelous Christmas party.

  We really enjoyed the delicious food and excellent wine. Also, the music was perfect. I enjoyed meeting and talking to you, and sharing the time together. As we say, well begun is half done. I hope we will be able to maintain this good relationship and make next year another great one together.

  Thank you again for the wonderful party, we had a great time.

In closing, I would like to invite you to join me in a toast.
To the health of Mr. Vice President,
To the health of our American friends,
To the health of my colleagues, and
To all the ladies and gentlemen present here,
Cheers!

学习任务

对外文稿是企业公关文稿的重要组成部分，一般指企业或组织对外新闻发布使用的新闻通稿(press/news release)、新闻发布会(press conference)文稿、展览展示会用的公司宣传材料(commercial presentation)、商务陈述(business presentation)、公益活动用的宣传稿件(publicity material)、庆典礼仪活动或会议宴会等场合的各种请柬(invitation card)、致辞(speech)和商务演讲(business speech)等。这里重点讲解邀请函及请柬、新闻稿、致辞的语言特点及翻译技巧。

一、邀请函及请柬翻译

邀请函(invitation letter)是为了增进友谊、发展业务，邀请客人参加庆典、会议、宴会等社交活动的专门文书。与普通邀请函相比，涉外邀请函具有格式更规范、文体更正式、文本话语更权威等特点。中、英文邀请函均按照"发出邀请—阐明邀请意义—安排邀请细节"的顺序呈现文本内容。邀请函的翻译应体现应用文体的文本结构和功能，措辞礼貌得体，态度诚恳热情。英语常用名词和介词，汉语多用动词。

中、英文请柬有相似的措辞方式和句式结构，但在格式方面有所不同。英文格式是分段式的，邀请者、被邀请者、邀请之意、活动内容、时间、地点等组成要素各占一行，使人一目了然；而汉语则是段落式的，邀请事项、时间、地点包含在同一段落里，被邀请者和邀请人分别置于开头和结尾。例如：

> Mr. and Mrs. John Smith
> request the honor of the presence of
> Mr. and Mrs. J. A. Brown
> at the marriage of their daughter
> Elizabeth Smith to Mr. John Frederick Hamilton
> Saturday, the twenty-ninth of September
> at four o'clock p.m.
> Church of Heavenly Rest
> New York

译文：
J. A. 布朗先生及夫人：

兹定于9月29日(星期六)下午4时在纽约天安教堂为小女伊丽莎白·史密斯与约

翰·弗雷德里克·汉密尔顿先生举行婚礼,届时恭请光临。

约翰·史密斯夫妇谨上

从上例可以看出,请柬的翻译要实现格式上的英汉转化,顺应汉语模式:首先把邀请人和被邀请人从段落中分离出来,分别译作汉语请柬的称呼和结尾署名;然后结合时间、地点的翻译再添加一些必要的客套语,如"兹定于""敬请光临"等,使译文显得顺畅对等。

二、新闻稿翻译

企业公关新闻稿是用于对公关事件的媒体发布,既有对事件的总体描述,也要表达对事件的观点,夹叙夹议。对于企业而言,公关新闻是关于企业且有利于塑造企业良好形象、培育良好公共关系的新近事实的报道。翻译新闻稿要站在第三人称即新闻报道员的角度,保持措辞和语气客观、语句简洁、整体风格符合新闻报道。例如:

News Release

PUBLICATION DATE: March 22, 2020

Reorganization of ABC Company

Just as a person has to learn new skills to do more complex work, so a company sometimes has to find new ways of doing things as the work load grows. It's a nice kind of problem to have!

In order to handle the rapidly growing number of franchises and accounts with better service and quicker response, ABC Company is reorganizing its regional sales force, effective April 1, 2020. The ABC Company is dividing the nation into four Marketing Regions: Eastern, Southern, Central, and Western. Each region will have a Regional Manager: Margaret Olson (Eastern), Harry Baines (Southern), Rolf Johnson (Central), and Barry Jones (Western). To coordinate the entire national sales effort, Mark Vinson will be National Sales Manager. By May all the links would be worked out throughout the whole company, and the four regions would do business as the normal way. The company is confident that the end result will be well worth the effort as will be seen in the greater sales during the months ahead.

——END——

CONTACT: Mr. G. L. Sender, Public Relations Manager　　　Tel: 6654388

参考译文

新闻稿

发布日期:2020年3月22日

ABC 公司重组

　　正如一个人做更复杂的工作需要学习新的技术一样，一家公司有时随着工作量的增大不得不寻找出完成工作的新方法。这是一件很好的事情。

　　为了处理好随着良好服务和迅捷反应而迅速增长的专营权和客户数，ABC 公司正在重组其地区销售力量，并于 2020 年 4 月 1 日生效。ABC 公司把国内市场划分成 4 个市场区——东部市场、南部市场、中部市场和西部市场，并将各设一位地区经理：Margaret Olson(东部市场)、Harry Baines(南部市场)、Rolf Johnson(中部市场)和 Barry Jones(西部市场)。为协调国内市场整体销售工作，Mark Vinson 将出任公司的全国销售经理。5 月前，整个公司系统内的工作会准备就绪，并且这 4 个地区的工作会步入正常轨道。公司相信从未来几个月里更大的销售量中可以看出所做出的努力是完全值得的。

　　　　　　　　　　　　——结束——

联系人：G. L. Sender 先生，公共关系部经理　　　电话：6654388

三、致辞翻译

　　根据场合不同，致辞可以分为正式致辞和非正式致辞两大类。翻译这类对外文稿时首先需要知道它们的特点。政府高级代表团、公司企业高层会谈都比较正式，内容上除了颂扬彼此的交往友谊，还会就重大问题发表自己的看法，形式严谨，语言规范。而一般性的代表团、客人来访，多属于非正式的范畴，语言比较随和，基调也相对轻松，所以翻译时要先抓住这些特性。除此之外，还应注意以下几点。

　　(1) 语言必须清楚易懂，句子简洁明了。因为致辞最终是要以口头的方式表达出来的，所以译出的稿子要口语化。

　　(2) 语言要生动风趣，幽默贴切，词句要尽量亲切热诚，使聚会的气氛轻松愉快。

　　(3) 在翻译中国典故、成语或新兴词汇时，要把意思表达清楚，让人听懂，避免直译，而是要意译。许多来宾在致辞或演讲中，喜欢引用一些格言、成语或引语等，使其内容更加活泼生动，在翻译时也要加以特别注意。比如用"王小二过年，一年不如一年"来形容经济不景气，翻译时按照意思译成"Things are said to be going from bad to worse for the company with each passing year"即可，不必被原文捆住手脚。

　　以下是一个致辞的例子，请体会翻译技巧的使用。

女士们、先生们：

　　很高兴各位不远万里从美国来到本公司访问。各位知名人士莅临本公司，我们深感荣幸。

　　我公司全体员工将竭尽全力使各位的访问愉快且不虚此行。今天我们将向诸位介绍我们新建的工厂和研究中心。如果大家有什么问题，别客气，请尽管发问。

　　在此谨向各位表达我个人最诚挚的欢迎，并衷心期盼各位的来访将会卓有成效而且意义深远。

　　谢谢。

参考译文

Ladies and Gentlemen,

I am very happy that you have come all the way from America to visit our company. We are very proud and honored to have such a distinguished group of guests as you to our company.

Our staff and employees will do our best to make your visit comfortable and worthwhile. Today, we will introduce you our newly-built plant and research center. Please do not hesitate to ask if you have any questions.

I want to extend my warmest welcome to all of you, and sincerely hope that your visit here will be worthwhile and meaningful.

Thank you!

四、对外文稿常用句式表达

to hold/give/host a banquet in honor of ...　为……设宴洗尘
to make the toast　致祝酒辞
I propose a toast to our friendship.　我提议为我们的友谊干杯!
Here's to your success/health.　祝你成功/健康!
to bid farewell to.../to say goodbye to...　告别
distinguished guests　各位来宾/贵客/嘉宾
Best wishes for the holidays and happiness throughout the New Year.
恭贺新禧,万事如意!
Good luck and great success in the coming New Year.
祝来年好运,并取得更大的成就!

On the occasion of the New Year, may my wife and I extend to you and yours our warmest greetings, wishing you a happy New Year, your career greater success and your family happiness.

在此新年之际,我同夫人向你及你的家人致以节日的问候,并祝你们新年快乐、事业有成、家庭幸福!

对外文稿是企业公关文稿的重要组成部分,是企业对外交流、提升企业形象的重要媒介。本项目重点讲解邀请函及请柬、新闻稿、致辞的语言特点及翻译技巧,并介绍了对外文稿常用句式表达的翻译。

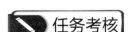

思考题

请思考中、英文对外文稿的语言特点及翻译技巧。

课后训练

一、翻译下列对外文稿常见词语。

1. call to order
2. adjournment
3. press conference
4. propose a toast
5. distinguished guest
6. 年会
7. 新闻稿
8. 就职辞
9. 开幕式
10. 道别

二、请翻译下列段落。

1. We have just concluded a journey through your remarkable country and we were deeply impressed. Traditionally, Americans admire progress and the People's Republic of China is an outstanding example of progress. You have experienced an amazing 70 years of national achievements.

2. Seen from the chart, the meat market used to be on the rise. With the dissemination of information about the H1N1 disease, the market started to fall, and then it plummeted due to media propaganda. It seems impossible that the meat market will show any likelihood of rocketing for a long period of time. According to our estimation, the market in some countries will increase by a small margin after a short time. But we are not sure whether it will decline again afterwards.

3. 大家好，感谢光临。今天上午我想谈谈未来汽车设计的趋势。

汽车市场将会进一步细分，新车型将会产生新的汽车分类，以满足顾客不断增长的多样化需求。首先我讲一下汽车的下一个潮流将是"交叉车型"，然后谈谈顾客对汽车的需求状况；最后，我还要向大家展示一下重要的汽车内饰。在我讲完之后，我也很愿意回答诸位的问题。

对外文稿特色词汇及典型句式翻译

一、特色词汇

代表　on behalf of　　　　　　　以……名义　in the name of
在座的各位　everyone present here　友好问候　friendly greeting

美好祝愿　best wishes
兼并　incorporate/merge
充满活力　full of vitality
好客　hospitality
与……缔结新的纽带　forge new ties with
文化交流　cultural exchange
议事日程　agenda
可持续增长　sustainable growth
继续进行开诚布公的对话　sustain an open dialogue

自主经营　run the enterprise on its own
有中国特色　with Chinese characteristics
配套设施　accessory facility
热情欢迎　gracious welcome
互惠互利　mutually beneficial
经济复苏　economic recovery
核心原则　core principle
寻求合作　pursuit of cooperation

二、典型句式

1. 借鉴　draw experience from
2. 向……表示热烈欢迎　extend one's warm welcome to
3. 向……表示衷心感谢　convey one's sincere gratitude to
4. 远道而来　come from afar
5. 借此机会　take this opportunity
6. 请允许我……　Please allow me…
7. 我谨……　I'd like to…
8. 我很荣幸……　It is a great honor for me/I feel honored to…

任务 11.2　英汉翻译技巧之词序调整

试比较下列译文哪一句更合适，并分析原因。

1. I can not bear the sight of that man.
   译文 1：我无法忍受看见那个人。
   译文 2：我一看到那个人就难受。

2. It is a document which must be considered as positive support for the Second United Nations Development Decade.
   译文 1：这个文件必须被看作对第二个联合国发展十年的积极支持。
   译文 2：这个文件必须视为对联合国第二个发展十年的积极支持。

词序又称语序，指的是句子中各个词或成分排列的先后次序。在很多情况下，无论是在汉语还是在英语中，某个单词或短语在句子中的语法功能往往取决于它在句子中所处的位置。

英汉对比研究表明，这两种语言中主要成分的语序大体一致，正常的语序皆遵循"主语+谓语+宾语(或表语)"的规则。但是，由于表达习惯和排列规则的差异，两种语言在词序方面有许多不同之处，这就要求在英汉翻译中对词序加以必要的调整或改变，以使译文更加通顺、自然。词序调整不仅是使译文更加符合目的语表达习惯的重要技巧，也是避免译文产生歧义的必要手段。

下面着重探讨英汉翻译中需要调整词序的几种情况：定语、状语、插入语、英语的倒装结构、平行成分。

一、定语词序调整

英语中的定语种类繁多、形式不一。其可以由单词、短语或从句担当，也可以置于所修饰的中心词之前或之后。相比之下，汉语中定语的形式与种类相对简单，位置也相对单一，一般都放在所修饰的中心词之前。英汉翻译时，有时可以保持定语在原句中的次序，但是在许多情况下需要依照英、汉不同的排列规则对定语的次序进行必要的调整。

(一) 单词后置定语词序的调整

英语中一些以单词构成的后置定语译成汉语时，一般置于所修饰的中心词之前。这类后置的单词定语主要包括以下内容。

1. 一些以"-able"或"-ible"结尾的形容词

   This is the only reference book <u>available</u> here on the subject.
   这是这里唯一<u>能找到的</u>有关该题目的参考书。

   How much cash is tied up in accounts <u>receivable</u> and for how long?
   有多少现金被搁置在<u>应收</u>账户上？搁置多久？

2. 一些表示时间、地点的副词

   The meeting <u>yesterday</u> was broken up by the sudden entrance of a mob.
   <u>昨天的</u>会议由于一群暴徒突然闯入而中断。

   The strong dollar <u>abroad</u> has reduced exports and increased imports.
   <u>国外</u>美元坚挺已使出口下降，进口增加。

   The social system <u>there</u> has undergone great changes for the past few years.
   过去几年里，<u>那里的</u>社会制度经历了巨大的变革。

3. 修饰由 some, any, no, every 等构成的不定代词的定语

   To design means making the drawing of something <u>new</u> according to a plan.

设计就是按方案画出某种新东西的图样。

If there is anything wrong with the car, call for maintenance.
如果汽车出了什么毛病，找维修工来。

He wanted to get someone reliable to help with the work.
他想找一个可靠的人帮忙做这项工作。

She can see nothing remarkable in her boss.
她看不出老板有任何出众的地方。

(二) 两个或两个以上前置定语词序的调整

两个或两个以上的形容词(或名词)共同修饰一个中心词时，通常中英文都可放在中心词之前，并且修饰语意义越具体，就越靠近中心词，但是这种前置定语在两种语言中的基本排列规则差异很大。一般而言，英语中由两个或两个以上的单词作前置定语时，其词序安排的基本原则是由词义范围小的到词义范围大的、由次要的到重要的、由程度弱的到程度强的、由一般到专有。然而，汉语中这类前置定语的词序排列则往往相反。因此，英汉翻译时经常需要对原文中这类定语的词序加以调整。下面我们先比较下列英汉短语中定语的词序。

practical social activities	社会实践活动
a small round wooden table	一张木制小圆桌
the two good-natured, old, English gentlemen	两位善良的英国老人
a big white stone building	一幢白色的石头建成的大楼
a powerful, industrial, socialist country	社会主义工业强国

接下来，我们看下列例句中共同修饰一个中心词的两个或两个以上前置定语在中英文里的次序。

The theoretical maximum value is unattainable.
最大理论值达不到。

The solution is to globalize major Australian corporations.
解决的办法就是将澳大利亚的主要公司推向全球。

They endeavor to produce more and better products to meet the growing home and world market needs.
他们努力生产更多、更好的产品，以满足国内外市场日益增长的需要。

The property is of fundamental spiritual and cultural value to such countries.
这种财产对这些国家具有思想与文化的根本价值。

(三) 中心词兼有前置定语和后置定语时，定语词序的调整

英汉句子中，假若某个中心词既有前置定语，又有介词短语、分词短语或不定式短语作后置定语，译成汉语时，一般须将后置定语调整为前置定语，而原有的前置定语的位置则需要视具体情况而定。例如：

The old professor in spectacles is the head of the English Department.
那个戴眼镜的老教授是英语系主任。

APEC will face different problems arising from growing up.
亚太经济合作组织将面临发展过程中出现的各种问题。

To lift something is the easiest possible way to give something energy.
举起物体是给某物以能量的最简便的方法。

(四) 定语从句词序的调整

英语中的定语从句无论是限制性的还是非限制性的，一般均置于所修饰的中心词之后。译成汉语时，往往将(较短的)限制性定语从句译为前置定语，较长的或非限制性定语从句则须视具体情况，根据汉语的表达习惯，大多置于中心词之后，译成并列的分句或独立的句子。下面我们着重举例说明将英语定语从句调整为前置定语的情况。

Everything that is around us is matter.
我们周围的一切都是物质。

It may call the attention of the Security Council to situations which are likely to endanger international peace and security.
它会提请安理会注意那些足以危及国际和平与安全的形势。

He was one of the earliest English grammarians who paid attention to this problem.
他是最早注意到这一问题的英语语法学家之一。

二、状语词序调整

在英语句子中，状语是个十分复杂的句子成分，可由单个副词、短语、从句担任，用以表示行为动作的时间、地点、方式、手段、原因、结果、目的等。英语状语的位置远比定语更加灵活，可以位于句首、句尾、谓语动词的前后等。译成汉语时，有些可以保持其原有次序，但是在更多的情况下，需要对原文中的状语位置加以调整，以使译文更加符合汉语的表达习惯。

(一) 后置状语调整为前置状语

如前所述，英语状语的位置非常灵活。按照汉语的表达习惯，状语往往前置。汉译时，经常需要将后置状语变为前置状语。这种调整不仅针对用作状语的单个副词或一些短语，而且同样适用于一些状语从句。例如：

I remember having seen him somewhere.
我记得在哪儿见过他。

She looked at her rival with freezing eyes.
她冷冰冰地看着对手。

He is a responsible man in spite of his shortcomings.

他尽管有缺点，却是一个负责的人。

There isn't such a word in English <u>so far as I know</u>.
据我所知，英语里并没有这样一个词。

Send us a message <u>in case you have any difficulty</u>.
<u>万一有什么困难</u>，请给我们发消息。

(二) 一个句子中同时出现几个状语时的词序调整

在英汉两种语言中，同一个句子里常常包含几个状语。但是，这些状语在英汉两种语言中的排列次序却不尽一致。英语中状语的排列次序一般是"方式状语—地点状语—时间状语"。汉语中，这些状语的次序往往相反，即为"时间状语—地点状语—方式状语"。因此，汉译时，应当根据汉语的次序加以适当的调整。例如：

We ate <u>to our heart's content at her home last Sunday</u>.
我们<u>上个星期天在她家饱餐</u>一顿。

They conducted a scientific experiment <u>successfully on the moon early last year</u>.
他们<u>去年年初在月球上成功地</u>进行了一项科学实验。

Professor Johnson works <u>industriously</u> at ninety-two natural elements <u>in his laboratory every day</u>.
约翰逊教授<u>每天在实验室里孜孜不倦地</u>研究 92 种天然元素。

(三) 一个句子中同时出现两个(或更多的)时间状语或地点状语时的词序调整

英语句子中，假若同时出现两个(或更多的)时间状语或地点状语，通常是代表较小单位的状语在前，代表较大单位的状语在后。而在汉语中，一般是单位越大越在前，单位越小越靠后。因此，在英汉翻译过程中，应针对两种语言的这种差异，对原文的状语进行适当的调整。例如：

This contract was signed in New York on <u>August 8, 2020</u>.
该合同于 <u>2020 年 8 月 8 日</u>在纽约签订。

For further detail, contact: <u>International Language Center, 86 York, London.</u>
欲知详情，请联系：<u>伦敦市约克街 86 号，国际语言中心</u>。

三、插入语词序调整

英语中的插入语和状语比较相近。两者的主要区别在于，插入语通常与句中其他成分在语法上并无十分密切的联系，将其省略，句子仍然成立。插入语一般用逗号与句中其他部分隔开，常用来对全句加以说明，表示作者或说话者对句子表达内容的看法，或者用以对其内容作补充说明等。插入语既可以是单个的词，也可以是一个短语或句子，其位置可在句首、句中或句尾。译成汉语时，有些插入语，尤其是位于句首的插入语，可保持原文中的词序。然而,在许多情况下,需要对其词序作必要的调整,如将位于句中、句末的插入语译至句首,以便使译文符合汉语的词序排列习惯。例如:

China, in fact, has caught up with and surpassed the world advanced levels in many respects.
事实上,中国已经在许多方面赶上和超过了世界先进水平。

She's not quite fit for this kind of work, if I may say so.
如果我可以这样说的话,她做这工作不怎么太合适。

A compound, as we know it, results from the chemical union of two or more elements.
据我们所知,化合物是由两个或两个以上元素化合而成的。

四、倒装句词序调整

英语句子主要成分的排列次序一般为"主语—谓语—宾语(或表语)"。但由于语法、修辞或句子结构等方面的原因,句子成分的这种基本词序有时会发生变化,出现所谓的"倒装词序"。就英汉翻译而言,由于一定的语法结构需要而倒装的句子,如疑问句、感叹句等的汉译并无太大困难。而为了强调或其他修辞目的而故意颠倒词序的倒装句的汉译则存在一定的难度,翻译这类倒装句时,要正确辨认处于各个位置的句子成分的语法功能,以确保对全句内容的准确理解。然后,根据汉语的表达习惯,对倒装句进行顺序翻译或对原有的词序适当地加以调整,以使译文更加地道自然。例如:

What they were asked to do in ten days, they finished in two.
让他们花费十天做完的事,他们两天就做完了。

Something we gladly remember; others we gladly forget.
有些事我们高兴牢记,有些事我们乐得忘却。

Bang came another shot.
砰的一声,又传来一声枪响。

Only after they had performed hundreds of experiments did they succeed in solving the problem.
只有在做了几百次试验以后,他们才把这一问题解决了。

Little do we suspect that this district is rich in mineral resources.
我们不怎么怀疑这个地区矿产资源丰富。

Our society has changed and so have the people in it.
社会变了,人也变了。

五、并列成分词序调整

句子中有几个成分并列出现时,英语和汉语的排列次序有时差异很大。英语中并列成分的词序一般按照逻辑上的轻重、前后、因果或部分与整体的顺序安排,而汉语则通常将较大、较强、较突出或给人印象较深的成分前置。试比较下列英汉对应词组中并列成分的词序：

iron and steel industry 钢铁工业
elementary and secondary schools 中小学
private and public 公私
enterprises of small and medium sizes 中小型企业
flesh-and-blood characters 有血有肉的人物
quick of eye and deft of hand 手疾眼快
land and water communication 水陆交通
heal the wounded and rescue the dying 救死扶伤
food, clothing, shelter and transportation 衣食住行
track-and-field athletes 田径运动选手
north, south, east and west 东南西北
face the world and brave the storm 经风雨，见世面

知识小结

词序调整是英汉翻译的主要技巧之一。英汉两种语言中主要成分的语序大体一致，正常的语序皆遵循"主语＋谓语＋宾语(或表语)"的规则。但是，由于表达习惯和排列规则的差异，两种语言在词序方面有许多不同之处，在英汉翻译时还需要进行必要的调整或改变，主要包括定语、状语、插入语、英语倒装结构、并列成分的调整。

任务考核

思考题
请思考英汉翻译中哪些句子成分需要调整以及调整的方法。

课后训练
将下列句子译成汉语，注意词序的适当调整。

1. The work obtainable equals that expended. (定语词序调整)
2. Atomic energy is the greatest source of energy existing. (定语词序调整)
3. From the Survey Report issued by the Commodity Inspection Bureau here, you will see that there is a shortage of 868 kilos. (定语词序调整)
4. In 1926 Robert fired the world's first liquid-fueled rocket after years of trial, error, and trial again. (状语词序调整)
5. His speech was reported at length in the newspaper. (状语词序调整)
6. Having failed to receive the letter expected from home, the freshman turned away

disappointed. (状语词序调整)

7. This, in my opinion, is only one of the minor issues. (插入语词序调整)
8. I'd really rather not go, if you don't mind. (插入语词序调整)
9. Were there no steel, there would be no modern industry. (倒装句词序调整)
10. The higher the temperature of the air, the more water vapor can it absorb. (倒装句词序调整)

一、试将下面致辞翻译成英语，体会对外文稿的语言特点及翻译技巧。

尊敬的各位领导、各位来宾、朋友们、女士们、先生们：

今天我们很高兴在这里欢聚一堂，在金秋十月美丽的天津参加这次庆典活动。我谨代表我公司全体同仁向华美广告公司成立十周年表示最热烈的祝贺。同时，我也想对华美公司对我方的邀请表示衷心的感谢。很高兴有机会在这里与不远万里参加此次活动的尊贵的来宾和朋友相聚。

二、试译下列句子，体会词序调整的翻译技巧。

It was sharply different from the west, where an evening was hurried from phase to phase toward its close, in a continually disappointed anticipation or else in sheer nervous dread of the moment itself.

作为一名翻译公司的商务翻译，项目主管要求你翻译客户的新闻稿，同时总结公司对外文稿翻译技巧及英汉翻译词序调整的翻译技巧，并举例说明。

修辞的翻译Ⅱ

学生可扫描获取"修辞的翻译Ⅱ"相关资料。

项目12 商务信函翻译与英汉翻译技巧之长句翻译

能力目标

1. 能够正确翻译商务信函常用词汇和句型；
2. 能够熟练翻译各类常见商务信函；
3. 能够灵活运用长句翻译技巧进行英汉翻译。

知识目标

1. 了解商务信函的行文方式、格式和文体特点；
2. 掌握商务信函的常用翻译技巧；
3. 熟练掌握长句翻译技巧。

素质目标

通过商务信函翻译的学习体会礼貌、得体的翻译原则，培养跨文化交际能力。

知识结构图

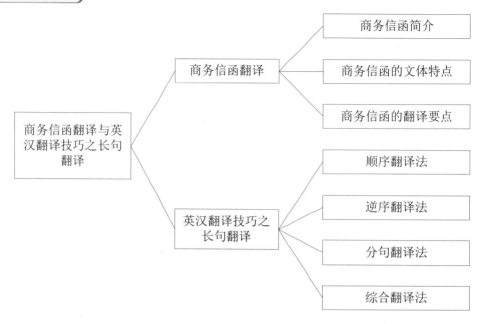

任务 12.1　商务信函翻译

任务引入

阅读以下商务信函并思考写此信函的目的、信函的格式、语言特点。

Dear Sirs,

　　We have received with thanks your letter dated March 17, 2021 and wish to extend you our warm welcome for your desire to establish business contacts with us.

　　We are a state-operated enterprise, and wish to carry on trade with manufactures and merchants of all countries on the basis of equality and mutual benefit for the development of commercial relations with people of different nations.

　　In compliance with your request, we are enclosing here with our catalog and a range of pamphlets for your guidance.

　　If you find any of the articles illustrated in the pamphlets of interest, please let us have your specific inquiries so as to enable us to send you our quotations.

Yours faithfully,
×××

学习任务

　　随着全球经济一体化进程的不断加快，国际商务活动日趋频繁，商务信函作为商家、厂家及客户间彼此联系业务、沟通商情、咨询答复的主要途径和工具,越来越受到重视,已经成为国际贸易与国际交往过程中必不可少的沟通交流方式。得体、规范的商务信函翻译有助于与外商建立并保持良好的业务关系。

一、商务信函简介

(一) 商务信函的定义

商务信函(business letters)是商务活动中书面交流信息的主要手段之一,是人们互相联系、彼此交往、交流思想、沟通信息、洽谈业务所使用的一种应用文,对公司树立良好形象有着极为重要的意义。商务信函涉及商务活动的各个环节,贯穿商务活动的始终,内容广泛,通常包括建立业务关系(establish business relationship)、询盘(inquiry)、发盘(offer)、还盘(counter-offer)、受盘(acceptance)、订货(placing orders)、保险(insurance)、装运(shipment)以及索赔(claim)等方面。

(二) 商务信函的构成

1. 英语商务信函的构成

英语商务信函一般由基本部分和可选部分组成。

基本部分,即在一般情况下不可缺少的部分,包括以下内容。

(1) 信头(letterhead)。信头是指发信人的公司名称、公司地址、邮政编码、电话号码、传真号码等。通常情况下,公司都会专门印制带有信头的信笺纸。

(2) 日期(date)。日期不能完全采用数字的形式,如 8/5/2017,通常月份应用英文拼写。日期可以采用美式"月日,年"的形式,如"April 20, 2017",也可以采用英式"日月年",如"18 July 2017"的形式。

(3) 封内地址(inside address)。封内地址指收信人的姓名和地址。收信人名称、地址的格式和信头的格式相同,但必须把收信人的姓名一并写出。

(4) 称呼(salutation 或 greeting)。较常使用的称呼有 Dear Sir, Dear Madam, Dear Mr. ××等。

(5) 信的正文(body of the letter)。信的正文是信的主体。

(6) 结束礼词(complimentary close)。结束礼词是结束信函时的一种客套,应该与前面的称呼相呼应。例如:"Sincerely,""Best regards,""Yours truly,"。

(7) 签名(signature)。其为可选部分,即根据实际需要而选加的部分,包括:

① 附件(enclosure),简写 Enc(l). ② 再启(postscript),简写 P.S.
③ 经办人姓名(attention line) ④ 事由(subject 或 heading)
⑤ 查号或参考编号(reference No.) ⑥ 抄送(carbon copy notation),简写 C.C.

2. 中英文商务信函结构方面的异同及现代英文商务信函的主要格式

中、英文商务信函格式大致相同,只是日期的位置不同,英文信函放在信件开头,而中文信函日期放在信件结尾处。商务信函在篇章结构和行文风格上都有具体要求。

现代英文商务信函主要有三种格式。

(1) 缩行式。将日期置于信的右上角，签名在信的正下方的中间偏右。封内地址的第二行及后续行都比前一行缩进2～3个字母。此外，信的正文每段开头一般也缩进3～5个字母(同一封信中缩进的字母数应一致，如要缩3个都3个，缩5个都5个)。采用缩行式，能使整封信看起来平衡美观。

(2) 平头式。信上的所有文字，包括日期和签名，都从信的左边开始，一律不缩行。各段之间空一行，以示分段。每行对齐，呈一垂直线，因此这种格式也称作垂直式。采用这种格式，打字时就免除了在另起一段时计算左边应留空格的麻烦。

(3) 折中式，亦称混合式，即综合采用上述两种格式。这种格式的信头、封内地址、日期和结束敬语的书写位置与缩行式基本相同，正文开头也无须缩行。

以上三种格式在日常商务信函中都可采用。选用哪种格式主要取决于写信人的偏好与习惯。但是，同一家公司或企业的所有涉外商务函件，其格式应尽量保持一致。

(三) 商务信函的语篇特征

商务信函通常具备以下7个特点，简称为7Cs原则，即完整(completeness)、具体(concreteness)、清晰(clarity)、简洁(conciseness)、礼貌(courtesy)、体谅(consideration)、正确(correctness)。

二、商务信函的文体特点

(一) 词汇特点

1. 用词规范正式

正式词汇、基本词汇和非正式词汇并存，且使用正式词汇和中性词汇的情况较多，充分体现了其规范、正式、公事公办的特性。

常以意义相同或相近的书面词语代替基本词汇和口语词汇。例如：以 inform/advise 代替 tell，dispatch 代替 send，otherwise 代替 or；以介词短语代替简单的介词，如以 as for/ in connection with/in respect/with regarding to 代替 about 等。例如：

We are pleased to advise you that your order No. 105 has been dispatched in accordance with your instruction.

我们高兴地通知你们：第105号订单已遵照你方指示运出。

2. 表意准确、专业性强

商务信函中大量使用专业术语、外来词、缩略语，同时注意一般词语在商务英语语境中的特殊用法。

专业术语如 insurance policy(保险单)、coverage(保险项目)、premium(保险费)、establishment(开证)、bid(递盘)、counter-offer(还盘)、surcharge(附加费)、proforma invoice(形式发票)、L/C(信用证)等。缩略语如 Re (regard，关于)、ACDG (according，按照)、ASAP (as soon as possible，尽快)等。

长期的函电交往使人们在使用术语上达成共识，本来意义相差很大的词汇在特定语言情境中所表达的含义却是相似的，如：

offer/quotation　　报价，发盘

pamphlet/brochure/booklet/sales literature　　宣传册，说明材料

shipment/consignment　　所发出的货物

financial standing/reputation/condition/position　　资信财务情况

fulfill/complete/execute an order　　执行订单

a draft contract/ a specimen contract　　合同样本

商务信函还常用一些简单的客套语，如表示告知的 we are pleased to inform you (特此奉告)，表示陈述的 as stated below (如下列所述)，表示收悉信函的 we acknowledge receipt of your letter, 表示感谢的 we would be obliged/grateful 或 we would appreciate 等。例如：

We have pleasure in acknowledging receipt of your esteemed favor of the 8th May.

敬悉贵公司 5 月 8 日来函。

3. 常用古体词

英语商务信函中经常使用 here、there 和 where 加上 after，by，under，to，with，from，in 等组成复合副词，如 hereafter，hereby，herewith，thereafter，thereby，thereunder，thereto 等。虽然在口语中极少用到，但在外贸英语信函中会经常出现。比如：

Enclosed please find the quotation sheet. All offers and sales are subject to the terms and conditions printed on the reverse side hereof.

随函附上报价单，所有报盘和销售均应以本报价单背面所印条件为准。

在本句中，"hereof"等于"of the quotation sheet"。将这些古体词翻译成汉语时，也要对应使用一些正式词汇。一般要重复"here"或"there"代表的名词。

(二) 句法特点

商务信函大量采用固定、完整且正式的句型。复合句结构复杂，表达完备周密；简单句结构简单，简洁明快。

1. 句式正规完整

作为一种正式书面英语，其从句层次复杂，长句的使用通常高于非正式英语。频繁使用复合句、分词短语、不定式短语、插入语、同位结构等是商务英语信函的句式特点之一。

In our trade with merchants of various countries, we always adhere to the principle of equality and mutual benefit. It is our hope to promote, by joint efforts, both trade and friendship to our mutual advantage.

在我方同各国商人的贸易中，一贯坚持平等互利的原则，希望通过双方努力促进对彼此互利的业务和友谊。

2. 多用陈述句

商务信件中较多使用陈述句，有时用祈使句表示请求、劝告、命令等，用倒装句表示发函的一方随函寄上某材料，或表示一种将来的不确定的可能性。很少使用表示强烈感情的感叹句。例如：

If you cannot accept, I'm afraid we shall have to return them for replacement.

如果贵方无法接受，我们恐怕将不得不退货，要求替换。

该例句是向对方提出某种要求，写信人在例句中用"I'm afraid"结构以委婉的方式向对方提出要求，语气上使人容易接受。

Please look into the matter at once and let us have your definite reply by cable without any further delay.

请立即调查此事，并尽快电告确切答复。

该例句用"please"引出句子，给收函人一种委婉的敦促，使对方更容易接受发函人的要求，同时体现了发函人的礼貌。

Should you require further information, please do not hesitate to contact us.

若需详情，敬请联系。

此类倒装句出现在商务信函中，翻译时一般采用条件句，起到了较好的强调效果。

3. 状语位置独特

按英语写作的一般规律，主谓语之间不能放置较长的状语，但在商务函电英语中，较长的状语经常出现在主谓语之间。

The Contractor shall, <u>if called upon so to do</u>, enter into and execute the Contract, to be prepared and completed at the cost of the employer, in the form annexed to these conditions with such modification as may be necessary.

<u>在被邀签约时</u>，承包人应同意签订并履行合同，该合同是由业主按照本合同条件所附格式拟定，如有必要，可对其进行修改。该合同的拟定和签订费用由业主承担。

在一般文体的状语从句中，if，when，in case 等连词与从句的主语之间一般不能放置状语，但函电的状语从句却可以这样做。

If, <u>after 30 days from the commencement of such informal consultations</u>, the parties fail to resolve amicably a contract dispute, either party hereto may require that the dispute be submitted to arbitration for resolution.

<u>在非正式协商开始 30 天后</u>，如果双方仍不能友好地解决合同争端，任何一方都可以要求将争端提交仲裁解决。

三、商务信函的翻译要点

商务信函的翻译本质上属于语篇层次的翻译，要求综合运用相关的翻译方法和技巧，如词类转换、语序调整等。同时，商务信函不同于其他文本，还必须结合自身的特点进行翻译。

(一) 遵循"忠实、通顺"的翻译标准

1. 应当准确、忠实地再现原文信函的思想内容及风格特征

准确达意、简洁明了是英文商务信函的基本特征。合格的译文应具备这些特征。例如：

We shall be obliged to establish the relevant L/C on the condition that You agree to insert in the contract "Transshipment Allowed".

如贵方同意在合同中加入"允许转船"条款，我方将开立相关信用证。

In view of the amount of this transaction being very small, we are prepared to accept payment by D/P at sight (at 60 days' sight) for the value of the goods.

鉴于此次交易的金额小，我方拟同意以即期(或见票60天后)付款交单方式支付货款。

This price is FOB Shanghai.

这个价格是FOB上海价(上海港离岸价)。

2. 尽量按照译文读者习惯使用商务术语翻译

例如：我们可以把"offer"翻译为"提供、建议"，但在特定的书信中，"offer"则只能翻译为"要约、发盘"，相应的"offerer"和"offeree"就是"要约人"和"受要约人"。再如：

We have received your letter of July 1, enquiring about the best terms of the goods.

已收悉贵公司7月1日就优惠条款询盘的来函。

"enquiring"是一个专业术语，汉译为"询盘"。同时，为了简洁，译文省略了主语。

I have received your price list, and shall be glad if you send me the goods by rail as early as possible.

价格表已收悉，若能尽早以铁路发运货物，当不胜感激。

"price list"是一个专业术语，汉译为"价格表"。同时，为了简洁，译文省略了主语和宾语的人称代词。

3. 应当重视英语和汉语两种语言在结构程式和表达方式方面存在的差异

灵活运用各种翻译技巧使译文既准确地表达原文内容，又符合译入语的表达习惯。例如：

We are pleased to advise you that your order No. 1245 dated October 1, 2020 has now been put on the No.888 Guangzhou-Bangkok express. Enclosed is consignment note No.20201001 which should be presented on collection. Thank you for your order.

我方很高兴通知贵方，你方2020年10月1日1245号订单所订货物已由888号广州至曼谷快车装运，随函附上20201001号发货通知书，提货时请出示。感谢贵方订购。

"Enclosed is consignment note No. 20201001 which should be presented on collection"采用了拆译法，翻译成"随函附上20201001号发货通知书，提货时请出示"，而不是"随函附上提货时须出示的20201001号发货通知书"。另外，"order No. 1245"此处增加了"所订货物"，因为不可能把订单交列车装运，而是"订单所订货物"。

(二) 注意信函结构程式化的翻译

英汉两种语言在信函结构程式上有一定的差别。如收(寄)信人的地址、写信时间及它们的位置都是不一样的，需要我们在翻译时作适当的调整。例如：把英语地址按由小到大的顺序译为汉语由大到小的顺序，或者有时根据汉语的习惯把地址栏省去；把时间也由英语当中日/月/年或月/日/年的顺序改译为汉语中年/月/日的顺序。例如：

1. John Wanamaker
   68 Fifth Street
   Philadelphia 11
   U.S.A
   美国费城第十一邮区第五大街68号 约翰·华纳麦克先生

2. November 3, 2020
   2020年11月3日

(三) 运用套译的翻译方法

不论英语的商务信函还是汉语的商务信函，里面都有许多套语，在翻译时套用即可。

1. 称呼语的套译

英语商务信函的称呼开头常用"dear"一词表示友好或礼貌，但是这和私人信函中的my dear, dear Mary等不同，不宜翻译成"亲爱的……"，最好根据汉语习惯译成"尊敬的……"或"敬启者"。在英文商务信函中使用最普遍的称呼套语是Dear Sir/Sirs(用于男性)，Dear Madam或Ladies(仅用于女性)或者Gentlemen(仅用复数形式，可单指男性，也可男女合指)等，可套用汉语的称呼套语"敬启者，尊敬的阁下、先生(女士/夫人)"。

2. 结束礼词的套译

结束礼词的表达方式有很多，例如Yours faithfully, Faithfully yours, Yours truly, Best regards, Sincerely, Best wishes, Yours sincerely, Kind regards等。它们可以直接套译为"谨上、敬上、谨启、顺致敬意"等，而不能直接按照字面意思进行翻译。

3. 信函正文中一些敬辞和谦辞的套译

英语商务信函中频繁使用appreciate, esteem, favor, grateful, kindly, oblige, please, pleasure, Allow us ..., Permit us to..., May we ...等。而汉语中常用的一些敬辞包括"您鉴、贵方、贵国、贵公司、阁下、敬复、敬悉、惠请、惠函、惠顾、赐复、奉告、承蒙、恭候"等；常见的一些谦辞包括"敝人、敝公司、敝处、卑职、愚见、拙见、拙作、拜读、过奖"等。在翻译时应当采用功能意义相当的礼貌词语套译。例如：

We have pleasure in acknowledging receipt of your esteemed favor of the 8th May.
敬悉贵公司5月8日来函。

Kindly provide us with all possible information on your market.
惠请告知你方市场详情。

4. 英语商务信函结尾套语的套译

序号	原文	原译	改译
1	Your favorable information will be appreciated.	我们期望得到你们的好消息。	恭候佳音！
2	Your early reply will be highly appreciated.	我们将会十分感激你们的早日答复。	如蒙早复，不胜感激！
3	Awaiting your immediate reply.	等候你们的早日回信。	请即复！

原译虽说没有曲解原文的意思，但却行文啰唆，有失汉语书信的语言风格，可采用汉语的客套话进行翻译。

(四) 注意一词多义现象

此处以"commission"一词为例。

Please let us have your quotation in USD on the basis of CIF Port Shanghai including our 5% <u>commission</u>.

请用美元报上海港到岸价，包括我方5%的<u>佣金</u>。

The decision made by the Arbitration <u>Commission</u> shall be regarded as final and binding on both parties.

仲裁<u>委员会</u>的决定应视为终局。

商务信函已经成为国际贸易与国际交往过程中必不可少的沟通交流方式。得体、规范的商务信函翻译有助于与外商建立并保持良好的业务关系。本项目介绍了商务信函的定义、构成、语篇特征、文体特点以及翻译技巧。

思考题

请思考中英商务信函的语言差异。

课后训练

一、请将下列商务信函常用语句翻译成中文。

1. We should be glad to hear at your earliest convenience the terms and conditions on which you are prepared to supply.
2. We have seen your advertisement in the Business World and would be pleased to have your catalog and price lists of your KV-180 Printers.
3. Please find enclosed a full specification of our products.

4. With an eye to our future business, we'll agree to change the terms of payment from L/C at sight to D/P at sight.

5. We are sorry to inform you that the listed terms of payment do not correspond to our customary business practice.

6. Please ship the first lot under Contract NO. 45379 by s.s. "WUXI" scheduled to sail on or about July 5.

二、请翻译以下商务信函。

1.

Gentlemen,

  Sub: Automobile DVD Players

  We are the manufacturers of BM cars and coaches. Our company is a subsidiary of BM Inc. of Houston, Texas. We are seeking an alternative supplier of automobile DVD players to equip our cars and coaches. As far as we are aware you do not have a local distributor of your products in this country.

  A full specification of our requirements is given on the attached sheet.

  Quantity required: 2500 sets

  Delivery: by 20 April, 2020

  Please quote us your best CIF Laredo price, giving a full specification of your products. We would need to have samples of the players to test in our laboratories before placing an order.

  We usually deal with new suppliers on the basis of payment in US dollar by confirmed irrevocable sight letter of credit.

  If your laboratory tests are satisfactory and you can provide us with a good price and service, we will be happy to place more substantial orders on a regular basis.

  We look forward to receiving an early reply to this inquiry.

Yours truly,
John P. Rogers
Purchasing Manager

2.

敬启者：

  贵方9月10日询价函已收悉，首先对贵方有兴趣购买我方皮鞋和手提包表示感谢。

  今天将寄往你处一份配有插图的出口产品目录。

  我方所提供的产品均用优质皮革制成。鲜艳的色泽、优雅的设计，加之精湛的制作工艺，使这些产品必能满足贵方市场流行的需求。

  我公司有一位代表目前正在香港。他下星期将去贵处拜访，并随带我们手工制作的全套样品。他已被授权与贵方商讨订货条款或谈判签订合同。如蒙贵方给予他建议和协助，我们将不胜感激。

敬上

项目12　商务信函翻译与英汉翻译技巧之长句翻译

 知识链接

商务信函和单证常用术语

一、商业单据类

invoice　发票	commercial invoice　商业发票
proforma invoice　形式发票	specification　规格
quantity　数量	gross weight　毛重
net weight　净重	packing and measurement　包装及尺码
marks and nos　唛头及件数	country of origin of goods　产品原产国
packing specification　包装明细单	packing list　装箱单
bill of lading　提单	carrier　货物承运人
shipper/consignor　托运人	transferee　受让人
holder　持有人	shipped on board B/L　已装船提单
clean B/L　清洁提单	port of loading　装货港
port of discharge　卸货港	shipping advice　装船通知
cargo receipt　承运货物收据	airway bill (简称 AWB)　空运单
insurance policy　保单	insurer　保险人
insurance broker　保险经纪人	all risks　一切险

free from particular average　(简称 FPA)平安险
currency of settlement　结算货币名称
number of original B/L　正本提单份数
declared value for carriage　运输申报价值
exporter's name and add.　出口商姓名和地址
consignee's name and add.　收货人姓名和地址
with particular average　(简称 WPA 或 WA)水渍险
means of transport and route　装运工具及起讫地点

二、公务证书类

inspection certificate　检验证明书	certificate of origin　产地证明书
GSP Form A　普惠制产地证	rules of origin　产地规则
import/export license　进口/出口许可证	generalized system of preference　普惠制

inspection certificate of quality/quantity　品质/数量检验证书
import/export cargo declaration　进口/出口货物报关单

任务 12.2　英汉翻译技巧之长句翻译

任务引入

试比较下列句子的两种译文,分析哪个译文更符合汉语的表达习惯,说明原因。

1. There are wonderful stories to tell about the places I visited and the people I met.
   译文1:有许多奇妙的故事可以讲关于我访问的一些地方和遇见的不少人。
   译文2:我访问了一些地方,遇见了不少人。要讲起来,奇妙的故事有许多。
2. Eventually, more as a last hope than with any real confidence in a result, a sub-committee was formed to try to reconcile differences between them.
   译文1:最后,更多地作为最后的希望,而不是对结果真正有信心,便成立了一个小组去调和他们之间的分歧。
   译文2:最后,成立了一个小组,试图调和他们之间的分歧,这是最后一点希望,其实人们对其结果并不真正抱有信心。

学习任务

英语长句的翻译之难主要是因为它包含多个短语或从句,句子结构复杂。要想将这种结构复杂的句子翻译成汉语,必须先透彻理解原文。理解英语长句时,可以采取以下步骤:首先,在通读全句的基础上,根据主语和谓语动词的数目及有无连词来确定句子的类型是简单句、并列复合句、主从复合句或由多个从句和分句组成的复杂句;其次,找出长句中每个从句或分句的主要成分(主语和谓语),并进一步判明各次要成分(定、状、补、同位、插入语)与主要成分之间的关系;最后,判断各从句或分句之间的并列或主从关系,并注意它们的时态、语气和语态及是否有强调或省略等。尽管英语长句结构复杂,但并非完全无规律可循。针对英语修饰语多且位置灵活、连接成分多、层次迭出、句式冗长的特点,翻译时可从调整句子长度、重新安排语序这两个方面入手。长句译法主要包括顺序翻译法、逆序翻译法、分句翻译法和综合翻译法。

一、顺序翻译法

有些英语长句所叙述的动作或内容基本是按动作发生的时间先后或内容的逻辑关系安排,这与汉语基本一致,翻译时可按照原文顺序译出。例如:

The global economy that boomed in the 1960s, growing at an average of 5.5 percent a year, and pushed ahead at a 4.5 percent-a-year rate in the mid-1970s, simply stopped growing in 1981—1982.

世界经济在20世纪60年代很繁荣,平均每年以5.5%的比率增长,到了20世纪70年代中期仍以平均每年4.5%的比率增长,但是从1981年到1982年却完全停止增长了。

A water supply for a city usually includes a storage reservoir at the source of the supply, a pipeline from the storage reservoir to the distribution reservoir near the city, and finally the distribution pipes buried in the streets, taking the water to the houses, shops, factories and offices.

城市供水系统通常包括位于水源的蓄水池,连接蓄水池和城市附近配水池的管线,最后还包括埋在街道地下的配水管道,把水送到住户、商店、工厂与机关。

从上面的例子可以看出,这种英语长句的叙述层次与汉语基本一致,因此采取顺序翻译法。

二、逆序翻译法

逆序翻译法又称变序译法。如果英语长句的时间顺序或逻辑关系等叙事层次与汉语不相一致,往往需要改变原文语序,甚至逆着原文语序翻译,以使译文更加符合汉语叙事的习惯。在汉译英语长句时,常常会对很多句子结构做变序处理,这可能既包括作定语或状语的短语和从句,又包括作主语、宾语或表语的名词性从句以及同位语从句等,但尤以定语(从句)和状语(从句)的变序处理更为常见。有些英语长句的表达次序与汉语表达习惯不同,甚至完全相反,这时就必须从原文后面译起,逆着原文的顺序翻译。例如:

The General Assembly may call the attention of the Security Council to situations <u>which are likely to endanger international peace and security</u>.

联合国大会可能就足以危及国际和平与安全的局势,提请安理会注意。(改变定语语序)

Why learn to play the piano, <u>when you can listen to the world's greatest pianists in your own drawing-room</u>?

当你能在客厅里欣赏到世界上最杰出的钢琴家的演奏时,你为什么要学钢琴呢? (改变状语语序)

A great number of graduate students were driven into the intellectual slum when in the United States the intellectual poor became the classic poor, the poor under the rather romantic guise of the Beat Generation, a real phenomenon in the late fifties.

这是20世纪50年代后期在美国出现的一个真实现象:贫穷的知识分子在"垮掉的一代"这种颇为浪漫的姿态掩护下成为美国典型的穷人,正是在这个时候,一大批大学毕业生被赶进了"知识分子的贫民窟"。(逆序翻译)

三、分句翻译法

分句翻译法又称拆句法或切分法,是翻译英语长句最为常用的手法之一。有时英语长句中主句与从句或主句与修饰语间的关系并不十分密切,翻译时可按汉语多用短句的习惯,把长句中的从句或短语转化为句子分开来叙述。为使语意连贯,有时还可适当增加词语。例如:

The statement declared that the international economic order must be changed or the gap between developed and developing countries would continue to widen.

声明宣称，国际经济秩序必须改变，否则发达国家与发展中国家之间的差距继续加大。

The idea of a fish being able to generate electricity strong enough to light small bulbs, even to run an electric motor, is almost unbelievable.

鱼能发电，其强度足以点亮小灯泡，甚至能开动马达，这简直令人难以置信。

We sincerely hope that your congratulations will be matched by your collective endeavor to seek a just and practical solution to the problem which has bedeviled the United Nations for so many years.

我们诚恳地希望，你们在表示祝贺之后，能做出相应的共同努力，以寻求一个公正而切实可行的办法，来解决这个多年来一直困扰着联合国的问题。

As the correct solution of any problem depends primarily on a true understanding of what the problem really is and wherein lies its difficulty, we may profitably pause upon the threshold of our subject to consider first, in a more general way, its real nature; the cause which impede sound practice; the conditions on which success or failure depends; the direction in which error is most to be feared.

任何问题的正确解决方案，主要取决于是否真正了解问题的实质及其困难所在。因此，在开始我们的课题时，先停下来更全面地考虑一下它的实质、阻碍其正常进行的原因、决定其成败的各种条件、最担心出现失误的方面。这样做也许是有益的。

四、综合翻译法

在翻译英语长句过程中，单纯采用顺序翻译法、逆序翻译法、分句翻译法的时候并不多见，更多时候是需要将以上几种翻译方法进行综合运用，这便是综合翻译法。譬如，在汉译下面这个句子时，就同时采用了前面介绍的三种方法：顺序翻译法、逆序翻译法、分句翻译法。

This hope of "early discovery" of lung cancer followed by surgical cure, which currently seems to be the most effective form of therapy, is often thwarted by diverse biology behaviors in the rate and direction of growth of the cancer.

人们希望"早期发现"肺癌，随后进行外科手术治疗。外科手术目前看来是治疗肺癌最有效的办法。但是，由于肺癌生长速度和生长方向等生物学特征差异很大，"早期发现"的希望往往化为泡影。

再如：

In that same village, and in one of these very houses (which, to tell you the precise truth, was sadly time-worn and weather-beaten), there lived many years since, while the country was yet a province of Great Britain, a simple good-natured fellow of the name of Rip Van Winkle.

许多年前(那时这片土地还属于大不列颠)，就在这同样的一座村庄里，就在这同样的一所房子里(这类房子，说实话，因年深月久、风吹雨打而破烂不堪)，一直住着一个淳朴善良的伙计，他叫瑞普·凡·温克尔。

这里的英文主句采用的是there be的变体结构there lived，属于英语的倒装结构。整个句子的句首是两个状语短语 In that same village 和 in one of these very houses，在谓语动词 lived 和主语 a simple good-natured fellow 之间插入了状语 many years since，while the country was yet a province of Great Britain。如果在汉语译文中按照英语原文的语序行文，汉语译文就会因地点状语过长及汉语习惯于时间状语先于地点状语的表达方式而不通畅，故译文从原句中的时间状语开始翻译，接着安排地点状语，再接着谓语跟上，最后是原文中的主语。与此同时，在翻译原句中的时间状语 many years since，while the country was yet a province of Great Britain 时，又采取了插叙翻译法，即将 while the country was yet a province of Great Britain 用括号"（那时这片土地还属于大不列颠）"置于"许多年前"之后。因此，这里的汉语译文采用了抽叙翻译法和插叙翻译法的组合。译文符合汉语表达习惯，通顺、地道、流畅。

综合翻译法的关键就在于透彻理解原文的意思，抓住原文的精神实质，在汉语表达时求得神似而不求形似。

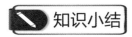

长句翻译是翻译的难点，在正确理解原文的基础上，可以采用顺序翻译法、逆序翻译法、分句翻译法和综合翻译法，关键是抓住原文的精神实质，在汉语表达时求得神似。

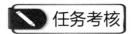

思考题
请思考英语长句翻译的步骤以及注意事项。

课后训练
将下列句子译成汉语，注意长句翻译技巧的应用。

1. As I lie awake in bed, listening to the sound of those razor sharp drops pounding on the pavement, my mind goes reeling down dark corridors teeming with agonizing flashbacks, and a chill from within fills me with dread.
2. Various machine parts can be washed very clean and will be as clean as new ones when they are treated by ultrasonics, no matter how dirty and irregularly shaped they may be.
3. The small class size experiment was begun in Tennessee in the early 1980s to determine if class size would affect learning, and eventually included 79 elementary schools.
4. A friendly correspondence as neighbors and old acquaintances had continued between me and Mrs. Read's family, who all had a regard for me from the time of my first lodging in their house.
5. One of my best speeches was delivered in Hyde Park in torrents of rain to six policemen

sent to watch me, plus only the secretary of the society that had asked me to speak, who held an umbrella over me.

 综合案例分析

一、试译下面商务信函，体会商务信函翻译技巧。

Dear Sirs,

Thank you very much for your letter and quotation of May 6, 2020. We also have received the sample of the answering machine 070 which you sent us under separate cover.

While we are impressed by the excellent features of your answering machine, we regret that the price you quote is still too high to be competitive. As you know, the answering machines which have similar functions made in Japan, Germany and France are now commanding stable sales in the market here. We therefore worry that it will be very hard for us to market your product with so high a price.

In order to enable us to capture a part of the market for you, we sincerely hope that you are able to provide us with a further concession. A discount of 15% instead of 10% as you planned to give us on an order worth approximately US$10,000 is reasonable.

We would like to point out that it will be in your best interest to make this concession. We hope we can enter thereby into a lasting business relationship with you.

I look forward to receiving your reply soon.

Faithfully yours,
Wang Ming

二、试译下列句子，体会长句翻译技巧。

1. The era of blatant discrimination ended in the 1960s through the courageous actions of thousands of blacks participating in peaceful marches and sit-ins, to force southern states to implement the Federal desegregation laws in schools and public accommodation.

2. The problem of possible genetic damage to human populations from radiation exposures, including those resulting from the fallout from testing of atomic weapons, has quite properly claimed much popular attention in recent years.

3. Because of this English background of civil conflict, English-speaking America, where there were no religious wars, as such, is often described as a land of refuge to which men and women came in order to enjoy the religious and political freedom denied them in their homeland.

 实训活动

作为一名翻译公司的商务翻译，项目主管要求你翻译客户的商务信函，同时总结商务信函的文体特点、翻译技巧及英汉翻译长句翻译技巧，并举例说明。

数字的文化内涵与翻译

学生可扫描获取"数字的文化内涵与翻译"相关资料。

项目13　商务单证翻译与汉英翻译技巧之主语选择

> 🔍 **能力目标**

1. 能够运用所学翻译技巧翻译常见进出口单证；
2. 能够熟练翻译常用单证术语和句式；
3. 能够灵活运用主语选择的翻译技巧进行汉英翻译。

> 🔍 **知识目标**

1. 了解单证和制单的基本知识及单证翻译的重要意义；
2. 理解单证的语言特点及单证翻译要领；
3. 熟练掌握主语选择的汉英翻译技巧。

> 🔍 **素质目标**

通过商务单证翻译的学习培养商务翻译人员应具备的认真、细致的职业素养。

项目13 商务单证翻译与汉英翻译技巧之主语选择

🔍 知识结构图

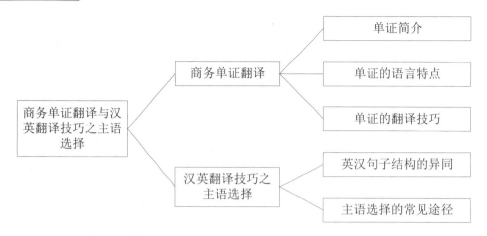

任务 13.1 商务单证翻译

试翻译下列商务单证名称，注意"单"字的英译。
1. 货物到达通知单
2. 提单
3. 订舱单、托运单
4. 完整报关单
5. 检疫申报单
6. 空白订单
7. 货物装运单
8. 发货通知单
9. 货物溢短装单
10. 货物领取单
11. 试订单
12. 领料单
13. 索赔清单
14. 结算外汇单

📝 学习任务

国际贸易，无论是对外合同的履行，还是对内各环节、各部门的衔接；无论是货物的托运和交付，还是货款的结算和支付，每个环节都要缮制相应的单据，以满足企业、运输、保险、商检、海关、银行及政府管理机构等对外贸易工作的需要。商务单证贯穿于进出口贸易的全过程，是国际贸易合同履行的基础。国际贸易合同的履行过程，就是各种商业单证的制作及流转过程。商务单证工作是外贸企业日常工作中最重要的部分，正确理解并处理英文商务单证是顺利完成外贸工作的重要保障。

一、单证简介

(一) 单证的定义

单证是指在进出口业务中所应用的单据与证书,是处理国际贸易中货物的交付、运输、保险、报关、商检、结汇等业务的合法有效凭证。在实际操作中,狭义的单证是指各类进出口业务单据和信用证;但从广义上讲,单证指各类进出口业务凭证和合法文件,如进口许可证、产地证等。出口单证,是指出口商在装运货物的同时,为了收取外汇或应国外进口商的要求而向有关方面如银行、海关、商检机构、外汇管理机构等提交的各种单据和凭证。

(二) 单证的分类

出口单证根据其本身性质的不同可以分为资金单据、商业单据和公务证书三大类。

(1) 资金单据包括汇票(Draft/Bill of Exchange)、本票(Promissory Note)和支票(Check/Cheque)等代表货币的支付凭证,又称票据。

(2) 商业单据指商业发票(Commercial Invoice)、各种运输单据[如海运提单(Bills of Lading)、航空运单(Airway Bills)、铁路运单(Railway Bills)、联合运输单据(Multi-Modal Transport Documents)等]、保险单(Insurance Policy 或 Insurance Certificate)、装箱单(Packing List)等证明或说明有关商品情况的单据。

(3) 公务证书是指由政府机构、社会团体签发的各种证件,如出口许可证(Export License)、商检证书[包括质量检验证书(Inspection Certificate of Quality)、数量检验证书(Inspection Certificate of Quantity)、原产地证明书(Certificate of Origin)]等。

在国与国之间的商品贸易中,单证是国际结算的基础和依据。国际商会《跟单信用证统一惯例》规定:"在信用证业务中,各有关方面处理的是单证而不是货物本身。"因此,国与国之间的商品买卖实际表现为单证的买卖。当然,前提是在交易的过程中,应做到"单货一致""单单一致""单证一致"。

单证的翻译不仅仅是两种语言的简单对译,更重要的是要按照进出口双方所在国家单证缮制的惯例、格式、体例、术语、规范等制作出合乎业务规程的单证。在实际制单业务中,虽然并不是所有的单证都需要进行翻译,但对商务工作者而言,单证翻译却是从事本职工作的一项基本岗位技能,是做好进出口业务的基础。

二、单证的语言特点

单证作为完成进出口流程中各交易环节业务流转的合法凭证,其功能和作用决定了单证在语言上要求高度严谨且专业性极强。单证一般由两部分组成,即各具体填写栏目和附注性说明(或起证明保证作用)的文句。商务单证与普通英语在词汇使用方面,两者存在着差异。

(一) 单证的词汇特点

1. 用词严谨、正式

商务单证用词必须严谨，微小的失误就可能造成巨大的经济损失。试译下列词组或语句，体会其差异。

last month's shipment	last month shipment
bulk cargo	bulky cargo
the last year	last year
given time	time given
damages	damage
performance (经贸)	performance (机械)

译文：

(分批)上月的装运	(时间)上月的装运
散装货	泡货
过去的 12 个月时间	去年
指定时间	给予的时间
损害赔偿费	损害
(贸易)履行	(机械)性能

由上例可以看出，外贸用语一字之差或是词语顺序调整都可能使意思相去甚远。

用语正式主要体现在商务单证经常使用非常正规、甚至旧体的书面语词汇。在翻译时应尽量保持词汇方面的风格，有些古体词不妨结合汉语的习惯，用文言词语进行翻译。例如表 13-1 反映了一些单证用语与日常用语的区别。

表 13-1　单证用语与日常用语的区别

单证用语	日常用语	单证用语	日常用语
effect	bring about/make	consent	agree
request	ask for	initiate/commence	begin/start
locality	place	constitute	form/include
provided/providing	if	purchase/procure	buy
distribute	hand out	transit	send

2. 广泛使用标准化用语、专业术语和缩略语

商务单证中包含许多贸易或法律术语，这些术语言简意赅，可以提高工作效率。而且，一系列国际通则的规定有力地促进了国际单证标准化和规范化的进程。例如：

bill of exchange (B/E)　汇票　　　　　bill of lading (B/L)　提单
cash against document (CAD)　凭单付款　　cost and freight (CFR)　成本加运费
cost, insurance & freight (CIF)　成本加保险费加运费

free on board (FOB)　装运港船上交货

with particular average (W.P.A.)　水渍险

free from particular average (F.P.A.)　平安险

这些标准化用语、术语和缩略语大大提高了国际贸易的效率，在商务单证的翻译中要求具备相关的国际贸易知识。

3. 使用法律用语

国际贸易要遵循国际法规和惯例。外贸单证中的外销合同、信用证、提单、银行保函等都属于法律文件，它们在进出口单证中占80%左右。法律用语具有稳定性和保守性，必须准确、严谨且不能让任何误解或歧义的现象产生。这也正是国际贸易单证对所使用语言的要求。例如：

If within 30 days after receipt by a party of a proposal made in accordance with paragraph I the parties have not reached agreement on the choice of a sole arbitrator, the sole arbitrator shall be appointed by the appointing authority agreed upon by the parties.

如果当事人一方收到按照第一款提出的建议后30天内未能就选择独任仲裁员达成协议，则由当事人所约定的指定机关指定独任仲裁员。

上例中的法律用语清楚地说明了指定独任仲裁员的条件。由此可见，商务单证的翻译必须充分反映出法律语言的特点以达到语义和风格最大程度的对等。翻译者不仅要能熟练驾驭英语和汉语，而且需掌握一定的法律知识，充分熟悉法律英语。

4. 经常使用古体词

为了更好地体现法律的严肃性、庄重性，具有法律责任的商贸文书经常使用一些古体词，在翻译时虽无须逐字对译，但在整体上应把握其语体风格，选择较古雅的词汇进行翻译。英语中常用的古体词均为副词，在句中修饰动词时其位置与普通副词类似，而修饰名词时一般置于被修饰词之后。例如：

Usance bill drawn hereunder are to be negotiated at sight.

下面开具的远期汇票采取见票即付。

The seller hereby warrants that the goods meet the quality standard and are free from all defects.

卖方在此担保：货物符合质量标准且无瑕疵。

5. 频繁使用情态动词

商务单证中，情态动词may, must, can, shall, should的使用频率很高，且意义变化较大。在翻译时不但要着重理解其表层意义，而且要分析其内在涵义，并弄清其语气的变化。例如：

L/C No. should appear on all shipping documents.

信用证号码必须在所有的货运单证中注明。

Marine insurance shall cover the risks until applicant's warehouse in China.

水渍险须包括运抵投保人中国仓库的所有风险。

上述两句为开证行的命令语,虽然语气比较委婉,但强硬的语气还是深含其中。

(二) 单证的句法特点

大部分单证主体部分或正文都由统一的格式和固定的填写栏目组成,以便做到简洁、明了,便于信息检索和数据统计。填写栏目使用大量名词、短语以及一些简单语句。而单证附注性说明文句或证明保证文句使用的语言结构非常复杂,不易理解。商务单证在句法上主要有以下特点。

1. 句子结构复杂(单证主体表格除外)

单证包括提单的附注性说明、提单背面条款、信用证中的保证条款、信用证特别提示等。请看下面海运提单的附注性说明文句:

RECEIVED the goods in apparent good order and condition as specified below unless otherwise stated herein.

The Carrier, in accordance with the provisions contained in this document ①undertakes to perform or to procure the performance of the entire transport from the place at which the goods are taken in charge to the place designated for delivery in this document, and ②assumes liability as prescribed in this document for such transport. One of the Bills of Lading must be surrendered duly indorsed in exchange for the goods or delivery order.

承运人已收到符合提单规定的表面状况良好之货物(本提单另有说明的除外),承诺按提单规定完成货物从监管地到指运地的全程运输,并承担相应法律责任。换取货物或提货单时,应按规定时间提交一份经背书的提单。

本句中,托运人"the carrier"做两件事:第一件是完成货物从监管地到指运地的全程运输任务,即"①undertakes to perform or to procure the performance of the entire transport from the place at which the goods are taken in charge to the place designated for delivery in this document";第二件事是按提单规定对本票货物运输承担相应法律责任,即"②assumes liability as prescribed in this document for such transport"。

做这两件事的前提是:第一,已收到符合提单规定的表面状况良好的货物(除非本提单另有说明),即"RECEIVED the goods in apparent good order and condition as specified below unless otherwise stated herein";第二,按本提单条款的规定做这两件事,即"in accordance with the provisions contained in this document"。

全句的结构是:状语部分(Received…, in accordance with…)+主语部分(the carrier)+两个并列谓语部分(undertakes…, assumes…)。其中,地点状语"from the place"后跟一个"at which"引导的定语从句作为后置定语。

2. 使用过去分词或被动语态结构比较多

商务单证中被动语态比较常见,除了由动词构成的被动结构,还经常使用 it 引导的被动结构,表达含蓄委婉的语气;有时也使用表示被动意义的形容词,达到和被动语态类似的修辞效果。例如上句中使用了"received, specified, stated, are taken in charge, designated, prescribed, be surrendered"等 5 个过去分词和 2 个被动语态结构。再如:

The advising bank is requested to notify the beneficiary without adding their confirmation.
我行(开证行)请求通知行通知受益人没有加具它们的保兑。

三、单证的翻译技巧

(一) 一般套用原文格式

进行单证翻译时，一般套用原格式直接进行语言文字方面的对译。这种方法最大的好处是不易引起因翻译时单证格式的变化而使交易双方对原文信息的理解产生歧义，从而最大限度地避免贸易摩擦的发生。如下列受益人证明的翻译。

Beneficiary's Certificate

Date: Feb. 27, 2020

To whom it may concern:
We hereby certify that:
  1. All drums are neutral packing.
  2. No Chinese words or any hints to show the products made in China.
  3. No any printing materials are allowed to fill in drums.

ABC Trading Company

译文：

受益人证明

敬启者：
兹证明：
  1. 所有磁鼓均为中性包装。
  2. 无任何中国字或迹象表明此产品产于中国。
  3. 不得有任何打印原料填充磁鼓。

ABC贸易公司
2020年2月27日

(二) 单证具体栏目内容常采用惯用译法和直接对译

许多单证的基本栏目通常由一些专业性很强的术语、短语或简单语句构成。在翻译时，首先应找到与之相对应的专业术语或习惯用语，这些术语或用语一般都有已被国际惯例认可的翻译方法，如"terms and conditions"指"条件"，"terms of payment"指"付款方式"。对于一些一般性的数据或信息，可采用中英文直接对译的方法，如"500 pieces"可译为"500件"，"marks"可译为"唛头"。对于公司名称、地名、船名等专有名词，可不翻译而直接用原文写出，如"ABC Trading Company"可译为"ABC贸易公司"。

(三) 对单证附注性说明文句和保证证明文句的翻译要综合运用各种翻译技巧，灵活处理

附注性说明和保证证明文句的翻译是难点，这些文句通常由冗长复杂的句子组成，有的属于多重复合句，即句子主体结构包含多个分句或限定性从句，分句的某个成分又有其自己的限定性分句，如此下去，有的句子可能由几层分句构成；有的句子由多个限定性成分组成，如几个状语、几个定语或补语。翻译时，需要综合运用各种翻译技巧，灵活处理。最常用的翻译技巧是采用重组法，通过对原文的研读和逻辑分析，找出其主次结构，将英文原句中的词语、短语、从句等在汉语译文中进行重新组合，使译文通顺流畅。

下面以中国人民保险公司(PICC)保险单的承保声明文句为例，对这类句子的翻译技巧和方法加以说明。

This insurance policy witnesses that the People's Insurance Company of China (hereinafter called the Company) at the request of China National Textiles Imp.& Exp. Corp. Shanghai Branch (hereinafter called the Insured) and in consideration of the agreed premium paid to the company by the insured, undertakes to insure the under-mentioned goods in transportation subject to the conditions of this Policy as per the clause printed overleaf and other clauses attached hereon.

1. 研读原文以确定句子主干

通过阅读分析，本句的主干结构为："This insurance policy witnesses that the People's Insurance Company of China undertakes to insure the under-mentioned goods"。中文意思是：本保单证明中国人民保险公司承保下述货物。

2. 沿主干结构所提供的线索，依次找出句子主干相应的辅助性结构，即限制性成分(词语或分句)

"undertakes to insure"(即承保)的前提条件有两个：①at the request of China National Textiles Imp.& Exp. Corp. Shanghai Branch(应被保险人的要求)；②in consideration of the agreed premium paid to the company by the insured(因被保险人向保险公司缴付了约定的保险费)。

"undertakes to insure"的根据是"subject to the conditions of this Policy as per the clause printed overleaf and other clauses attached hereon"(按照本保险单背面条款所列的条件以及所附的其他有关特别条款)。

本句中，"undertakes to insure"的两个前提条件和一个承保根据即为其辅助性结构，亦即限制性成分。

3. 将其他附带的词语充实到相关的信息中

确定了句子的主次结构，并找出与此有关的信息之后，将其余的表示附带信息的词语充实到相关结构和信息中，如本句中"hereinafter called the Company"(以下称本公司)、"hereinafter called the Insured"(以下称被保险人)、"in transportation"(运输保险)等。

4. 根据对句子结构及所提供的各类信息的分析，按照汉语的表达习惯，重新进行组合，形成通顺的译文

中国人民保险公司(以下简称本公司)根据中国纺织品进出口公司上海分公司(以下简

称被保险人)的要求,由被保险人向本公司缴付约定的保险费,按照本保险单背面条款所列的条件以及所附的其他有关特别条款承保下述货物运输保险,特立本保险单。

按照汉语表达习惯,"This policy witnesses that..."(本保单证明……)用"特立本保险单"表达,而且对其在文中的位置进行了重新调整,原文位于句首,译文中被移到句末。这样经重新组合的译文,使原文所要表达的意思、所要传递的信息得到了完整的再现。

(四) 单证常用术语翻译

1. 单证缩略语翻译

B/E(Bill of Exchange)　汇票　　　　　L/C(Letter of Credit)　信用证

B/L(Bill of Lading)　提单　　　　　　P/L(Packing List)　装箱单

CTD(Combined Transport Document)　多式联运单据

2. 商品单位缩略语翻译

pcs.(pieces)　件　　　　　　　　　　CTN(carton)　纸箱

pk(package)　包　　　　　　　　　　CBM(cubic meter)　立方米

kg(kilogram)　千克

商务单证是外贸企业日常工作中最重要的部分,正确理解并处理单证是顺利完成外贸工作的重要保障。本项目介绍了单证的定义、分类、语言特点以及单证的翻译技巧。

思考题

请思考单证的语言特点及翻译技巧。

课后训练

一、将下列单证中的中文句子译成英语。

1. 丝绸产品证明书是根据收货人的要求开具的。
2. 提单日期不得早于本证的日期,也不得迟于2020年8月15日。
3. 汇票须在提单日起15天内议付,但不得迟于2020年8月8日。
4. 本信用证以见票(即付)议付。
5. 请将所有的信件送到花旗银行进口部。

二、将下列单证中的英语句子译成中文。

1. The seller shall make delivery of the goods strictly within the period stipulated herein.
2. The manufacturers shall, before the goods are delivered over, make a precise and comprehensive inspection of the goods.
3. We claim for shortage in weight and low quality on the consignment of wheat shipped per

s.s. "Princess Victoria".
4. The shipper, consignee, owner of the goods and holder of this bill of lading shall be jointly and severally liable to the carrier for the payment of all freight and charges and for the performance of the obligating of each of them hereunder.
5. Full set of clean on board bills of lading made out to order and blank endorsed, marked freight prepaid showing freight amount notifying ABC Company should be presented.

单证常用术语翻译

一、资金单据类

draft/ bill of exchange　汇票
cheque/check　支票
time draft　远期汇票
clean bill　光票
commercial draft　商业汇票
payee　受款人
endorsement　背书
amount in figures of draft　汇票小写金额
tenor and mode of payment　付款期限及方式

promissory note　本票
sight draft　即期汇票
documentary bill　跟单汇票
banker's draft　银行汇票
drawer　出票人
presentation　提示
dishonor　拒付
amount in words of draft　汇票大写金额
drawn clause　出票条款

二、结算单据类

remittance or funds transfer　汇款
payee or beneficiary　收款方
paying bank　汇入行
inward remittance　汇入汇款
mail transfer　(简称 M/T)信汇
collection　托收
collecting bank　托收行
drawee/payer　付款人
documentary collection　跟单托收
opening bank/issuing bank　开证行
advising bank/notifying bank　通知行
paying bank/drawee bank　付款行
documents against payment　(简称 D/P)付款交单　　clean L/C　光票信用证
remittance by banker's demand draft　(简称 D/D)票汇
documents against payment at sight　即期付款交单

remitter　汇款方
remitting bank　汇出行
outward remittance　汇出汇款
telegraphic transfer　(简称 T/T)电汇
commission　手续费
principal/drawer　委托人
presenting bank　提示行
clean collection　光票托收
letter of credit　信用证
documentary L/C　跟单信用证
negotiating bank　议付行
accepting bank　承兑行

documents against payment after sight　远期付款交单
documents against acceptance(简称 D/A)　承兑交单
SWIFT(Society for World-wide Interbank Financial Telecommunication)　环球银行金融电讯协会

任务 13.2　汉英翻译技巧之主语选择

任务引入

试分析下列句子的翻译是否恰当，为什么？
1. 你的学习取得了很大的进步，但不能因此而骄傲自满。
   译文：Your study has made good progress, but should not get conceited and arrogant.
2. 把他添上，名单就齐全了。
   译文：Add him, the list will be complete.

学习任务

句子的主干包括主语与谓语。主语和谓语的确立是构建译文句子总体框架的关键一环，必须予以重视。否则，会出现"中国式"英语，甚至译文错误。汉译英时，正确确立英语句子主干至关重要。

一、英汉句子结构的异同

(一) 英汉句子结构的共同点

根据传统语法的观点，汉语同英语在句子的基本框架上趋于一致，句子主干都包含主语、谓语(和宾语)。因此，汉译英时原文的句子主干在译文中保持不变。将汉语的主语仍然译作主语，谓语仍然译作谓语，译文同样通顺达意。

(二) 英汉句子结构的差异

1. 汉语是注重主题(亦称话题)的语言，所突出的是主题而不是主语。而英语则是注重主语的语言，主语的地位十分突出，是整个句子最为关键的成分。
2. 汉语重意合，其主语的句法功能很弱，有时还不易识别，有时干脆省略或者不出现，但都不会影响句子意义的理解。英语句法重形合，句子成分之间的制约关系严格。除了省略句和祈使句外，英语句子一般均须有主语。

(三) 英汉句子结构差异对汉英翻译的影响

基于对英汉句子结构异同的认识，在进行汉英翻译时应当按照英语的表达习惯，根据句子的逻辑关系及上下文行文的需要，针对应当加以突出的信息综合考虑主语的确立。具体而言，汉语的主语比较灵活，不仅可以由名词性词语充当，而且几乎可以由其他各类非名词性词语担任。英语语法对主语的限制十分严格，一般只能由名词性词语或具有名词语法功能的语言单位作主语。再者，汉语句子多用人称、有生命的物体或具体名词作主语(当然，在这一过程中同时需要将原文中所涉及的非名词性词语转换成英语名词性词语)，有时还须添加主语。

下面就汉译英主语选择的几种主要类型加以讨论。在讨论之前应当指出：对于同一个汉语句子的英译，翻译目的不同，上下文不同，译者不同，所采用的处理方法也不尽相同。因此，下面提供的种种方法不妨看作确立译文主语可能采取的途径，而绝非唯一可行的途径。

二、主语选择的常见途径

(一) 定语译作主语

汉译英时，经常可以将修饰原文主语或者主题的定语(有时也包括修饰其他成分的定语)译作主语。这类定语大多以"的"字结尾。例如：

王晓的英语讲得很好。

<u>Wang Xiao</u> speaks good English. (不能译为 Wang Xiao's English speaks good.)

这种汽车的耗油量比那种汽车的耗油量多 3 倍。

<u>This type of</u> car uses three times more fuel than that type does.

该厂产品的特点是工艺精湛，经久耐用。

<u>The products of this factory</u> are characterized by their fine workmanship and durability.

任何新生事物的成长都是要经过艰难曲折的。

<u>All new things</u> have to grow up through twists and turns.

我的头疼得要命。

<u>I</u> have a terrible headache.

(二) (谓语)动词译作主语

汉语使用动词的频率明显高于英语。英语经常用名词性词语表达汉语动词所包含的意义。因此，汉译英时，经常把动词转换成名词，并且在适当情况下将(谓语)动词作译文的主语。例如：

医生迅速到达，并仔细检查了病人，因此病人很快就康复了。

The doctor's <u>prompt arrival and careful examination</u> of the patient brought his speedy recovery.

亨利一开始就保证说："总统先生，我支持您，并效忠于您。"
Henry's first <u>pledge</u> was, "Mr. President, you have my support and my loyalty."
他看见这张照片就会想起30年前的往事。
The <u>sight</u> of the photo reminds him of what happened 30 years ago.
必须特别强调我国某些城市环境污染的严重性。
Special <u>emphasis</u> must be placed on the gravity of environmental pollution in some big cities of China.
在那些日子里，只要一提到她已故丈夫的名字，她就伤心欲哭。
In those days even the <u>mention</u> of her dead husband's name brought her to the verge of tears.

(三) 表语译作主语

在英译由主语和表语构成的句子时，经常以原来的主语作主语，以原来的表语作表语。但是，在有些情况下，为了体现英语"孔雀尾"句式的特点或出于上下文行文等方面的考虑，将主语和表语对换，即把原来的主语译作表语，把原来的表语译作主语。例如：

一个让船只进入以避风暴的地方是海港。
A <u>harbor</u> is the place for ships to enter and find shelter from storms.
近代最具有扩张性的国家是他们，而不是我们。
<u>They, not we,</u> have been the most expansive power of recent times.
他真心爱的是你。
<u>You</u> are the girl he is truly in love with.

(四) 宾语译作主语

在有些情况下，原文中作宾语的名词性词语经常译作主语。尤其是由于汉语被动语态的使用频率大大低于英语，所以很多汉语主动语态译成英语时，需要进行语态转换，这样原文的宾语一般也就随之转换成了译文的主语。例如：

有人听见呼救的声音。
<u>Voices</u> were heard calling for help.
上海采取了一系列的优惠政策来吸引外资。
<u>A series of preferential policies</u> have been adopted in Shanghai to attract foreign capital.
用塑料可以制成各种各样的生活必需品。
<u>All sorts of necessaries of life</u> can be made of plastics.
现在遗传工程已经取得了很大进展。
Up to now <u>much progress</u> has been made in genetic engineering.
热烈欢迎世界各地客商来此建立和发展贸易关系。
<u>Customers from various parts of the world</u> are warmly welcome to establish and develop business contacts.

(五) 添加主语

1. 在无主句的翻译中添加必要的主语

在汉语中,有些句子习惯上将大家都明白的主语省略掉,只剩下谓语部分。在翻译成英语时常常必须有主语,有时找不到表示事物或人的名词或代词作主语,则用 it 作形式主语。(参见本书无主句翻译部分。)

2. 根据英语表达习惯,增添原文中没有与之对应的词语作句子主语

由于英汉两种语言对主语的要求不同,有时即使原文的句子有主语,也有可能不适合在英语译文中充当主语。如出于信息方面的考虑,英语强调句子的重要信息应放在主语位置上,而汉语没有这方面的要求,有时就要进行调整。例如:

这次国家调动了 150 万军队去帮助守护大堤,将被洪水淹没地区的百姓转移走。

1.5 million troops have been mobilized to help protect the dikes and to move people out of areas being flooded.

在上例中,汉语以"国家"作主语没有问题,但英语中用其作主语似乎不妥。因为这句话的重要信息是"150 万军队",而不是"国家",在翻译时把原文的宾语调到主语位置上,又因为"国家"不是重要信息,可不译。从上例可以看出,在翻译中,要注意句子的信息主语,不要随便添加主语。

3. 采用 there be 句式,并将适当的名词性成分确立为译文的主语

如果汉语句子表达某地(某方面或某时)"存在""发生""出现"某种情况,那么译成英语时经常采用 there be 句式,并选取适当的名词性成分(多半为原文中的宾语)作为译文的主语。例如:

对于你们所取得的进步,我心里没有任何怀疑。

There has been no doubt in my mind of the progress which you have achieved.

对于这个问题,国际上议论纷纷,国内也有各种意见。

There are various opinions on this question both at home and abroad.

4. 根据英语的语言习惯,译成"It is (was 等)+动词过去分词+that 从句"的被动结构,其中的 it 作形式上的主语

汉语较少用被动语态,经常用"人们""大家""有人""人家"等泛称词语作主语以保持句子的主动形式。这类句子往往根据英语习惯译成"It is (was 等)+动词过去分词+that 从句"的被动结构,其中的"it"作形式上的主语。例如:

有人宣称他对此事一无所知,也没有人同他商讨过这些计划。

It was claimed that he had no knowledge of this and had not been consulted on these plans.

人家也许会认为,我做这一切是为了巴结上司。

It might be thought that I do all this in order to fawn on my boss.

 知识小结

句子的主干包括主语和谓语，汉译英时正确确立英语句子的主干至关重要。本项目分析了英汉句子结构的异同，汉译英时主语的选择可以采取以下方法：定语译作主语、(谓语)动词译作主语、表语译作主语、宾语译作主语以及添加主语等。

 任务考核

思考题

请思考英语和汉语主语的不同以及对汉英翻译主语选择的影响。

课后训练

将下列句子翻译成英语，注意主语的选择。

1. 明年将出版更多的儿童读物。
2. 大多数高校已将权力下放给系主任。
3. 在那种传统社会，商人和手工艺人的社会地位不如读书人和农民。
4. 过去的几年里，我国各地对种种消费品的需要量已明显增加。
5. 她见到血就恶心。
6. 前天他遇见了一件极不可思议的事情。
7. 众所周知，中国人在 4 000 年前就发明了指南针。
8. 当前世界上主要有两个问题，一个是和平问题，一个是发展问题。
9. 在这部小说里看来没有什么更为有趣的东西了。

综合案例分析

一、试将下面汇票翻译成英语，并概述单证的语言特点。

```
                        汇  票

    凭  美国运通银行  开立的 060-68457343 号信用证
    开证日期 2020 年 7 月 4 日          年息_____
    号码 89723598234   汇票金额 75 000.00 美元   上海   2020 年 7 月 15 日
    见票 60 天后付本汇票第二正本(本汇票之第一正本不付)
    受款人: 中国银行上海分行
    金额: 柒万伍仟美元整
    付款人: 美国运通银行              出票人：上海服装有限公司
                                      茅台路 569 号，中国上海
                                      王强(签名)
```

二、试译下面汉语段落，体会汉译英时主语选择的翻译技巧。

不同的人对退休持不同的态度。有些人认为退休后可享受晚年的生活。但真的退下来了，他们则有点失望。看到自己就要被抛到废物堆里，他们不甘认命，设法另找事干来发挥自己的余热，以继续得到收入。另一些人则对一生中这样一个重大变动早有准备。他们一生操劳，现在筋疲力尽了，渴望退休后能放松拉紧的弦，好好休息。由于不再需要每天早晨去赶公共汽车了，不再要为晋级忧虑，就可以有足够的时间去追求童年时的梦想，如写写书、画画图、种种花、周游各地。

作为一名翻译公司的商务翻译，项目主管要求你翻译客户的商务单证。同时总结单证的语言特点及翻译技巧，分析汉英翻译中主语选择的途径，并举例说明。

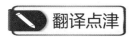

动植物的文化内涵与翻译 I

学生可扫描获取"动植物的文化内涵与翻译 I"相关资料。

项目14　商务报告翻译与汉英翻译技巧之谓语确定

🔍 能力目标

1. 能够正确翻译商务报告中的常见词汇、语句和段落;
2. 能够翻译日常报告、调查报告、可行性报告等商务报告;
3. 能够灵活运用谓语确定的翻译技巧进行汉英翻译。

🔍 知识目标

1. 了解商务报告的基本知识和语言特点;
2. 掌握商务报告的常用翻译技巧;
3. 熟练掌握谓语确定的汉英翻译技巧。

🔍 素质目标

通过商务报告翻译的学习培养商务翻译人员应具备的认真、严谨、细致的职业素养。

项目14　商务报告翻译与汉英翻译技巧之谓语确定

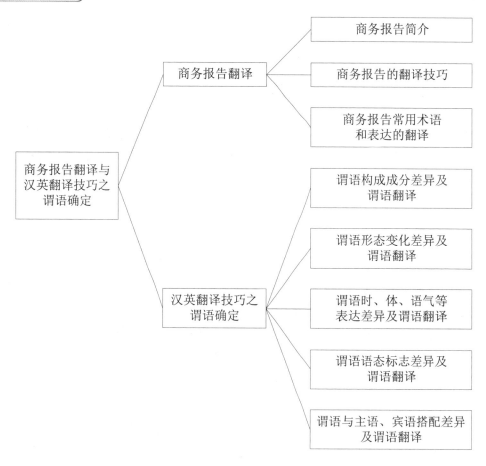

任务 14.1　商务报告翻译

请将下面商务报告的句子翻译成汉语，体会商务报告的语言特点。

No company in the world has invested more in consumer and market research than P&G. We interact with more than five million consumers each year in nearly 60 countries. We invest more than $350 million a year in consumer understanding. This results in insights that tell us where the innovation opportunities are and how to serve and communicate with consumers.

学习任务

一、商务报告简介

(一) 商务报告的定义

商务报告(business report)是日常商务活动中常见的一种公文文体。商务报告是利用适当的叙述方法和写作技巧对有关的商务信息进行调查、选择和论证的书面文件。商务报告具有信息、解释、说服、鼓动以及启发功能,其应用极为广泛,在财务、金融、投资、管理、营销、生产、外贸等领域更为常用。

(二) 商务报告的分类

按照功能,商务报告可分为日常报告、调查报告和可行性报告。日常报告主要用于汇报工作,即定期或不定期地向有关部门或上级领导就企业生产情况、经营状况、工作业绩等所作的汇报。调查报告主要用于揭示事实真相,一般指受单位或个人委托,对某一情况进行调查后写出的反映客观事实的报告,以此作为委托人进行相关决策的重要依据。可行性报告主要用于对可选方案进行分析、论证,最终提出论证结论。

(三) 商务报告的构成

通常情况下,一份完整、正式的商务报告包括:①题目(title);②呈送对象(transmittal);③目录(table of contents);④摘要/提要(abstract);⑤前言/引言/导言/序言(introduction);⑥正文(body);⑦结论(conclusion);⑧建议(recommendations);⑨参考文献/参考资料(bibliography/references);⑩附录/附件(appendices)等。其中,题目、前言、正文和结论是商务报告中必不可少的重要组成部分。

(四) 商务报告的语言特点

商务报告在内容上要讲求客观,忠于事实;观点上要思路清晰,引证准确;结构上要语篇完整,布局合理;文体上要风格自然,语言正式。有人把商务报告的特点概括为:篇幅可长可短,体例必须规范;内容或繁或简,格式非常关键;题目有大有小,成败全看语言。

1. 准确性

商务报告必须准确无误,用词准确,数据无误,不允许有任何含糊不清或前后不一的地方。例如:

China's total import and export from Jan. to Dec. in 2009 amounted to US$2.207 trillion, down by 13.9% on a year-on-year basis.

2009年1—12月,中国进出口总额为2.207万亿美元,同比下降了13.9%。

数据必须有真凭实据或来自官方的统计数据，尽量避免使用 about 或 approximately 等词语。

2. 简洁性

商务报告在语句方面的最大特点在于其简洁性，客观描述性语句较多，不主张使用修饰、夸张性语言。例如：

Of which export was US$130.72 billion, up by 17.7%, and import was US$112.29 billion, up by 55.9%.

其中，出口 1 307.2 亿美元，增长 17.7%；进口 1 122.9 亿美元，增长 55.9%。

这里用"up"一个词表示增幅，而没有用"with an increase of"或者"representing an increase of"，可见商务报告理应惜字如金。

Having researched the cause of the profit loss, I'd like to submit this report to you for your reference.

基于对利润损失原因的调查，现提交此报告供您参考。

分析上述句子，不难看出，这些句子都是客观描述，没有使用修饰性或表达感情色彩的语言。

3. 清晰性

商务报告每个部分必须结构合理、条理清晰、逻辑清楚。例如：

In general the demand for home appliances has shown the biggest increase for many reasons. Especially there has been a sharp increase in our sales in rural areas in the west regions.

总的来说，由于种种原因，对家电的需求增长最大。特别是我们在西部农村地区的销售有了急剧的增长。

该段围绕主题，思路清晰，表达清楚。先综述需求增长，然后指出特别之处，符合人们认识事物的客观规律，清晰易懂。

4. 客观性

商务报告必须客观公正，不掺杂任何个人感情。其数据通过调查统计得出，商务报告中尽量少用"I think""We think"之类的词语，即使是有关建议可能具有一定的主观性，但这些建议也是基于调查研究的客观情况提出的合理建议，本身就具有客观性。例如：

Through comparison and analysis, it is recommended that the price of our products should be lowered by 3–5 percent.

经对比分析，建议将我方产品价格下调 3%～5%。

从表面上看，数据不是十分精确，但这确实是经过调查比较得出的客观结果。

5. 严密性

商务报告，尤其是可行性报告和调查报告多用长句、复合句、并列复合句等句式，并通过使用介词短语、插入语、同位语、倒装句、被动语态等特殊句型，使语句结构更严密，细节更突出，句子的逻辑性更强。例如：

The reason why I choose this plan over the other optional ones is that I find this plan has several advantages which might be easily ignored.

我之所以选择这个计划而不是其他的，是因为我发现它具有一些很容易被人忽略的优势。

此外，商务报告还具有专业性(Professional)。商务报告中往往包括各行各业的专门术语或者缩略语，如 year on year(YOY)等。

二、商务报告的翻译技巧

前面分析了商务报告的语言特点，在进行商务报告翻译时要遵循其语言特点进行翻译，同时需要注意商务报告翻译属于篇章翻译，必须注意篇章翻译技巧的使用。本部分就商务报告翻译中几个关键问题进行分析。

(一) 直译法与视角转换法的使用

绝大多数情况下，商务报告翻译主要采用直译法，但商务报告是独立的完整篇章，在翻译过程中需要处理篇章翻译的普遍性和商务翻译的特殊性，需要综合应用各种翻译技巧。同时需要特别关注视角转换法的使用，包括词类转换法、语态转换法、肯定与否定转换法等。例如：

Adherence with government regulations is a basic benchmark for evaluating a quality of work as often the regulation in practice is below what should be enforced and implemented.

评估工作优劣的基本标准是执行政府规定，这些规定在实践中往往没有很好地贯彻落实。

译文采用了结构调整法和视角转换法。如果按原文结构翻译成"执行政府规定是评估工作优劣的基本标准，这些规定在实践中往往没有很好地贯彻落实"，显然不够连贯，把"政府规定"后移，可以使译文更连贯。另外，"below"表示"低于"的意思，此处无法直译，必须转换角度，"低于"不是"没有执行"，而是"没有很好地执行或没有完全执行"，所以，这里翻译成"没有很好地贯彻落实"。

In all developing regions, except Latin America, the Caribbean and South-East Asia, girls are less likely than boys to remain in school. The gap between girls and boys is greatest in the 22 countries where fewer than 60 percent of children complete their primary education.

所有的发展中地区，除拉美、加勒比海和东南亚地区外，女孩比男孩失学的可能性更大。在完成小学教育人数不到60%的22个国家中，女孩和男孩的入学情况差距最大。

译文采用了增词法和视角转换法。原文"girls are less likely than boys to remain in school"如果译成"女孩不大可能跟男孩一样上学"，意思就不清楚，译者需要转换视角，把"男孩"和"女孩"对调，把"上学"改为"失学"，译成"女孩比男孩失学的可能性更大"就清楚了。此外，"The gap between girls and boys"如果只是翻译成"男孩和女孩的差距"，意思就不清楚，加上"入学情况"，意思就非常清楚了。

(二) 合译法与分译法的使用

商务报告中往往有一些句式结构复杂的句子，可以根据实际情况采用合译法或者分译法，以符合目的语的语言表达习惯。

当限制性定语从句比较短时，往往采用合译法。常把限制性定语从句翻译为汉语的"……的"结构，变成前置修饰语，将英语原文的复合句翻译成汉语的简单句。例如：

Whatever the stated goals of a company, management is the process by which the attainment of those goals is enhanced.

不论一家公司的既定目标是什么，管理就是更好地实现这些目标的过程。

We also see many businesses that offer services.

我们也看到了许多提供服务的企业。

当句子结构比较复杂时，往往采用分译法。具体方法为：可先弄清整个句子表达了几层含义，然后分别将其译成汉语短句，再根据逻辑关系和汉语习惯重新排列这些短句，使之变成一个完整通顺的句子。例如：

The buyer shall agree to postpone the delivery on condition that the sellers agree to pay a penalty which shall be deducted by the paying bank from the payment under negotiation.

只要卖方同意支付罚金，并由付款行从议付货款中扣除，买方便同意延期交货。

Extreme poverty remains a daily reality for more than 1 billion people who subsist on less than $1 a day.

超过10亿人口每天都处于极度贫困状态，他们的生活费用每天不到1美元。

该句采用拆译法。原文是定语从句，如果直接译成定语，则不够清晰，因此，把定语从句拆译成两个分句，意思就清楚了。

(三) 与数字相关表达的翻译

商务活动中，任何时候都离不开数字，数字既准确地表达事物的状况、翔实地记录事物的发展状态，也可以科学地证明某些观点。在商务报告中，可以说数字的应用比比皆是。本部分重点讲述数字翻译以及与数字紧密相关的表达法，如"上升""下降"等词汇的翻译。数字及数字相关表达翻译的重要原则是"准确"。

1. "数量增加"的翻译

英语中表示数量增加的词语或者短语包括 increase, rise, grow, up, reach, 增长了多少可以用 up, by 表示，增长到多少用 increase to, arrive at 表示。另外，表示迅速增长或者急剧上升可以用 rocket, skyrocket, jump, leap, soar, shoot up, increase dramatically, increase sharply 等表示。例如：

China's actual foreign direct investment (FDI) rose by 24% to $4.58 billion in the first two months of this year while contracted FDI shot up by 37.8% in the same period.

中国今年头两个月实际外商直接投资增长了24%，达45.8亿美元，而同期合同外商直接投资猛增37.8%。

Sales in our company have increased up to four-fold in the last five years.

过去五年里，我公司的销售额已增长至4倍。

2. "数量减少"的翻译

英语中可以用 decrease, fall, reduce, down, drop, slide, slip, shrink, dip, diminish, lessen, descend, come down 等表示减少、下降或下降百分之多少；用 plunge, plummet, fall dramatically 表示迅速降低、大幅下跌、暴跌的意思；也可以通过比较级如"less than"表示减少的意思。例如：

It is expected that the cost of superconducting cable might plummet soon with the rapid advancement of technology in the near future.

可以预见，随着技术的快速发展，超导电缆的成本不久就会大幅下降。

Through rounds of WTO negotiations, the average tariff rate has been reduced dramatically from nearly 40% right after the Second World War to about 4% of the developed nations and 13% of the developing countries in recent years.

经过几轮 WTO 谈判，近年来平均关税已从"二战"后的 40% 大幅下调到发达国家的 4% 和发展中国家的 13%。

3. "数量保持不变"的翻译

英语中 stand at, remain at 表示保持在某种特定的水平或程度上；而 hover around, fluctuate 则表示保持在某种水平或程度上下，例如：

China's GDP growth rate in the first half of this year was 7%—among the highest in the world—and is forecast to remain at 7% for the whole year.

中国上半年 GDP 增长率为 7%，是世界上增长最快的国家之一，据预测，今年全年增长率为 7%。

Due to the changeable weather, the prices of vegetables fluctuate between 6 yuan and 12 yuan per kilo.

由于天气变幻无常，蔬菜价格波动很大，每千克价格在 6～12 元。

4. "约数"的翻译

商务英语中一般不用约数，但实际应用中也难免会出现一些约数或者故意使用一些约数作为谈判技巧，翻译时需要准确翻译原文约数的"不确定性"，英语往往用 about, around, nearly, some, approximately, roughly, more or less 或 so 表示约数。

This year's floods, which affect 250 million people or so and 2.25 million hectares of farmlands, have caused more than 200 billion yuan of direct losses.

今年的洪灾受灾人口大约为 2.5 亿，农田受灾面积为 225 万公顷，造成的直接经济损失超过 2 000 亿元人民币。

需要特别说明的是，由于英语是"形合"语言，往往只能有一个动词。把汉语翻译成英语时，需要特别注意，很多时候需要把"增幅"译成非谓语动词，如 up, increasing by, representing an increase of 等。例如：

今年 1—8 月，广东与加拿大进出口贸易总值达 25 亿美元，增长 20.9%。其中，广东对加拿大出口 17.38 亿美元，增长 38.2%。

From January to August this year, total import and export trade volume between Guangdong Province and Canada reached US$2.5 billion, representing an increase of (increasing by) 20.9%. Export from Guangdong Province to Canada amounted to US$1.738 billion, an increase of 38.2%.

三、商务报告常用术语和表达的翻译

(一) 常用术语翻译

analyze   分析……
assess/estimate   评估
focus on…   重点关注……
recommend   推荐
launch new products   推出新产品
technical support   技术支持
upon request of…   应……的要求
deal with the problem of…   处理……问题
explore two aspects of…   探讨……的两个方面
describe some features of…   描述……的一些特征
get feedback from…   从……中得到反馈
It was decided/agreed/felt that…   决定/同意/认为……
with a view to doing something   有做某事的打算和希望

look at…   考虑/审视……
evaluate   评价
investigate   调查
set out to…   旨在……
senior management   高级管理层
sluggish market   市场疲软
enclosed is…   附上

(二) 常用表达翻译

1. I am submitting the following report about…
   提交的报告是关于……

2. The major findings of the present investigation can be summarized as follows.
   本调查的主要发现可以归纳为如下几个方面。

3. According to the finding above, it can be concluded that…
   根据上述发现，可做出如下结论……

4. It is strongly recommended that the marketing strategy be improved.
   强烈建议改进营销策略。

知识小结

商务报告是日常商务活动中常见的一种文体。本项目介绍了商务报告的定义、分类、构成以及商务报告的语言特点、常用翻译技巧以及商务报告常用术语和表达的翻译。

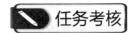

思考题
请思考商务报告翻译的注意事项。

课后训练
翻译下列句子，注意商务报告翻译的准确性。

1. At the suggestion of the Equipment Division of the Plant, the survey panel conducted on-the-spot observations in the workshop on July 15, 2020.
2. China's export to the United States, Japan and the members of the European Union accounts for 53.6% of its total export, but most of China's enterprises are not familiar with international standards.
3. It is clear that they are very keen to do business with us and they will be important customers in the future, I therefore suggest we offer them our best terms.
4. Export which helps to gain foreign currency to import the badly needed raw materials, technology and equipment, decides a nation's capacity to import.
5. Education gives people choices regarding the kind of lives they wish to lead. It enables them to express themselves with confidence in their personal relationships, in the community and at work. But for more than 115 million children of primary school age who are out of school, this human right is being denied. These are mostly children from poor households, whose mothers often have no formal education either.

商务报告常用术语和表达翻译

audit report　审计报告　　　　　　feasibility report　可行性报告
investigation report　事件调查报告　market research report　市场调查报告
monthly report　月度报告　　　　　progress report　进展报告
survey report　意见调查报告　　　　recommendation　建议，劝告
table of contents　目录　　　　　　synopsis　概要

1. Following your instruction, we examined the cause of the decline in sales of Shanghai Branch.
   根据您的指示，我们对上海分部销售下滑的原因做了调查。
2. In this report, I present the data collected for improving our new series products.
   这份报告将提供针对我们新系列产品的改进而搜集的一些资料。

3. This report assesses the feasibility of …
   这份报告评估了……的可行性。
4. I obtained most information from…
   我的主要资料来源为……
5. Therefore, I'd like to make the following recommendations for your reference.
   因此，我提出以下建议供您参考。
6. A thorough comparison promoted a decision on the third program.
   在进行全面比较之后，我们决定采用第三方案。
7. I have chosen the third among the twelve because it's more feasible.
   我在12个可选方案中选择了第三个，因为它的可行性比其他的大。
8. In this report I present the information you wanted to have before deciding whether or not to invest in ABC Company.
   这份报告将提供您所需要的信息，以帮助您决定是否该投资于ABC公司。

任务 14.2　汉英翻译技巧之谓语确定

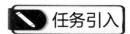

请看下列句子，分析汉语的谓语是由什么词充当的，与英语谓语构成有哪些不同？
1. 她的未婚夫都50岁了。　　　　　2. 我想吃肯德基。
3. 快餐食品并不健康。　　　　　　4. 华为的手机外观很漂亮。
5. 问题解决了。　　　　　　　　　6. 大家都觉得这样做不妥。

汉英句子主干成分的差异不仅体现在主语的区别上，还体现在谓语的构成上。汉语的谓语成分可以由各种词类和语言单位充当，还可以由几个连用的动词担任。英语谓语通常只能由动词充当，而且除了并列谓语的情况外，一般只能由一个动词充当谓语。汉语和英语的谓语不仅在构成上差异迥然，而且即使在都由动词充当谓语时也存在明显的不同。譬如，汉语中有些及物动词需用英语的不及物动词来翻译，有时情况则恰好相反。例如：

等候公共汽车　to wait for the bus　　　拜访一位朋友　to call on a friend
敲门　　　　　to knock on the door　　到达纽约　　　to arrive in New York
和约翰结婚　　to marry John　　　　　 与妻子离婚　　to divorce one's wife
为人民服务　　to serve the people　　　 比丈夫寿命长　to outlive one's husband
因此，应当充分认识汉语和英语谓语的各种差异，并且在汉译英的过程中切实加以注意，以便按照英语的语言规范确立译文句子的谓语。具体而言，以下几点应当特别予以重视。

一、谓语构成成分差异及谓语翻译

汉语除了用动词作谓语外，还经常由名词、形容词、数词及介词短语等充当谓语。在将这些谓语译成英语时，一般须在其前面添加"be"或其他系动词。例如：

昨天星期一。

Yesterday was Monday.

据天气预报报道，明天晴。

Tomorrow is going to be fine according to the forecast.

她女儿今年15岁了。

Her daughter is fifteen this year.

图表在下一页。

The diagram is(appears) on the following page.

这位年轻的主持人真帅！

The young host is(looks) really handsome.

此外，汉语谓语还可以采用由两个或两个以上动词或动词性词组构成的连动式，英语则缺乏与之对应的句式，翻译时须做适当处理(具体请参见本书"汉英翻译技巧之连动句和兼语句翻译")。

二、谓语形态变化差异及谓语翻译

汉语谓语没有形态变化，无论主语为第几人称，是单数还是复数，谓语形态都相同。英语谓语动词有形态变化，其人称和数随主语人称和数的不同而不同。例如：

他(们)比美国人还具有美国人的特点。

He is (They are) more American than the Americans.

改革和开放也使民族精神获得了新的解放。

Reforms and the open policy have also further emancipated the minds of the people.

三、谓语时、体、语气等表达差异及谓语翻译

汉语谓语动词无时态变化，表达动词的时态含义主要依靠词汇或者借助动词排列的先后顺序体现时间上的先后。英语谓语动词一般都有时态、语气的变化，动词的时态含义除了通过时间状语表达外，还经常体现在谓语动词的时态变化上。例如：

这个问题我们一直在提，今后也还要提。

We have been talking about this issue all along, and we shall go on talking about it.

我特别要赞扬的不仅是那些准备了这次盛大晚宴的人，还有那些给我们演奏了这么美妙音乐的人。我在国外从来没有听到过把中国音乐演奏得这样好的。

I particularly want to pay tribute, not only to those who prepared the magnificent dinner, but also to those who have provided the splendid music. Never have I heard Chinese music played better in a foreign land.

假如我们的经济五年不发展，或者是低速发展，会产生什么影响？

If our economy stagnated for five years or developed at only a low rate, what effects would be produced?

四、谓语语态标志差异及谓语翻译

相比较而言，汉语动词少用被动式，而英语的被动语态用得比较多。汉语的被动式多用于突出动作对象，满足行文需要，无须说明或者无从说出施动者等场合。汉语的被动句还分为有形式标志(结构被动式)和无形式标志(意义被动式)两种。所谓有形式标志的被动句即指句中含有"被""受""遭""由""给"等词汇作为被动标志的句子。英语被动句均含有"be+ v.-ed"作为形式标志。汉语中有标志被动句、无标志被动句、以"有人""人们""大家""人家"等泛称作主语的主动句以及含有"据说""据传""据报道""据推测""据悉"等词语的句子，译成英语时谓语动词往往采用被动式。例如：

他的独子让车给轧了。

His only son was run over by a car.

茶会上只供应茶和蛋糕。

Only tea and cake were served at the tea party.

因为下雨，仪式举行得很简短。

The ceremony was abbreviated by rain.

今晚有人在此讲了些不该讲的话。

Some things have been said here tonight that ought not to have been spoken.

据报道，新的体育场正在筹建中。

It is reported that the new stadium is under preparation for construction.

五、谓语与主语、宾语搭配差异及谓语翻译

汉语和英语在思维方式与表达习惯上差异很大。譬如，汉语常用人称主语，英语常用非人称主语。如果在汉英翻译时照搬汉语中的主谓搭配，就会产生逻辑问题，因此要进行必要的调整。可以调整主语，使之与现有的谓语搭配得当(请参见本书"汉英翻译技巧之主语选择")。例如：

你的教学科研取得了长足的进步，但不应因此而自满。

You have made good progress in teaching and researching but you should guard against complacency.

当然，也可以不换主语，而拣选一个合适的谓语与之搭配。例如：

本书精选了中国南方26个少数民族的111则脍炙人口的故事。

The book consists of 111 superb stories popular among 26 minority nationalities in the south of China.

在上例中,"精选"指"精心挑选",但"本书精选……"不宜译为"The book well selects...",因为"book"自身不能"select"。用"consist"作谓语,"superb stories"作宾语,"精选"的意义可含其中。

英语和汉语除了主谓搭配习惯存在差异,在谓语和宾语的搭配上也不尽相同。汉语中的谓语有时在英语的句子里不一定可以搭配英语的宾语,因此也需要进行调整。例如:

抓紧施肥

原译: grasp manure

改译: pay close attention to or attend to the question of manure

把中国建设成为

原译: build China into

改译: turn or transform China into

从这本书里,学生可以学到许多有关欧洲历史的知识。

原译: Students can learn much knowledge of European history from this book.

改译: Students can gain(obtain) much knowledge of European history from this book.

对比上述例子中各自的原译与改译可以看到,原译之所以不能接受,主要是因为不符合英语的搭配习惯。汉语中"学到知识"在搭配上毫无问题,而英语则不能用 learn(study) 与 knowledge 搭配,否则就不是正确地道的英语表达方式。

在确立译文谓语动词时,尤其要注意英语动词的各种固定搭配。

(1) 在翻译"打(拍、抓)某人的某个部位"这类汉语表达时,对应的英语及物动词一般应先接"某人",再以适当的介词引出确切部位。

打……的头部	to hit *sb*. on the head
轻拍……的背部	to pat *sb*. on the back
抓住……的领口	to grab(seize) *sb*. by the collar
扯住……的头发	to pull *sb*. by the hair

(2) 在翻译"供给某人以某物"这类汉语表达时,对应的英语动词之后往往要先跟供给的对象,再以介词 with 引出供应的东西。

给游击队提供情报	to provide(supply, furnish) the guerrillas with information
把此事委托给某人办理	to trust *sb*. with this matter
送某人一本书	to present *sb*. with a book

(3) 在翻译"除(夺)去某人的某种事物"这类汉语表达时,对应的英语动词之后通常先接"某人",再由介词"of"引出"某种事物":

剥夺某人的某种东西	to deprive(strip) *sb*. of sth.
抢夺某人的某种东西	to rob *sb*. of *sth*
消除某人的怀疑	to rid *sb*. of the doubt
解除某人的忧虑	to relieve *sb*. of anxiety
治好某人的牙疼	to cure *sb*. of his toothache

类似的英语固定搭配不胜枚举,应当在学习中努力掌握,使自己的英语表达更加纯正自然、地道准确。

汉语谓语成分具有开放性,几乎可以由各种词类和语言单位充当。英语谓语则相对具有封闭性,通常只能由动词充当,而且除了并列谓语以外,一般只能由一个动词充当谓语。因此,在汉译英确立谓语时要注意谓语的构成成分,形态变化,时、体、语气等的表达,语态标志,与主语、宾语的搭配等。

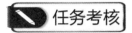

思考题

请思考并总结英语和汉语谓语的差异。

课后训练

将下列句子译成英语,注意确立正确的谓语。
1. 关于他在什么地方,做什么事,赚了多少钱,他都曾向家人撒了谎。
2. 人民现在为什么拥护我们?就是因为这十年有发展,发展很明显。
3. 爱说谎的人,即便在他讲真话的时候,也没人相信。
4. 这本诗集已经译成几十种外文。
5. 我方合理的价格已被西尔斯公司接受,这将会带来更多的生意。
6. 即将举行的英语考试据说相当难,所以我们应当做好充分准备。
7. 又一座立交桥将于 10 月底通车。
8. 从 1840 年到 1880 年这 40 年中,近 1 000 万移民移居美国。
9. 实施新规则时出现了许多新问题。
10. 在我们公司,办公室助理一周工作 70 小时甚至 80 小时不算新鲜。

综合案例分析

一、下面译例选自一份商务报告,请阅读并比较两个译文,哪个译文更准确,并说明原因。

The Engineer shall be at liberty to object to and require the Contractor to remove forthwith from the Works any person employed by the Contractor in or about the execution or maintenance of the Works who, in the opinion of the Engineer, misconducts himself or is incompetent or negligent in the proper performance of his duties or whose employment is otherwise considered by the Engineer to be undesirable and such person shall not be again employed upon the Works without the written permission of the Engineer.

译文 1： 工程师有权要求承包商立即解雇其雇用来执行合同的人员，这些人员在工程师看来未履行职责或不称职。被解雇的人员未经工程师的书面同意，不得再被雇用。

译文 2： 工程师有权反对承包商雇用来参与工程建设或从事工程施工或维护相关工作的任何人员，并要求承包商立即将他们从工程中解雇，只要工程师认为其行为不轨、或不能或疏于恰当地履行职责、或工程师因其他原因认为其雇用欠妥。未经工程师书面同意，此种人员不得再受雇于该工程。

二、试译下面短文，体会谓语确定的翻译技巧。

在门诊大楼前，一群年轻的大学生组织了志愿队，自发来到医院，为伤者寻找亲人，为亲人寻找伤者。由于伤员太多，通讯不畅，谁也找不到谁。他们就从一楼到六楼，一个个询问伤员，登记他们的家庭情况，及时和他们的亲人联系。从各地来医院寻找伤员的人们又通过他们，及时联系上自己的亲人。

作为一名翻译公司的商务翻译，项目主管要求你翻译客户的商务报告，总结商务报告的语言特点以及商务报告的翻译技巧，并举例说明在汉英翻译中确定谓语时应考虑的因素。

动植物的文化内涵与翻译Ⅱ

学生可扫描获取"动植物的文化内涵与翻译Ⅱ"相关资料。

项目15 商务合同翻译与汉英翻译技巧之无主句翻译

能力目标

1. 能够正确翻译商务合同的常用术语和句式；
2. 能够翻译英文商务合同、协议书、确认书、备忘录等常见合同文本；
3. 能够灵活运用无主句翻译技巧进行汉英翻译。

知识目标

1. 了解商务合同的定义、分类及构成要素；
2. 掌握商务合同的语言特点和翻译技巧；
3. 熟练掌握无主句的翻译技巧。

素质目标

通过商务合同等法律文本翻译的学习培养严谨、细致、认真等商务翻译人员应具备的素质。

知识结构图

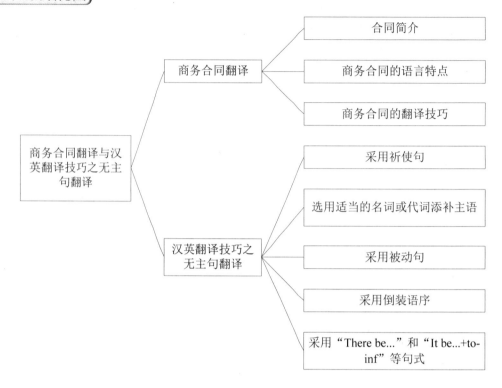

任务 15.1　商务合同翻译

任务引入

1. 请结合自己的生活经历，谈谈你对合同的认识和理解。
2. 翻译下面商务合同，谈谈合同的语言特点。

Packing: The packing of the goods should be preventive from dampness, rust, moisture, erosion and shock, and should be suitable for ocean/multiple transportation. The seller should be liable for any damage and loss of the goods attributable to the inadequate or improper packing. The measurement, gross weight, net weight and the cautions such as "Do not stack upside down", "Keep away from moisture" or "Handle with care" should be stenciled on the surface of each package with weather resistant color.

学习任务

一切商务活动都离不开商务合同，因为它是商务活动当事人权利与义务的体现，对各方均具有约束性。商务合同结构程式化、语言兼有普通商务语言和法律语言的特点造成其理解困难,加大翻译难度。而且,商务合同的翻译直接关系合同当事人的经济利益,任何微小的翻译错误都有可能导致难以挽回和不可估量的经济损失。所以,必须认真仔细地对待商务合同的翻译。

一、合同简介

(一) 合同的定义及分类

《中华人民共和国合同法》第二条规定:"合同是平等主体的自然人、法人、其他组织之间设立、变更、终止民事权利义务关系的协议。"由此可知,合同是当事人之间签订的对某一具体项目承担权利义务的协定或协议,对所有当事人均具有约束力。商务合同主要包括买卖合同、委托合同、租赁合同、雇用合同、贮存合同、代理合同等。按繁简不同,可以采取不同书面形式,如正式合同(contract)、协议书(agreement)、确认书(confirmation)、备忘录(memorandum)、订单(order)等。

(二) 合同的构成

一份正式的合同通常由以下4个部分组成:标题(title)、前言(preamble)、正文(body)和结尾条款(witness clause)。

1. 标题:标明合同的性质[如销售合同(sales contract)]和合同号(contract number)。
2. 前言:即合同总则,包括:①订约日期和地点;②合同当事人及其国籍、主要营业场所或住所;③当事人合法依据;④订约缘由/说明条款。
3. 正文:正文即合同主体,是合同的中心内容,由法律条款组成,明确规定各方的权利、义务、责任和风险。一般包括定义条款、基本条款和一般条款。
(1) 定义条款:对合同中重复出现的关键名词术语进行明确定义,给出明确解释。
(2) 基本条款:包括当事人的名称或者姓名和住所、标的、数量与质量、价款或酬金、履行的期限、地点和方式、违约责任、解决争议的办法以及当事人认为必须在合同中明确的其他内容。
(3) 一般条款:包括合同有效期、合同的终止、不可抗力、合同的让与、仲裁、适用的法律、诉讼管辖、通知手续、合同修改和其他等。
4. 结尾条款:一般包括合同的份数、使用的文字和效力、签名和盖章等。

二、商务合同的语言特点

(一) 词汇特点

1. 多用专业术语和缩略语

商务合同是一种庄重文体,要选择意义明确、不含歧义的词语。专业术语和缩略语具有国际通用性，意义精确。在商务合同中应大量使用专业术语和缩略语，准确描述商务活动中的各个交易环节以及相关的各类单据。例如：

action	诉讼	prejudice	损害
assign	转让(合同等)	satisfaction	清偿、补偿
FOB	船上交货	CIF	成本、保险及运费

2. 使用古体词汇

古体词在法律文件中广泛使用，体现了法律契约性文书具有正式、严肃的文体特征，同时保持了内容的准确性，避免造成买卖双方对合同内容的误解。例如：hereafter(自此，今后)，hereby(特此，兹)，herein(此中，于此)，hereof(关于此点，在本文件中)等。例如：

The Parties to this Contract, in the spirit of friendly cooperation, hereby signed and concluded this Contract in accordance with the following terms and conditions:

双方本着友好合作的精神，特签订本合同，其条款如下：

The terms "company" mentioned herein refers to a limited liability company or a company limited by shares established within the territory of China in accordance with this Law.

本法所称公司是指按照本法在中国境内设立的有限责任公司和股份有限公司。

3. 法律词语多

为表现其权威性和严肃性，合同用词通常选择意义明确、无歧义、正式、庄重的法律词语。例如：

Contracts shall be concluded in accordance with the principle of equality and mutual benefit and of achieving agreement through consultation.

该句中的"in accordance with"为法律合同常用词语，比"according to"正式。

4. 同义词或近义词叠用

在英语商务合同中，为了表达的严谨性，确保合同所用词语的意思不被曲解，并使原文意思高度完整、准确，更好地体现合同作为法律文书的严肃性，有时使用同义词或近义词叠用。例如：

able and willing	能够并愿意	agent or representative	代表
any part or parts of it	其中任何部分	be null and void and of no effect	作废并无效
loss or damage	灭失或损坏		
stipulations and provisions	条款		
alteration, modification or substitution	变更、修改或替代		

这种词语叠用并非可有可无，在合同中它们可使合同语言更加精确严谨。其中只有少数近义词并列使用是为了追求它们之间的意义相同，以不被曲解，翻译时只要取其相同含义即可，例如：

null and void 无效   terms and conditions 条款 provisions and stipulations 规定

而多数近义词叠用是为了强调它们之间的意义差别，使表达更加完整准确。难点是识别近义词之间的细微差别，找出汉语中对应的词语，并符合汉语的措辞习惯。

5. 外来词语多

外来词，比如拉丁词和法语词也经常出现在商务合同中。例如："比例税率"用"pro rata tax rate"要比"proportional tax rate"多；"委托代理人"用"agent ad litem"；"不可抗力"用"force majeure"；"代替"用"in lieu of"；"人均保险费"用"insurance premium per capita"等。

（二）句法特点

1. 多用长句

为使表述严谨准确，经常使用句法结构复杂的长句。句型变化多端，复合句、复杂句居多，同时附加成分也多。这给合同翻译带来了困难。例如：

The seller shall not be responsible for the delay of shipment or non delivery of the goods due to force majeure, which might occur during the process of manufacturing or in the course of loading or transit.

凡在制造或装运过程中，因不可抗力致使卖方不能或推迟交货时，卖方不负任何责任。

2. 大量使用条件句

商务合同通常是规约当事人的权利、义务和责任，具有一定的法律效力。因此，合同条款中必须考虑各种可能发生的情况，即附有各种条件。只有符合这些条件，双方才能实施各自的权利和义务。所以，条件句的大量使用是商务合同的一大特点。例如：

During the execution of a contract, <u>if one party fails to perform the contract and thus bringing economic loss to another party</u>, the latter may ask the former for compensation according to the contract stipulation.

在合同执行中，若一方不能履行合同而造成另一方经济损失，受损失的一方可根据合同规定要求对方赔偿。

3. 常用被动句

商务合同强调客观事实，因此合同中的一些条款以被动语态出现的频率较高，旨在突出动作的承受者，尽量减少个人情感的影响。例如：

Payment shall be made in the U.S. currency by the buyer to the seller.

买方应以美元支付卖方货款。

In case the contract is concluded on CIF basis, the insurance shall be effected by the Seller for 110% of invoice value covering all risks, war risk，S.R.C.C. risks (i.e. Strikes，Riot，and Civil Commotions).

在到岸价基础上订立的合同，将由卖方按发票金额的110%投保综合险、战争险、罢工险、暴乱险和民变险。

本句是有关合同保险条款的内容，其中用了被动语态(... is concluded，shall be effected)、非谓语动词(covering all risks ...)、情态动词(shall)，另外还用了"in case"引导的条件句。

三、商务合同的翻译技巧

(一) 专业术语的翻译

商务合同中有很多专业术语，涉及数字、时间、交货条件、贸易术语以及信用证等方面的专业词汇特别多。翻译的时候必须做到准确无误，否则，若翻译出现偏差，将会给双方当事人造成难以估量的损失。

1. 合同术语的翻译

常见的合同术语一般有比较固定的翻译，而且这部分术语和词汇使用重复率较高，只要用心积累，很快就能掌握。英语商务合同中常用的术语如下。

force majeure 不可抗力	defect 瑕疵
remedy 救济	jurisdiction 管辖
damage 损毁	loss 灭失
draft at sight 即期汇票	letter of credit 信用证
bill of lading 提单	bill of exchange 汇票
firm offer 实盘	technology transfer 技术转让
documents against acceptance 承兑交单	

这些专业术语语义精练，表意准确、正式、规范、严谨，符合正规、严肃的合同文体特征。此外，还有一些与合同表达相关的术语，翻译中也值得借鉴。例如：

agreement and contract 协议与合同	formal contract 正式合同
illegal contract 非法合同	to draft a contract 起草合同
to countersign a contract 会签合同	to renew a contract 续签合同
to abide by the contract 遵守合同	to honor the contract 重合同
to alter the contract 修改合同	to tear up the contract 撕毁合同
to terminate the contract 解除合同	to annul the contract 废除合同
to cancel the contract 撤销合同	
to make/place/sign/enter into a contract 签订合同	
to execute/fulfill/implement/perform/carry out a contract 执行合同	

2. 合同关键细目的翻译

实践证明，英译合同中容易出现差错的地方，一般来说，不是大的陈述性条款，而是一些关键的细目，比如金钱、时间、数量等。为了避免出差错，在英译合同时，常常使用一些有限定作用的结构来界定细目所指定的确切范围。

(1) 限定责任。众所周知，合同中要明确规定双方的责任。为英译出双方责任的权限与范围，常常使用连词和介词的固定结构。现把最常用的结构举例说明如下。

① and/or。英译合同中常用"and/or"表示"甲和/或乙"的内容，这样就可避免漏译

其中的一部分。例如：

如果上述货物对船舶和(或)船上其他货物造成任何损害，托运人应负全责。

The shipper shall be liable for all damage caused by such goods to the ship <u>and/or</u> cargo on board.

② by and between。常用"by and between"强调合同是由"双方"签订的，因此双方必须严格履行合同所赋予的责任。例如：

买卖双方同意按下述条款购买、出售下列商品并签订本合同。

This Contract is made <u>by and between</u> the Buyer and the Seller, whereby the Buyer agrees to buy and the Seller agrees to sell the under mentioned commodity subject to the terms and conditions stipulated below.

(2) 限定时间。英译与时间有关的内容，必须慎重处理，因为合同对时间的要求必须准确无误。所以，英译起止时间时常用以下结构来限定准确的时间。

① on and after/on or before。用双介词英译含当天日期在内的起止时间。例如：

自9月20日起，甲方已无权接受任何订单或收据。

Party A shall be unauthorized to accept any orders or to collect any account <u>on and after</u> September 20.

② not(no) later than。用"not(no) later than+日期"英译"不迟于某月某日"。

本合同签字之日起一个月内，即不迟于12月15日你方须将货物装船。

Party B shall ship the goods within one month of the date of signing this Contract, i.e. <u>not later than</u> December15.

③ include 的相应形式。常用"include"的相应形式"inclusive""including""included"来限定含当日在内的时间。

本证在北京议付，有效期至1月1日。

This credit expires till January 1(inclusive) for negotiation in Beijing.

或：This credit expires till and including January 1 for negotiation in Beijing.

如果不包括1月1日在内，英译为"till and not including January 1"。

(3) 限定金额。为避免金额数量的差漏、伪造或涂改，英译时，常采取以下措施严格把关。

① 大写文字重复金额。英译金额须在小写之后，在括号内用大写文字重复该金额，即使原文合同中没有大写，英译时也有必要加上大写。在大写文字前加上"SAY"，意为"大写"；在最后加上"ONLY"，意思为"整"。必须注意：小写与大写的金额数量要一致。例如：

聘方须每月付给受聘方美元500元整。

Party A shall pay Party B a monthly salary of US$500(SAY FIVE HUNDRED US DOLLARS ONLY).

② 正确使用货币符号。英译金额必须注意区分和正确使用各种不同的货币名称符号。

如$既可代表美元,又可代表其他某些地方的货币。必须注意:当金额用数字书写时,金额数字必须紧靠货币符号,例如:Can$891,568 不能写成 Can $ 891,568。另外,翻译时还要特别注意金额中是小数点(.)还是分节号(,),因为这两个符号极易引起笔误,稍有疏忽,其后果将不堪设想。

(二) 合同用词的翻译

合同英语的用词极其考究,在翻译成汉语时,往往是约定俗成的,通常需要注意以下几个方面。

1. 合同用情态动词 may、shall、must、may not(或 shall not)的翻译

"may"旨在约定当事人的权利(可以做什么),"shall"约定当事人的义务(应当做什么),"must"用于强制性义务(必须做什么),"may not"(或"shall not")用于禁止性义务(不得做什么)。例如:

All technical documents <u>shall</u> be handed over in accordance with the requirements of the recipient's schedule for the project.

技术文件的交付时间应当符合受方工程计划的进度要求。

Party A <u>shall not</u> supply the contracted commodity to other buyers in the above mentioned territory. Direct inquires, if any, <u>shall</u> be referred to Party B.

甲方<u>不得</u>向上述地区其他买主供应本合同项下的商品。如有直接询价者,<u>应</u>让他们向乙方询价。

2. 合同用副词的翻译

英语商务合同通常使用一套惯用的古体英文副词,起到结构严谨、逻辑严密、言简意赅的作用。这类词为数并不多,而且构词简单易记。其通常是由 here,there,where 等副词分别加上 after,by,in,of,on,to,under,upon,with 等副词,构成合成副词。例如:

从此以后、今后	hereafter	从那以后、此后、以后	thereafter
在其上	thereon / thereupon	在其下	thereunder
对于这个	hereto	对于那个	whereto
在上文	hereinabove / hereinbefore		
在下文	hereinafter / hereinbelow		
在上文中、在上一部分中	thereinbefore		
在下文中、在下一部分中	thereinafter		

现用实例说明在英译合同中如何酌情使用上述副词。

本合同一式两份,合同双方各执一份,并各保留两份复印件,供双方存档。

This Contract shall be in duplicate, to be held by each of the Parties hereto and shall have two copies kept by each of the Parties hereto for the record.

3. 合同用同义词的翻译

英语商务合同中，常把几个同义词并列使用，以避免合同双方当事人按自己的意图来理解合同条文，从而导致歧义。翻译时，应取这几个同义词的共义，以保证内容准确，维护法律文件的严肃性。常见的这类并列同义词如下。

terms and conditions	条款	made and sign	签订
force and effect	效力	all and any	所有
each and every	每一个	approve and accept	同意接受
by and between	与	fulfill and perform	履行
save and except	除了	final and conclusive	最终

例如：

If the contractor shall duly perform and observe all the terms, provisions, conditions, and stipulations of the said contract, this obligation shall be null and void but otherwise shall be and remain in full force and effect.

如果承包人切实履行并遵守上述合同的所有条款、条件及规定，本保证书所承担的义务即告终结，否则这种义务应保持完全有效。

句中连用了几组同义词，其中"terms""provisions""conditions""stipulations"意为合同的条款及规定；"null"和"void"意为"无效"；"be"和"remain"同为连系动词，表示状态；"force"和"effect"意为"效力"。

4. 极易混淆的词语的翻译

翻译商务合同时，对一些极易混淆的词语应谨慎选词，使译文意思明晰清楚。所以，在翻译实践中，应谨慎对待这类词语的翻译。

(1) shipping advice 与 shipping instructions。"shipping advice"是"装运通知"，是由出口商(卖主)发给进口商(买主)的。"shipping instructions"是"装运须知"，是进口商(买主)发给出口商(卖主)的。另外，要注意区分"vendor"(卖主)和"vendee"(买主)，"consignor"(发货人)和"consignee"(收货人)。上述这三对词语在笔译时极易发生错误。

(2) abide by 与 comply with。两者都有"遵守"的意思。"abide by"的主语须是"人"，而"comply with"的主语是非人称。例如：

Both parties shall abide by the contractual stipulations.

双方都应遵守合同规定。

或

All the activities of both parties shall comply with the contractual stipulations.

双方的一切活动都应遵守合同规定。

(3) change A to B 与 change A into B。"change A to B"的意思是"把 A 改为 B"，而"change A into B"的意思是"把 A 折合成/兑换成 B"。

例如：

Both parties agree to change the time of shipment to August and change US dollar into RMB.

双方同意将交货期改为 8 月,并将美元折合成人民币。

(4) ex 与 per。"ex"表示由某轮船"运来"的货物,"per"表示由某轮船"运走"的货物,"by"表示由某轮船"承运"。例如:

The last batch per/ex/by S.S."Victoria" will arrive in London on October 1st.(S.S.= Steamship)

由"维多利亚"轮运走/运来/承运的最后一批货将于 10 月 1 日抵达伦敦。

(5) in 与 after。"in"表示"多少天之后确切的一天",而"after"表示"多少天之后不确切的任何一天"。

例如:

The goods shall be shipped per M.V."Dong Feng" on November 10 and are due to arrive at Rotterdam in 41 days.

该货于 11 月 10 日由"东风"轮运出,41 天后抵达鹿特丹港。

(6) on/upon 与 after。"on/upon"表示"……到后,就……",而"after"表示"……之后"的时间不明确。

例如:

The invoice value is to be paid on/upon arrival.

发票货值必须货到付给。

(7) by 与 before。"by"在翻译终止时间时,如在"某月某日之前",如果包括所写日期,就用 by。如果不包括所写日期,即指到所写日期的前一天为止,就用 before。例如:

The vendor shall deliver the goods to the vendee by June 15.

卖方须在 6 月 15 日前将货交给买方。

文中的 by June 15 表示包含 6 月 15 日在内,如果不包含 6 月 15 日,可以译为 before June 15 或者 by June 14。

(三) 合同句式的翻译

商务合同中有些句式是几乎每一份合同都要用到的,这些句式的翻译也往往是约定俗成的。翻译者若善于积累,学会套用,将会收到事半功倍的效果。常见的句式结构如:

The contract is made out in English and Chinese languages in quadruplicate, both texts being equally authentic, and each Party shall hold two copies of each text.

本合同用英文和中文两种文字写成,一式四份。双方执英文本和中文本各一式两份,两种文字具有同等效力。

另外,一些英语商务合同中常用短语的汉译也比较固定,翻译时可套用。例如:

hereinafter referred to as 以下称   whereas 鉴于
in witness whereof 兹证明   for and on behalf of 代表
by virtue of 因为   prior to 在……之前

as regards/concerning/relating to 关于
in effect 事实上
cease to do 停止做
miscellaneous 其他事项

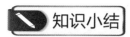

本项目介绍了合同的定义、分类、构成、语言特点以及合同的翻译技巧，包括专业术语、合同关键细目、合同句式的翻译等。

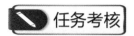

思考题
请思考合同的语言特点及翻译的注意事项。

课后训练
一、请将下列短语翻译成汉语。

1. acceptor
2. document against payment
3. terms and conditions
4. hereinafter referred to as
5. international trade contract
6. in witness whereof
7. in accordance with
8. principal place of business
9. the above-mentioned
10. to execute/fulfill a contract

二、请翻译下列句子，注意画线词，思考合同文本的语言特点。

1. The deposit paid by the Buyers shall not be refunded if the Buyers fail to make full payment within the time <u>herein</u> specified and the Buyers shall be liable for all losses incurred <u>therefrom</u> to the Sellers.

2. It is not surprising, then, that the world saw a return to a <u>floating exchange rate</u> system.

3. The Seller shall present the following documents required for <u>negotiation/ collection</u> to the banks.

4. <u>What you should pay attention to</u> is that claim must be made within the term of validity stipulated in the contract (generally within 30 days after the arrival of the goods at the destination).

5. <u>In case</u> the Sellers are liable for the discrepancies and a claim has been lodged by the Buyers <u>within the time limit of inspection and quality guarantee period</u> as stipulated in Clause 15 hereunder, the Sellers shall settle the claim in one or any combination of the following ways.

 知识链接

常用国际贸易术语

国际贸易术语是指《国际贸易术语解释通则®2020》(International Rules for the Interpretation of Trade terms 2020，简称 Incoterms®2020)中解释的 11 个贸易术语，具体如下。

组别	术语性质	术语缩写	英文含义	中文含义	适用运输方式
E 组	启运术语	EXW	Ex Works	工厂交货	任何运输
F 组	装运术语（主运费未付）	FCA	Free Carrier	货交承运人	任何运输
		FAS	Free Alongside Ship	装运港船边交货	水运
		FOB	Free on Board	装运港船上交货	水运
C 组	装运术语（主运费已付）	CFR	Cost and Freight	成本加运费	水运
		CIF	Cost, Insurance and Freight	成本、保险费加运费	水运
		CPT	Carriage Paid to	运费付至	任何运输
		CIP	Carriage and Insurance Paid to	运费、保险费付至	任何运输
D 组	到达术语	DAP	Delivered at Place	目的地交货	任何运输
		DPU	Delivered at Place Unloaded	目的地卸货后交货	任何运输
		DDP	Delivered Duty Paid	完税后交货	任何运输

任务 15.2　汉英翻译技巧之无主句翻译

 任务引入

试译下列无主句，并谈谈无主句的翻译技巧。
1. 没有调查，就没有发言权。
2. 没有爱心，就无法了解人生。
3. 没明确宣布新路什么时候开通。

学习任务

在汉语中，只有谓语部分而没有主语部分，却能表达相对完整意义的句子称作无主句。所谓无主句，并不是省略了主语的句子，而是在汉语习惯上就这么讲、这么写。至于其主语到底是什么，往往很难确定，有时也无法确定或没有必要确定。尽管如此，这类句子在

任何语言环境下仍然能够表达完整而明确的意思，如："房子前面有一棵树，树下拴着一头老牛""刮风了，要下雨了""要吃什么，尽管跟我说"，等等。这种句子在汉语中十分常见。英语句子除了部分祈使句和一些固定表达外，一般都包含主语。

如何将这类无主句翻译成符合主语突出的英语译文是汉英翻译的难点之一。这是因为，英语句子首先必须有主语（英语中的祈使句是省略了主语），其次必须有一个谓语动词，这样才能够建立框架。因此，汉译英时汉语无主句需要增补主语或改变句式，以确保译文符合英语句法和表达习惯。下面介绍汉语无主句的几种英译方法。

一、采用祈使句

英语祈使句除非为了指明请求或命令的对象，或者为了加强语气以及表达某种感情色彩等，一般不带主语。这样，很多表达祈使意义的汉语无主句可以照译成对应的英语祈使句。例如：

注意身体。
Pay attention to your health.
横过街道时要小心。
Be careful when crossing the street.
请把你的《工业百科全书》借给我。
Lend me your *encyclopedia of Industry*, please.
不要再哭了，把眼泪擦干吧。
Stop crying and wipe away your tears.
万一有什么困难请给我们一个信儿。
Send us a message in case you have any difficulty.
今天能做的事切不可拖延到明天。
Never put off till tomorrow what you can do today.

二、选用适当的名词或代词添补主语

一些叙事、说理性汉语无主句经常可以根据上下文以及英语句法的要求选用合适的名词或代词添补主语，以使译文句子结构完整。例如：

把中国建设成为社会主义现代化强国。
<u>We</u> will turn China into a modern strong socialist country.
要敢于在公众面前讲话。这是一个关，这个关必须过。
<u>We</u> should not be afraid of speaking before public. This is a key process we must go through.
这个地区遭受了严重的自然灾害。
<u>The people</u> in the region suffered a natural disaster.
学习先进，才有可能赶超先进。
<u>A person</u> must learn from the advanced before <u>he</u> can catch up with and surpass them.

留得青山在,不怕没柴烧。

As long as the green hills remain there, we don't need to worry about firewood.

能不能把学期论文早一点交上来?

Can you hand in your term paper a little earlier?

此外,还有一种添补代词作译文主语的情况需要注意:很多表示自然现象、时间和距离等的汉语无主句译成英语时,一般须用非人称代词 it 作主语。例如:

正下着倾盆大雨。

It's raining cats and dogs.

从他家到公园很近。

It is only a stone's throw from his house to the park.

三、采用被动句

汉语更习惯于使用主动句式。因此,在无须说出或无法说出施事者时,汉语经常采用动宾结构的无主句。译成英语时,往往将这种无主句的宾语转译成英语被动结构中的主语或以"it"作形式主语,将真正作主语的名词从句后置。这是汉译英无主句最为常用的方法之一。

要广泛动员中小学生学习科普知识。

Primary school and high school students should be mobilized to learn popular science knowledge.

室外摆上了筵席,我们就和那些帮助办席的农民一起进餐。

An open-air feast was spread and we ate with farmers who had helped produce it.

已经采取措施减少交通事故。

Measures have already been taken to reduce traffic accidents.

对这一问题实际上还没有进行过科学实验。

Practically no scientific experiments have yet been made on this question.

几年前发现了一颗新的彗星。

A new comet was discovered a couple of years ago.

四、采用倒装语序

汉语无主句中有些用以表示"某处存在或出现某事物"等意义,其句式与英语的某些倒装句很相似。将这种无主句译成英语时,往往可以采用倒装句式,译文照样通顺自然。例如:

远处可以看到一个波光粼粼的湖面,周围长满着松树。

In the far distance was seen the glittering surface of a lake surrounded by pine woods.

楼梯上坐着一位黑头发的小女孩。

On the stairs was sitting a small dark-haired girl.

在这张表上还可以再增加三个重要项目。

To this list may be added three further items of importance.

(随信)附有几张近照。

Enclosed are some pictures I have taken recently.

五、采用"There be..."和"It be... + to-inf"等句式

汉语中有些无主句属于格言、谚语和经验之谈，或者表达某种哲理。这类无主句译成英语时常采用"There be..."和"It be... + to-inf"等句式。例如：

太阳底下无新事。

There is nothing new under the sun.

除了放弃尝试以外没有失败。

There is no failure except in no longer trying.

新工作不见得比原先的工作要强。

There is no guarantee that the new job will be better than the old one.

没有改革开放，就没有今天的经济发展。

Without reform and opening up to the outside world, there would be no economic development of today.

根本不可能几个星期就掌握一门外语。

It is impossible to master a foreign language in a few weeks.

汉语无主句是汉语特殊句式之一，汉译英时可以采用英语祈使句、被动句、倒装句、"There be..." "It be...+to-inf"句式以及添补主语的方式进行翻译。

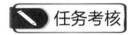

思考题

请思考汉语无主句的特点及常用翻译技巧。

课后训练

采用适当的方法将下列无主句译成英语。

1. 做老实人，说老实话，办老实事。
2. 一定要保证一切能及时准备好。
3. 一有问题就去解决，不要等问题成堆了才去一次性全解决。
4. 注意看看信的地址是否写对了。
5. 为什么总把这些麻烦事推给我呢？
6. 介绍的时候，往往是连名带姓。

7. 很容易看出这台照相机已经修理过好几次了。
8. 由此得出磁铁这个名称。
9. 否定了这个计划是错误的。
10. 要坚持两手抓，一手抓改革开放，一手抓打击各种犯罪活动。

综合案例分析

一、请思考下列合同翻译是否清晰准确，如有不妥，请对译文进行改译。

1. The "excepted risks" are war, hostilities, civil war, or unless solely restricted to employees of Contractor or of his Subcontractors and arising from the conduct of the Works, riot, commotion or disorder.

原译："意外风险"包括战争、敌对状态、内战，或在工程进行中，由承包商的雇员、分包人制造的动乱、混乱。

2. The Contractor shall be responsible for the true and proper setting-out of the Works in relation to original points, lines and levels of reference given by the Engineer in writing and for the correctness, subject as above mentioned, of the position, levels, dimensions and alignment of all parts of the Works and for the provision of all necessary instruments, appliances and labor in connection therewith.

原译：承包人负责根据工程师的书面指示正确地开始工程，保证工程位置、面积、水平面及各部分组合的质量，提供工程所需工具、设备和劳力。

二、试比较下列无主句的英语译文，分析哪个更合适，并说明理由。

1. 基本路线要管一百年，动摇不得。

译文 1: We should adhere to the basic line for a hundred years, with no vacillation.

译文 2: The basic line should be adhered to for 100 years, and there must be no vacillation.

2. 像这类问题还有不少，如果处理不当，就很容易动摇我们的方针，影响改革的全局。

译文 1: There are many problems like this one, and if we don't handle them properly, our policies could easily be undermined and overall reform affected.

译文 2: There are many more issues of this kind, and if not properly handled, they could easily shake our policies and affect the overall reform.

实训活动

作为一名翻译公司的商务翻译，项目主管要求你翻译客户的商务合同，总结商务合同的语言特点以及商务合同翻译技巧，并举例说明汉英翻译中无主句的翻译技巧。

中国特色词汇的翻译 I

学生可扫描获取"中国特色词汇的翻译 I"相关资料。

项目16　旅游翻译与汉英翻译技巧之连动句和兼语句翻译

🔍 能力目标

1. 能够在商务活动中顺利进行旅游文本翻译；
2. 灵活运用连动句和兼语句的翻译技巧进行汉英翻译。

🔍 知识目标

1. 了解旅游文本的语言特点；
2. 掌握中英旅游文本的差异；
3. 熟练掌握旅游文本的翻译技巧；
4. 熟练掌握连动句和兼语句的汉英翻译技巧。

🔍 素质目标

通过旅游翻译学习培养商务翻译人员灵活运用"内外有别"的外宣资料翻译原则进行旅游文本翻译的能力，能够礼貌、得体地进行旅游情境下的跨文化交际活动。

知识结构图

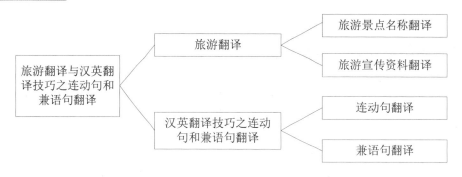

任务 16.1 旅游翻译

任务引入

试将下面景点介绍翻译成英语,体会旅游文本的语言特点。

梁祝公园建于公元 397 年,距今已有 1600 余年历史。公园以梁山伯庙为主体,梁祝故事为主线,由观音堂、夫妻桥、恩爱亭、荷花池、梁祝化蝶雕塑、大型喷泉广场、万松书院等众多景点组成,现已成为全国最大的爱情主题公园,是痴情男女的向往之地。

选自《宁波旅游指南》

学习任务

旅游涉及多门学科、多种活动,食、住、行、游、购、娱各环节从自然科学到社会科学,从天文地理到风土人情,面广且"杂"。旅游文本翻译包括旅游广告、旅游日程安排、旅行合同、旅游景点名称、旅游标识语、旅游景点介绍等的翻译,涉及描写、记叙、说明等多种体裁。本项目重点介绍旅游景点名称和旅游宣传资料的翻译。

一、旅游景点名称翻译

旅游景点(tourist attractions)是指以旅游及其相关活动为主要功能或主要功能之一的空间或地域,包括风景区、文博院馆、寺庙观堂、旅游度假区、自然保护区、主题公园、森林公园、地质公园、游乐园、动物园、植物园及工业、农业、经贸、科教、军事、体育、文化艺术等各类旅游景点。汉语景点名称通常由"专有名称+通名(种类名称)"构成。专有名称是对景点的称呼,如"太清宫"中的"太清","颐和园"中的"颐和"就是这两个建筑物的专有名称。通名(种类名称)就是指判断、辨别景点类别的名词，如"太清宫"的"宫"、"颐和园"的"园"。旅游景点名称翻译应遵循译界公认的"音译为主，适当意译，照顾通译"的地名翻译原则。

(一) 常用旅游景点通名翻译

旅游景点通名一般采用英文直接翻译，单词首字母大写，其余小写。

1. 植物园译为"Botanical Garden"，如"北京植物园"译为"Beijing Botanical Garden"。

2. 博物馆一般名称译为"×××× Museum"，如"历史博物馆"译为"History Museum"。某机构的博物馆译为"×××× Museum of ××××(机构名)"，如"大钟寺古钟博物馆"译为"Ancient Bell Museum of Great Bell Temple"。

3. 纪念馆有两种译法：历史名人的纪念馆译为"Memorial"，人名不加"'s"，如"吴运铎纪念馆"译为"Wu Yunduo Memorial"；历史事件或事迹的纪念馆译为"Memorial Museum"，如"新文化运动纪念馆"译为"New Culture Movement Memorial Museum"。

4. 故居译为"Former Residence"，如"宋庆龄故居"译为"Former Residence of Song Qingling"。

5. 展览馆、陈列馆译为"Exhibition Hall / Exhibition Center"，而会展中心译为"Convention & Exhibition Center"。

6. 陈列室译为"Exhibition Room / Display Room"。

7. 宫、院译为"Palace"，如"颐和园"译为"Summer Palace"。有些宫译为"Hall"，如"乾清宫"译为"Hall of Heavenly Purity"。

8. 殿、堂译为"Hall"，如"太和殿"译为"Hall of Supreme Harmony"，"乐寿堂"译为"Hall of Longevity in Happiness"。

9. 寺译为"Temple"，如"云居寺"译为"Yunju Temple"。

10. 亭、阁译为"Pavilion"，如"寄澜亭"译为"Jilan Pavilion"。

11. 一般的佛塔译为"Pagoda"，如"五塔寺"译为"Five-Pagoda Temple"；藏式塔译为"Dagoba"，如白塔寺的"白塔"译为"White Dagoba"。

12. 牌楼译为"Memorial Archway"。

13. 高山译为"Mountain"，如"太行山"译为"Taihang Mountain"或"Mt. Taihang"。比较小的山、山丘等译为"Hill"，如"万寿山"译为"Longevity Hill"。

14. 岛译为"Island"，如"南湖岛"译为"South Lake Island"。

15. 湖译为"Lake"，如"昆明湖"译为"Kunming Lake"。

16. 桥译为"Bridge"，如"玉带桥"译为"Jade Belt Bridge"。

17. 商店译为"Shop"，如"旅游纪念品商店"译为"Souvenir Shop"，"礼品店"译为"Gift Shop"。

(二) 旅游景点名称的翻译技巧

中国旅游景点名称的翻译主要采用以下几种方法。

1. 音译

完全音译的方法适用于行政区划名称，如城市、县城、乡镇、村庄等的翻译。如：

北京　Beijing　　　　八达岭　Badaling　　　　北戴河　Beidaihe
西安　Xi'an　　　　　长安　　Chang'an　　　　临潼　　Lintong

2. 意译

完全意译对保留原文形象及文化、历史内涵至关重要。例如：

紫来洞　Purple Source Cave　　　　拙政园　Garden of Humble Administrator
狮子林　Lions Grove　　　　　　　　三潭印月　Three Pools Mirroring the Moon

3. 音译加意译

完全意译也有不足之处，因为没有音译，外国人就缺少一个途径，无法与中国读法之间建立直接的联系。比较恰当的译法是音译与意译相结合，如可将"鹰嘴岩"译作"Yingzuiyan(Eagle Beak Cliff)"。《红楼梦》译本里不少地名均采用了音译和意译结合的办法：

大观园　Daguanyuan (Grand View Garden)　　　潇湘馆　Xiaoxiangguan (Bamboo Lodge)
稻香村　Daoxiangcun (Paddy-Sweet Cottage)

故宫里面几个主要宫殿的名称历来有多种译法，有的是完全音译，有的是音译和意译结合，还有的是完全意译。例如：

太和殿　Taihedian　　Taihedian Hall　　Hall of Supreme Harmony
中和殿　Zhonghedian　Zhonghedian Hall　Hall of Complete Harmony
保和殿　Baohedian　　Baohedian Hall　　Hall of Preserving Harmony

(三) 旅游景点名称翻译的注意事项

旅游景点名称翻译必须持严肃谨慎的科学态度，需要特别注意的是，由于有些名称源远流长，或经历代文人墨客想象夸张，再加上某些汉字词义的宽泛，指称意义的笼统，导致其所反映的景点特征与实体不符，翻译时同一个汉字所表示的通名在英译时常需要根据景点实际情况或所含寓意译为英语的不同词语，以免造成名不符实的情况。

1. 切忌望文生义

对于景点名称的翻译，不仅要观其名，还要知其实，切忌望文生义。如"大观园"内有个"稻香村"，从字面上看是个"村"，但实际上却是一座清雅古朴的农舍，因此就不能直译为"Paddy Sweet Village"，宜译为"Paddy Sweet Cottage"。再如成都杜甫草堂，有人译为"Du Fu's Straw Cottage"。从字面上看，将"草堂"译为"straw cottage"似乎很贴切，却犯了照字直译的错误。实际上，中国的"草堂"是指"屋顶用茅草盖的堂屋"，与英语中"thatch"一词词义吻合，故"杜甫草堂"宜译为"Du Fu's Thatched

Cottage"。

2. 查对有关资料

某些景点名称用字典雅，且多有历史渊源，翻译时必须查对有关资料，以免以讹传讹。如被称为"天下第三泉"的杭州"虎跑泉"的译名，有不少英文资料将其译为"Tiger Running Spring"，其实"跑"有两个读音，两个意思：一个音念 pǎo，表示奔、迅速前进；另一个音念 páo，表示兽、畜用爪或蹄刨地。另据传，唐代元和十四年(公元819年)，有位法名性空的高僧云游至现在的"虎跑寺"，打算栖禅于此，但苦于无水，准备云游别处；一天夜里忽然梦见神仙告之："南岳有童子泉，当遣二虎移来。"次日清晨，性空果见二虎"跑地作穴"，随即泉水喷涌。于是他就建寺居住，并把此泉起名为"虎跑泉"，故应译为"Tiger-clawed Spring"或"Tiger Dug Spring"，或简单译为"Tiger Spring"。

3. 考证历史事实

许多名胜古迹名称都与其历史、文化背景密切相关，翻译时必须考证有关历史事实，以避免或减少由于缺乏背景知识而造成误译。如苏州闻名中外的景点"寒山寺"，曾有人译为"Bleak Mountain Temple""Temple of Cold Hill"，将"寒山"理解为一座山。寒山寺位于苏州城阊门外的枫桥镇，那里并没有一座叫作"寒山"的山。相传唐贞观年间高僧寒山曾在此住持，遂将此寺更名为"寒山寺"(初名为"妙利普明塔院")。可见该寺是以人名而不是以山名命名的，故宜译为"Hanshan Temple"。

二、旅游宣传资料翻译

旅游宣传资料(publicity materials of tourism)的翻译是指以国外普通旅游者为对象，介绍中国旅游事业和旅游资源的各种资料的翻译。旅游宣传资料包括图书、画册、导游图、明信片、幻灯片、电视录像片、电影纪录片等。

旅游宣传资料在体裁上描写、记叙、说明兼而有之，具有信息功能、美感功能和祈使功能等多种功能，在内涵上承载大量文化信息，具有明显的文化特征。同时，旅游文学丰富多彩，有关名胜古迹的诗词曲赋、佳句楹联、传说典故、散文游记等数不胜数，具有体裁多样、功能多重、内涵丰富、文学性强的特点。因此，旅游宣传资料的翻译有着区别于其他文本翻译的方法。根据中英文化差异和中英旅游资料语言风格的差异，可以采用以下几种翻译技巧和方法。

1. 增词法

增词法主要是对旅游资料中涉及的一些人名、地名、朝代、历史事件或典故等加以说明。旅游宣传资料是向外国游客介绍中国的风景名胜，许多民族传统文化色彩浓厚的东西在中国妇孺皆知，但对外国游客而言却知之甚少，甚至一无所知。因此，旅游宣传资料翻译要有针对性地增加历史事件发生的年代，名人的生卒年代，他们的生平事迹及其在历史上的贡献，名胜的具体位置等背景知识，以帮助外国游客更好地理解。例如：

秦始皇　Qin Shihuang, the first emperor in Chinese history who unified China in 221

B.C....

林则徐　Lin Zexu, government official of the Qing Dynasty(1636—1911) and the key figure in the Opium War.

上述两例增加了历史人物的相关背景知识介绍。再如：

在西安64米高的大雁塔是玄奘西游印度回国后的居留之地。

The 64-meter-high Dayan Pagoda in Xi'an is the place where Xuan Zang, <u>a great monk in the Tang Dynasty</u>, once lived after returning from India.

西域

Xiyu, the Western Regions (a Han Dynasty term for the area west of Yumenguan Pass, including what is now Xinjiang Uygur Autonomous Region and parts of Central Asia.

2. 加注法

加注法是用增加说明的方法对原文中难懂的字、词、句的字面意思加以解释，或指出历史人物生卒年代的具体时间等，并常用括号把这部分说明文字括起来。这种加注法能让读者了解它们的字面意思，增加译文的趣味性。例如：

路左有一巨石，石上原有苏东坡手书"云外流春"四个大字。

To its left is a rock formerly engraved with four big Chinese characters <u>Yun Wai Liu Chun (Beyond clouds flows spring)</u> hand-written by <u>Su Dongpo (1037—1101), the most versatile poet of the Northern Song Dynasty (960—1127)</u>.

译文中用加注法补充了对苏东坡所书的"云外流春"这个词语的字面意义的解释，以及苏东坡这个历史人物的生卒年代、生活的朝代，并指出其历史价值，有了这些加注说明，译文读者就不会感到莫名其妙了。

3. 类比法

类比法也称转译法和借用法，指借典译典，借译语表达式和形象来翻译原语中有特定文化含义的表达式和形象，以求等效。比如将梁山伯与祝英台比作罗密欧与朱丽叶，将苏州比作意大利的威尼斯，将孔子比作希腊的亚里士多德等。再如，浙江兰溪有一个济公纪念馆，里面写有：

济公劫富济贫，深受穷困人民爱戴。

Ji Gong, Robin Hood in China, robbed the rich and helped the poor.

济公在这里被比作外国人熟知的罗宾汉，译文读者不仅好理解，而且还感到亲切。

故宫耗时14年，整个工程于1420年结束。

如果这份旅游资料针对北美市场发行，译者可处理为：

The construction of the Forbidden City took 14 years, and was finished in 1420, 72 years before Christopher Columbus discovered the New World.

若这份资料的目标市场是欧洲，则可在"in 1420"后加上"144 years before Shakespeare was born"。

4. 删减和调整法

旅游资料中有关中国传统文化特有的内容，如历史考证、名人名言、古诗词等，若直接按字面译成英语，对理解原文没有任何帮助，外国游客也无法理解。考虑到外国游客更注重对风土人情的了解和欣赏美景，英译时，应注意中国传统文化的宣传要适度，适当删减多余的部分，使译文更简洁。例如：

这些山峰，连同山上绿竹翠柳、岸边的村民农舍，时而化入水中，时而化入天际，真是"果然佳胜在兴坪"。

These hills and the green bamboo and willows and farm houses merge with their reflections in the river and lead visitors to a dreamy world.

在译文中译者删去了诗句，并对"岸边的村民农舍，时而化入水中，时而化入天际"作了一些调整，把汉语原文的诗情画意变成了译文的直接明了。

再如：

"烟水苍茫月色迷，渔舟晚泊栈桥西。乘凉每至黄昏后，人依栏杆水拍堤。"这是古人赞美青岛的诗句。青岛是一座风光秀丽的海滨城市，夏无酷暑，冬无严寒。西起胶州湾入海处的团岛，东至崂山风景区的下清宫，绵延40多公里的海滨组成了一幅绚烂多彩的长轴画卷。

Qingdao is a beautiful coastal city. It is not hot in summer and not cold in winter. The 40-km-long scenic line begins from Tuan Island at the west end to Xiaqing Gong of Mount Lao at the east end.

译文中将引用诗句删去，使译文更加简洁。

另外，中文有些句式是汉语的习惯句式，若直译成英文，则有"中式英语"之嫌，不符合英文习惯。因此，有必要对原文进行分析，重新调整，译成通顺的符合英语习惯的译文。例如：

西湖的总面积是5.66平方千米，南北长3.3千米、东西长2.8千米。

With 3.3km from north to south and 2.8km from east to west, the West Lake covers a total area of 5.66 square kilometers.

译者把原文中的三个并列短句调整成译文中的状语和一个简单句的结构。

5. 解释法

解释法指的是用别的词语或句子，尤其是用更容易理解的词句来翻译，而不是把原来的词句直译成译文。例如：

宋代大诗人苏东坡把西湖比作西子。

Poet Su Dongpo of the Northern Song Dynasty (960—1127) compared the West Lake to the most beautiful woman in ancient China.

中国人都知道"西子"即"西施"，是中国历史上四大美女之一，并且能马上联想到其无与伦比之美。但是若直译成"Xizi"，译文读者是不能理解的，用其解释来代替，就很容易为外国游客所理解。

端午节那天，人们都要吃粽子。

During the Dragon Boat Festival (which falls on the fifth day of the fifth lunar month), it is a common practice to eat Zongzi, which is a rice pudding wrapped up with reed leaves.

本项目在介绍旅游文本语言特点、中英旅游文本差异的基础上，重点介绍了旅游景点通名、旅游景点名称的翻译技巧以及旅游宣传资料增词法、加注法、类比法和删减调整法、解释法的翻译技巧。

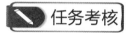

思考题
请思考旅游文本的语言特点及常用翻译技巧。

课后训练
一、为下列旅游常用词汇找到正确的英译文，并将其前面的字母写在左侧的横线上。
____ 1. 旅游景点　　A. picturesque views
____ 2. 出土文物　　B. national park
____ 3. 避暑胜地　　C. ancient architectural complex
____ 4. 景色如画　　D. summer resort
____ 5. 国家公园　　E. unearthed cultural relics
____ 6. 古建筑群　　F. tourist attraction

二、翻译下列旅游景点名称。
1. 中国电影博物馆　　2. 汶川地震纪念馆
3. 鲁迅故居　　4. 上海世博展览馆
5. 故宫　　6. 圆明园
7. 养心殿　　8. 金山寺
9. 雷峰塔　　10. 黄山

三、翻译下列旅游宣传资料。
1. 北京作为世界旅游名城，有着极为丰富的旅游资源：雄伟壮丽的天安门；金碧辉煌、气象万千的故宫；气势宏伟的万里长城；湖光山色、曲栏回廊的颐和园；建筑精巧、独具艺术风格的天坛；烟波浩渺、黛色风光的北海公园以及建筑宏大的明代帝王陵寝——十三陵……这些举世无双、驰名中外的古代建筑历来是旅游者的竞游之地。

2. Discover Australia's destinations, starting with icons such as the Red Centre, Kakadu National Park and the Great Barrier Reef. These 16 natural treasures cover a breathtaking

diversity of landscapes, from the mountainous Australian Alps to Fraser Island's sand dunes, rainforest and lakes. Just as distinct are Australia's cities, where our laidback lifestyle and cosmopolitan culture meet. From beach-fringed Sydney to elegant Adelaide, you'll find a melting pot of cultures and a medley of theatre, restaurants, nightlife and events. Come, stay and celebrate, then spring into the rest of your Australian holiday. Australia has so much for you to explore, whether you want nature, wildlife, outback adventure, islands, rainforest or reef. Australia's unique beauty is spread across eight states and territories, so find out more about the distinct attractions within each.

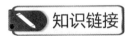

旅游和酒店常用术语翻译

避暑胜地　summer resort
台　terrace
楼　tower; mansion
海景　sea view
预订机票　flight reservation
经济舱　economy class
景色如画　picturesque views
行李车　luggage cart
单人房　single room
洗衣服务　laundry service
房价　room rate
套房　suite
大床房　double room
总统套房　presidential suite
古建筑群　ancient architectural complex
湖光山色　landscape of lakes and hills
山清水秀　beautiful mountains and clear waters
旅游景点　tourist attraction; tourist destination; scenic spot; places of interest

国家公园　national park
廊　corridor
园景　garden view
旅行社　travel agency
头等舱　first class
出土文物　unearthed cultural relics
诱人景色　inviting views
前台　front desk
双人房　double room
叫醒服务　wake-up service
标准价　standard rate
对床房　twin room
房价表　rate sheets
贵重物品　valuables

任务 16.2　汉英翻译技巧之连动句和兼语句翻译

试译下列句子，体会汉语连动句和兼语句的特点。
1. 见到有客人来，这个小孩赶紧站起来躲在沙发背后。
2. 我们应该起来捍卫真理。
3. 他们推举他为班长。

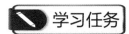

一、连动句翻译

汉语连动句是两个或两个以上的动词与同一主语发生主谓关系。连动式的这两个或两个以上动词所表示的动作、行为在顺序上不能变动。

英语与汉语不同，在一个句子中，除了并列谓语以外，一般只有一个谓语动词，其他均以动词的非谓语形式出现，形容词也不能单独作谓语，所以，在翻译这类连动句时，首先要正确理解几个连用动词之间的语义关系，然后根据英语句法结构和表达习惯采用适当的英语表达方法翻译出来。如果这样的几个动词只表达动作的先后关系，一般可按原次序译成几个连用的谓语动词。假如所表达的是不同的主从关系，那么就需要首先选取一个主要动词译作英语的谓语，形成"主、谓"主干框架，而将其他动词作为辅助成分译成不定式、动名词、分词或介词短语等。依据连用动词不同的语义关系可采用以下几种译法。

(一) 并列关系连动句的翻译

并列关系连动句中的几个动词表示动作间的先后关系或同时关系。表示两个动作先后关系的连动式一般将连用动词都译成谓语动词，按原文的先后次序，用 and 连接。表示两个动作的同时(或几乎同时)关系时，往往将其中相对次要的动词译为现在分词。例如：

她清了清嗓子，开始讲话。

She <u>cleared</u> her throat and <u>began</u> to speak.

王明悄悄地披上外衣，带上门出去了。

<u>Shrugging</u> on an overcoat, Wang Ming <u>made</u> his way out, <u>closing</u> the door behind him.

李明到了车站发现火车已经开走了。

Arriving at the station, Li Ming found that the train had left. (或者：Li Ming arrived at the station and found that the train had left.)

(二) 主从关系连动句的翻译

主从关系连动句中的几个动词一般有主次之分，主要动词与次要动词之间构成手段、条件、方式、目的、因果等关系。译成英语时通常将其中的主要动词译成英语的谓语动词，将其他动词译为不定式、分词或介词短语等。例如：

许多人要求建立一个阿拉伯共同市场。

Many voices have been raised demanding the setting up of an Arabian common market. (运用英语的分词表达)

今天上午他们去博物馆参观了国画展。

They went to the museum to visit(for a visit to)the traditional painting exhibition. (运用英语的不定式或介词短语表达)

中国执行改革开放政策，争取在50年到70年内发展起来。

By pursuing a policy of reform and opening up to the outside world，China is striving to become developed within a 50-70 year period.(运用英语的分词表达)

值得注意的是，连动句的翻译也须按照英语的表达习惯，根据具体情况灵活处理。譬如，下例中的"原译"就不符合英语的表达规范。

很快，她就抱着孩子登上了南去的列车。

原译：Very soon，she held the baby in her arms，getting on the train for the south.

改译：Very soon she got on the train for the south，holding the baby in her arms.

再如，下列两句中的"against"与"rose"连用，"in defense of"与"come forward"连用，均为合乎英语搭配习惯的表达方法。

奴隶们起来反抗奴隶主。

The slaves rose against the slaveholders.

全世界人民应当起来捍卫和平。

The people all over the world should come forward in defense of peace.

二、兼语句翻译

兼语句与连动句不同，在兼语句中前后两个动词不共有一个主语，而是前一个动词的宾语兼作后一个动词的主语。例如"我请他们看电影"，"他们"是"请"的宾语，又兼作"看"的主语。汉语的兼语句同英语中谓语动词带复合宾语的结构十分相似。大致说来，汉语兼语句译成英语时，主要采用以下三种处理方法。

(一) 把兼语句的第二个动词译为英语的宾语补足语

有很多兼语句中前一个动词是"使、让、请、劝、派、逼、要求、鼓励、迫使"这一类词语。这种兼语句式译成英语时,往往把第二个动词译为英语的宾语补足语。这种宾语补足语经常由不定式充当,有时也可以由介词短语、分词、形容词、副词、名词等来充当。例如:

虚心使人进步,骄傲使人落后。
Modesty helps one to go forward, whereas conceit makes one lag behind. (用英语不定式表达)

她年岁大了,儿女不让她继续干活。
She is getting on in years and her children won't allow her to continue working any more. (用英语不定式表达)

近年来,中国政府一直鼓励外商参与重点经济建设项目和现有企业的技术改造。
In recent years the Chinese government has been encouraging foreign businessmen to actively participate in China's key economic construction projects and the technological transformation of some existing enterprises. (用英语不定式表达)

他迫使对方处于守势。
He drove his opponent into a defensive position. (用英语介词短语表达)

外来干涉也许会使这个国家陷入全面内战。
Foreign interference may plunge the country into full-scale civil war. (用英语介词短语表达)

我不知道什么事使她这样生气。
I wonder what made her so angry. (用英语形容词表达)

他们保证将随时让我了解情况。
They promised to keep me informed. (用英语分词表达)

总统任命他为特使。
The president made him his special envoy. (用英语名词短语表达)

(二) 把第二个动词译为表示原因的状语成分

兼语句的第一个动词若表达"称赞""表扬""埋怨""责怪""批评"等意思时,经常可以将第二个动词译作英语中表示原因的状语或状语从句。例如:

老师表扬他乐于助人。
The teacher praises him because he is always ready to help.

所有的评论家都赞许这出新剧有独创性。
All the critics praised the new play for its originality.

父亲责怪他偷懒。
Father reproached him for loafing on the job.

报上批评这位作家没有真实地反映生活。

Newspapers criticized the author because he failed to present a true picture of life in his works.

(三) 采用英语的"使役动词"翻译汉语兼语句

由于英语中有大量含有"促成"意义的动词，所以当汉语兼语句前一个动词是"使、让、请、劝、派、逼、要求、鼓励、迫使"这一类词语时，有时可以连同后一个动词合译为英语的"使役动词"。这种译法往往能使译文更为简练。例如：

这些玩具士兵会让孩子们高兴的。
These toy soldiers will please the children.
他的粗鲁行为让我们大家感到震惊。
His rudeness shocked us all.
你是想叫我难堪吗？
Are you trying to embarrass me?
经济的腾飞使中国能够在国际事务中发挥越来越重要的作用。
The booming economy enables China to play a more and more important role in world affairs.

当然，还有不少汉语兼语句译成英语时，需要根据上下文、按照英语的表达习惯灵活处理。例如：

年轻人，我劝你少管闲事。
Young man, you'd better mind your own business.
在那个酒吧里，你要想让旁边坐着的人听见你的话，就得大声喊叫。
In that bar, you have to shout to make yourself heard by the person sitting next to you.
在短短的十几年里，我们国家发展得这么快，使人民高兴，令世界瞩目。
In the short span of the last dozen years, the rapid development of our country has delighted the people and attracted world attention.

连动句和兼语句是汉语的两种特殊句式，其翻译主要是根据动词间的关系以及语义关系使用英语特定的动词或句式进行翻译。

任务考核

思考题

请思考汉语连动句和兼语句的主要翻译技巧。

课后训练

一、将下列连动句译成英语。

1. 他把书接过来摆在膝盖上。
2. 他们对这个决定感到非常高兴,立即跑来要求参加这项工程。
3. 市政府采取各种措施招商。
4. 儿童们跑过去欢迎众代表。
5. 他去老师那儿请个假。
6. 他帮老太太填了报关表。
7. 我们应当集中力量进行经济建设,进一步发展壮大自己。
8. 游行的人拿着鲜花和彩旗在街道上行进。
9. 我有一条出乎意料的消息现在要告诉你。
10. 这位军官请了假回北京探亲。

二、将下列兼语句译成英语。

1. 我们都劝他戒烟。
2. 你们为什么不请机修工修理机器?
3. 他忽然听见有人轻轻叩窗子。
4. 地震使所有的房子都成了废墟。
5. 他证明自己值得依赖。
6. 很抱歉,让您久等了。
7. 谁这么好心驾车送你回家了?
8. 那位评论家指责该书作者有剽窃行为。
9. 这些项目能够使投资者获得可观的经济效益。
10. 求生的欲望驱使他们继续努力。

综合案例分析

一、试译下面旅游文本,并总结旅游文本的翻译技巧。

九寨沟

九寨沟位于四川省阿坝州九寨沟县境内,是国家级风景名胜区。

九寨沟周围,群山绵绵,附近大小湖沟100余个,原始森林2万公顷,分为六大景区。中心景区日则景区内,瀑布众多,湖泊珠串。最大瀑布宽30余米,高20余米,波涛汹涌,水雾弥漫,山鸣谷应,大地震动。大小湖泊,如颗颗珍珠,平洁似镜,云山林木,倒影分明。湖底积石,彩色斑斓;日光下,绚丽夺目。泛舟湖上,可见林间飞鸟往还,岸边动物出没。这里神奇的自然风光,独特的藏胞民风,加上大熊猫、金丝猴、天鹅等珍稀动物,被人们称为"童话世界",有"九寨风景胜桂林"之誉。

二、试译下列句子，体会连动句和兼语句的翻译技巧。

1. 她站在门口笑。

2. 一只兔子飞似的跑来，一头碰在树干上，折断了脖子，当场断了气。

3. 书是我青春期的恋人，中年的知己，暮年的伴侣。有了它，我就不再寂寞，不再怕人情冷暖、世态炎凉。它使我成为精神世界的富翁。

 实训活动

作为一名翻译公司的商务翻译，项目主管要求你翻译客户的旅游宣传资料，总结旅游文本常用术语和表达翻译以及旅游文本翻译技巧，并举例说明汉英翻译中连动句和兼语句的翻译技巧。

 翻译点津

中国特色词汇的翻译 II

学生可扫描获取"中国特色词汇的翻译 II"相关资料。

项目17 餐饮菜单翻译与翻译技巧之习语翻译

🔍 能力目标

1. 能够运用恰当的翻译技巧进行中、英文餐饮菜单翻译;
2. 能够灵活运用习语翻译技巧进行习语翻译。

🔍 知识目标

1. 了解中国的餐饮文化;
2. 掌握中餐刀法、烹调法的常用表达;
3. 掌握中、西餐菜名的常用翻译技巧;
4. 熟练掌握习语的翻译技巧。

🔍 素质目标

通过餐饮翻译的学习培养商务翻译人员跨文化交际的能力和素质,能够避免餐饮活动情境下的跨文化交际冲突。

知识结构图

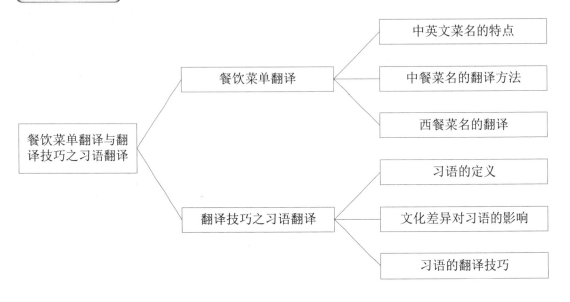

任务 17.1　餐饮菜单翻译

任务引入

请分析下列菜名的翻译是否恰当，并试着翻译以下菜名。
1. "夫妻肺片"译成"man and wife lung slice"(夫妻的肺片)
2. "口水鸡"译成"slobbering chicken"(流口水的鸡)
3. "老虎菜"译成"tiger dish"(老虎做的菜)
4. "回锅肉"译成"twice-cooked pork(烹了两次的猪肉)"

学习任务

一、中英文菜名的特点

英语的菜名比较写实，而汉语的菜名有时写实，有时又带有浪漫色彩，如肉末粉丝被形象地命名为"蚂蚁上树"；有时又与历史故事相关，如"东坡肉"这个菜名就蕴含着苏东坡与红烧肉的故事。翻译菜单的目的是方便不了解中国文化的外国客人点菜，因此需要让外国客人一看到英文菜单就知道菜的原料和烹调方法。

二、中餐菜名的翻译方法

(一) 常见刀法翻译

中餐强调菜的切法,即厨师的刀法,常见的刀法如下。

1. 切(cutting)
2. 切丁(cutting into dices/dicing)

   例如:辣子鸡丁　diced chicken in hot sauce
3. 切丝(shredding)

   例如:清炒鳝丝　fried shredded eels
4. 剁末(mincing)

   例如:肉末　minced meat
5. 切片(slicing)

   例如:茄汁鱼片　saute fish slices with tomato sauce
6. 切柳(filleting)

   例如:牛柳　beef fillets
7. 切块(cutting into pieces)
8. 去皮(skinning)
9. 去骨(boning)
10. 去壳(shelling)

    例如:龙井虾仁　shelled shrimps with Dragon Well tea
11. 切段(section)

    例如:炒鳝段　fried eels sections

(二) 常见烹调法翻译

中国菜对烹调方法十分讲究,主要有如下几种。

1. 烧(braising)

   例如:红烧肉　braised pork with soy sauce/brown sauce
2. 炒(stir-frying)

   例如:番茄炒蛋　stir-fried tomatoes with eggs
3. 爆(quick-frying)

   例如:虾爆鳝面　noodles with quick-fried shrimps and eels
4. 熏(smoking)

   例如:熏鱼　smoked fish
5. 蒸(steaming)

   例如:清蒸鲑鱼　steamed mandarin fish
6. 炸(deep-frying)

例如：炸肉圆　　deep-fried meat balls

7. 烘，烤(baking/broiling/grilling/roasting/basting)

例如：北京烤鸭　　Beijing roasted duck

8. 煎(pan-frying)

例如：煎鸡蛋　　pan-fried eggs

9. 煮(boiling)

例如：白煮蛋　　boiled eggs

10. 焖/炖(simmering/stewing)

例如：焖鸡　　simmered chicken

11. 涮(instant boiling)

例如：涮羊肉　　instant boiled mutton

(三) 菜名翻译的典型结构

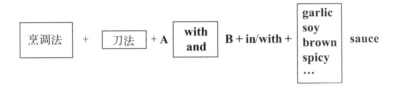

请注意：

(1) 按照上面的结构进行翻译时，烹调法和刀法常用过去分词形式。

(2) A 和 B 均代表菜的原料。

(3) 如果原料 A 为主料，B 为辅料，则使用 with 作连词；如果原料 A 和原料 B 基本等量，则使用 and 作连词。

(4) 需要表示菜的口味时，可在最后加上 in 或者 with…sauce。

例如：

in/ with brown sauce　　红烧

in/ with spicy sauce　　辣的

in/ with sweet and sour sauce　　糖醋……

in/ with tomato sauce　　茄汁……

(5) 如果菜名中没有相关信息则省略。例如"番茄炒蛋"，翻译时，非粗体的部分是可以省去的。因此可以译为：

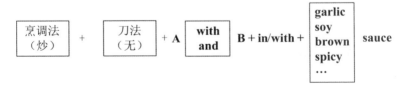

stir-fried tomatoes with eggs(蛋为辅料)

或者

stir-fried tomatoes and eggs (蛋和番茄基本等量)

(四) 常见菜名翻译技巧

1. 直译

直译是中文菜名翻译最常用的一种方法，可以套用上文中餐菜名翻译的典型结构。

烹调法+刀法+A+with/and B+with/in... sauce

例如：北京烤鸭

套用这个公式之后，排除菜名中没有的信息(用无表示)，整个菜名可以翻译为：

烹调法(烤) + 刀法(无)+A(鸭)+with/and B(无)+with/in... sauce(无)

即：Beijing roasted duck

再如：龙井虾仁

烹调法(无)+刀法(去壳)+A(虾仁)+with/and B(龙井茶)+with/in...sauce(无)

可译成：shelled shrimps with Dragon Well tea

2. 意译

有些菜名简单直译会让读者感到莫名其妙，例如：

红烧狮子头　　lion heads in brown sauce

回锅肉　　pork returned to pot

如果这样翻译，读者可能会认为红烧狮子头真的是狮子的头，而回锅肉就是回到锅里的肉。这样跟菜的原意就相差甚远了。因此，对这种菜名，就要采用意译的办法。红烧狮子头是扬州名菜红烧肉圆，回锅肉是将煮过的肉再炒一下。因此，可以译成：

红烧狮子头　　stewed large pork ball with brown sauce

回锅肉　　double cooked pork slices/stir-fried boiled pork slices with hot sauce

此外，下面这些菜也可以使用意译的方法：

芙蓉鸡片(蛋白鸡片)　　stir-fried sliced chicken with egg-white

水晶蹄膀(冻水蹄膀)　　pork knuckle in jelly

金玉满堂(虾仁鸡蛋汤)　　shrimps and egg soup

凤凰投林(韭菜炒鸡丝)　　stir-fried chicken shreds with Chinese chive

3. 注释法

有的菜名在翻译成英语之后不能将其意思表达出来，可以在菜名后加注。例如：

贵妃鸡　　stewed chicken (invented in Qing Dynasty and named after Lady Yang who was the highest ranking imperial concubine in Tang Dynasty)

佛跳墙　　Fotiaoqiang (assorted meat and vegetables cooked in embers)

叫花鸡　　beggar's chicken (baked mud-coated chicken)

4. 音译法

翻译菜名时发现，dumpling 这个词可以指很多食品，如饺子、包子、馄饨、汤圆，很容易引起误会。使用音译法就能避免上述问题。再如：

点心　dim sum　　　　　炒面　chow mein　　　　　豆腐　tofu

单单使用音译法对于不了解中国文化的读者来说，会造成理解上的困难。可以用注释法弥补音译法的缺陷。例如：

点心　dim sum (snack)　　　炒面　chow mein (fried noodles)　　　豆腐　tofu (bean curd)

（五）常见中餐主食和点心翻译

月饼　moon cake　　　　　　　　　　春卷　fried spring roll
小笼包子　steamed dumplings with pork　　馒头　mantou (steamed bun)
过桥米线　rice noodles　　　　　　　　年糕　New Year cake
粽子　zongzi (sticky rice dumpling wrapped in bamboo or reed leaves)
饺子　jiaozi (dumplings with vegetable and meat stuffing)
汤圆　tangyuan (sweet dumpling for the Lantern Festival)
锅贴　fried jiaozi/soft fried dumpling

三、西餐菜名的翻译

（一）西餐菜单构成与特点

中西餐文化差异较大，具体体现在菜单的安排上，西餐与中餐有很大的不同。以一个普通的中餐为例，除了几道冷菜，还有热菜 6~8 种，再加上点心、甜食和水果，显得十分丰盛。西餐上菜虽然也有好几道，看似烦琐，但每道菜一般只有一种。了解西餐的主要菜品以及上菜顺序对译者理解西餐文化、在中英菜名翻译时有针对性地满足海外客人的需求会有明显助益。

(1) 开胃品(appetizer)：也称头盘，西餐的第一道菜是开胃品，内容一般分为冷品和热品。常见的有鱼子酱、鹅肝酱、鸡尾杯、奶油制品等。味道以咸和酸为主，而且数量少、质量较高。

(2) 汤：与中餐极为不同的是，西餐的第二道菜就是汤。西餐的汤大致可以分为清汤、奶油汤、蔬菜汤和冷汤 4 类。

(3) 副菜：鱼类菜肴一般作为西餐的第三道菜，也称副菜。通常水产类菜肴与蛋类、面包类、酥盒菜肴等均称为副菜。因为鱼类等菜肴的肉质鲜嫩，也比较容易消化，所以放在肉类菜肴的前面。西餐吃鱼讲究使用专用的调味汁，如荷兰汁、酒店汁、白奶汁、美国汁等。

(4) 主菜：肉、禽类菜肴是西餐的第四道菜，也称为主菜。肉类菜肴的原料主要取自牛、羊、猪等，最有代表性的是牛肉或者牛排。肉类菜肴的主要调味汁有西班牙汁、浓烧汁、蘑菇汁、奶油汁等。禽类菜肴主要取自鸡、鸭、鹅等，做法可煮、蒸、烤、焖，主要的调味汁有黄肉汁、咖喱汁、奶油汁。

(5) 蔬菜类菜肴：蔬菜类可安排在肉类菜肴之后，也可以和肉类一起上桌，因此可以称为一道配菜。蔬菜类菜肴在西餐中以沙拉为主，主要为生蔬菜沙拉，一般用生菜、西红柿、黄瓜、芦笋等制作。

(6) 甜点：西餐的甜点是主菜后食用的，因此可以称为饭后甜点。从真正意义上讲，它包括主菜后的食物，例如布丁、煎饼、冰激凌、奶酪、水果等。

(7) 咖啡、茶：西餐的最后一道菜是上咖啡或茶。咖啡一般要加糖或淡奶油，茶一般加香桃片或者糖。

与这种进餐方式相对应的是西餐菜单制作简单清楚，让人一目了然。与中餐讲究"色、香、味俱全"不同，西餐文化看重的是菜的主料、配料以及烹饪方法。西餐菜名只是简单列出本道菜的主料、辅料以及烹饪方法，顾客看到菜名就能对这道菜的内容一目了然。例如：

Poached Smoked Haddock(烹饪方法+主料)

清蒸熏鱼(开胃品)

Brochette of King Prawns (烹饪方法+主料)

串烤大虾(主菜)

(二) 西餐菜名翻译技巧

(1) 由于受到法国餐饮文化的影响，英语很多餐饮词汇源于法语词，特别是在高级餐饮业中，应尽量使用法语源的英语词汇。如："fried(炒)"可以用"sauteed"替代；"cream(奶油)"可以用"crème"替代。

(2) 应注意专业烹调词汇的使用。例如：

navarin　洋葱马铃薯炖羊肉

marengo　马灵古式的(油炸后加西红柿、蘑菇、大蒜以及葡萄酒一起炖)

(3) 有些菜名字面上很难看出菜的实质，翻译时为了便于读者了解菜的情况，一般可以将菜的材料、佐料、烹调法、刀法都译出。例如：

意式色拉拼盘(用意大利腊肠片、土豆、洋葱、欧芹做的色拉)

可译为：sliced salami with potato, onions and parsley

香料醋汁牛肉(浇有香料汁的烤牛肉卷)

可译为：roasted beef rolls with balsamic dressing

(三) 西餐主食和点心翻译

烤面包/土司	toast	黑麦面包	rye bread
小圆面包	bun	汉堡包	hamburger
腊肉奶酪汉堡包	bacon cheeseburger	三明治	sandwich
热狗	hot dog	饼干	biscuits/crackers/cookies
烤饼/薄饼	pancake	比萨饼	pizza
肉馅饼	meat-pie	大麦粥	barley gruel

燕麦片　oatmeal　　　　　　炸薯条　french fries
布丁　pudding　　　　　　　通心面，通心粉　macaroni
意大利面条　spaghetti

本项目介绍了中餐刀法、烹调法的常用表达，中餐菜名直译法、意译法、音译法和注释法的翻译技巧，西餐菜单构成、特点、翻译技巧，以及中西餐常用主食和点心的翻译。

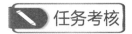

思考题

请思考中餐和西餐菜名翻译的技巧以及中西餐饮文化的特点。

课后训练

一、将下列菜名翻译成英语，并注意烹调法的翻译。

1. 涮羊肉　　　　2. 山东烧鸡
3. 番茄炒蛋　　　4. 宫保鸡丁
5. 熏鸡　　　　　6. 炸虾球
7. 烤羊排　　　　8. 冬菇煎豆腐
9. 白煮蛋　　　　10. 焖鸡

二、将下列菜名翻译成英语，并注意刀法的翻译。

1. 胡萝卜鸡丁　　2. 炒鳝丝
3. 肉末茄子　　　4. 茄汁鱼片
5. 芙蓉鸡柳　　　6. 红烧鸡块

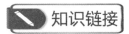

餐饮常用词汇翻译扩展

一、老北京传统小吃翻译

豆汁　DouZhir (fermented soybean drink)
艾窝窝　AiWoWo (steamed rice cakes with sweet stuffing)
焦圈　JiaoQuanr (deep-fried rolls)
糖火烧　TangHuoShao (sweet sesame paste cake)

桂花炸糕　GuiHuaZhaGao (fried cake with osmanthus)
菜窝头　Vegetarian (savoury)
炒肝　Chaoganr (stewed pork liver and intestine)
芥末墩　JieMoTunr (preserved Chinese cabbage with mustard)
炸咯吱　ZhaGeZhi (deep-fried shin of bean curd)

二、六家中华老字号英文译名

全聚德　Quanjude Peking Roast Duck - Since 1864
同仁堂　Tongrentang Chinese Medicine - Since 1669
吴裕泰　Wuyutai Tea Shop - Since 1887
瑞蚨祥　Ruifuxiang Silk - Since 1862
荣宝斋　Rongbaozhai Art Gallery - Since 1672
王致和　Wangzhihe Gourmet Food - Since 1669

三、酒吧常用词汇翻译

on the rocks　加冰块	syrup　糖水	ice water　冰水
soft drink　软饮料	alcohol　酒，含酒精饮料	tonic water　汤力水
base　基酒	aperitifs　开胃酒	dessert wines　甜食酒
liqueurs　利口酒	gin　金酒	vodka　伏特加
tequila　特基拉	rum　朗姆酒	whiskey　威士忌
brandy　白兰地	beer　啤酒	bitter　比特苦酒
cocktail　鸡尾酒	soda water　苏打水	ginger ale　姜啤酒

任务 17.2　常用翻译技巧之习语翻译

任务引入

试分析下列句子的翻译是否恰当，注意画线部分的翻译并思考习语的翻译技巧。

1. We wanted to leave on the train in the morning, but it doesn't go until afternoon, so we must go then. <u>Beggars must not be choosers.</u>

　　译文 1：我们本想上午就搭火车走，但火车到下午才开，我们只好下午走。时间不能由我们来确定。

　　译文 2：我们本想上午就坐火车离开，但火车到下午才开，我们也只好那时才走。乞丐哪有选择的自由。

2. I have decided to turn down his offer, generous though it is，because I <u>don't like the color of his money</u>. He is known to be a shady character who makes money from criminal activity.

译文 1：虽然他出价很大方，我决定拒绝考虑他的报价，因为我不喜欢他的钱的颜色。他是以从犯罪活动中赚钱，因可疑性格而出名的人。

译文 2：虽然他出价很大方，我决定拒绝考虑他的报价，因为我怀疑他的钱的来路。他是以从犯罪活动中赚钱，因可疑性格而出名的人。

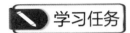

一、习语的定义

习语(idiom)，即习惯用语，是语言经过长期使用而提炼出来的固定词组、短语或短句。习语一般具有结构严谨、形式简练、寓意深刻、形象鲜明、表达生动的特点。习语通常包括成语(set phrase)、谚语(proverb)、格言(saying)、俗语(colloquialism)、典故(allusion)、俚语(slang)和歇后语(enigmatic folk simile)等。

二、文化差异对习语的影响

(一) 地域对习语的影响

地域不同，各地自然景观各有其特点。具体反映到语言上，在用自然景观或物体来做比喻时，语言间就存在着明显的差异。如竹子(bamboo)，中国人用来形容坚强、高风亮节的性格，并常常用"雨后春笋"来形容"一般事物的迅速发展和大量涌现"。而英语则用"just like mushrooms(犹如蘑菇一样多)"来形容同样的意思。例如：

邯郸学步	lose one's own individuality in imitating others
不到黄河心不死	refuse to give up until all hope is gone
有眼不识泰山	fail to recognize someone eminent, entertain an angel unawares

以上习语中的"邯郸""黄河""泰山"都是中国所特有的。

同理，许多英语习语也极其鲜明地反映了一定的地域特色。即有的习语是拿特定地域、特定事物的特点来做比喻的。要想充分了解这类习语，就必须了解该习语中用来比喻的事物及其特征。例如：

shoot Niagara	孤注一掷
take a French leave	不辞而别
throw a wet blanket	扫人兴致
talk like a Dutch uncle	谆谆教诲

有些习语由于内容受不同地理环境和自然条件的影响，相同的内容有着不同的含义。例如：east wind(东风)和 west wind(西风)，在英汉两种文化中虽所指词语意义相同，但内涵却完全不同。汉语的东风即指"春风"，象征"春天""温暖"，它吹绿了中华大地，使万物复苏。古汉语有"东风报春"之说。东风也比喻革命的力量或气势，所以中国人偏爱

东风。英国的东风则是从欧洲大陆北部吹去的,象征"寒冷""令人不愉快",所以英国人讨厌东风。不过英国人喜欢西风,温暖的西风相当于我国从太平洋刮过来的东风,英国有"西风报春"之说。英国浪漫主义诗人雪莱曾写过一首脍炙人口的《西风颂》(*Ode to the West Wind*)。例如:

When the wind is in the east, it's good for neither man nor beast.
东风吹,寒风到,对人对畜都不好。

When the wind is in the west, the weather is at the best.
风从西边来,气候最宜人。

(二) 风俗习惯对习语的影响

汉语文化中对"马"这种动物多有偏爱。因为"马"在农业劳动中举足轻重,是农民的助手,并且在战争中起到无法估量的作用。例如:

老马识途	an old horse knows the way
老骥伏枥	an old hero still cherishes high aspirations

在英语文化中,horse(马)却没有如此丰富的内涵。英国是一个山小地狭的岛国,在其历史上,horse(马)所起的作用不大,只有两种用途——耕作和作为战士打仗时的坐骑。英国也有许多和这种动物有关的习语,但是 horse(马)被当作中下等动物来对待。例如:

work like a horse	辛辛苦苦地干活
beat a dead horse	徒劳无益、白费力气
as strong as a horse	非常强壮

Dog(狗)对于英国人来说既可以用来看门或打猎,又可作为人的伴侣和宠物。所以,英国人对狗有好感,常用它来比喻人的生活。但有时受外来影响也含有贬义。例如:

top dog	最重要的人物
a lucky dog	幸运儿
rain cats and dogs	下滂沱大雨
Every dog has its day.	凡人皆有得意时。
Let a sleeping dog lie.	别惹是生非。
Barking dogs do not bite.	会叫的狗不咬人。

中国民间虽然有养狗的习惯,但常用它来形容和比喻坏人坏事。例如:狗腿子、狗崽子、走狗、狗胆包天、狗急跳墙等。此外,兔子在中国人心目中是一种动作敏捷又十分可爱的小动物,英语国家的人却认为兔子是胆小的象征,因此英语习语"as timid as a hare"最好按汉语习惯译成"胆小如鼠",不要译成"胆小如兔"。

(三) 宗教对习语的影响

有的汉语习语受到宗教的影响。例如用佛教中特有的事物来作比喻。
做一天和尚撞一天钟。
So long as I remain a bonze,I go to toll the bell.

跑得了和尚跑不了庙。
The monk may run away, but the temple can't run with him.

基督教文化对英语的影响在习语上也有所反映。例如：

as poor as the church mouse	像教堂里的老鼠一样穷，一贫如洗
God helps those who help themselves.	自助者，天助之。
Man proposes, God disposes.	谋事在人，成事在天。

(四) 历史典故对习语的影响

由历史典故形成的习语结构简单、意义深远，不能简单地理解和翻译。如"the heel of Achilles"出自希腊神话。Achilles(阿卡琉斯)是位英雄，其母为了让其永生，将他倒提着浸入冥河中使他刀枪不入，只有母亲手捏着的脚跟(heel)没有浸入冥河水，这成了他全身唯一的致命弱点，最后被得知他弱点的敌人用毒箭射进脚跟而死。英语中用"the heel of Achilles"比喻人的致命弱点。从以上分析看出，习语和文化的关系是密不可分、相互依存的。

三、习语的翻译技巧

习语不仅反映一个国家的风土人情，更是语言修辞方法的集中体现。中国文化历史悠久，各民族文化的融合使得习语更加多姿多彩。因此，在翻译时要处理语言和文化的关系，既要保证文化传递的信息量，又要保证其有效度。例如："胸有成竹"不能直译成"一个人胸中横着一根竹子"，应译成"to have had ready plans or designs in one's mind"；"开门见山"不能直译成"let the door open on a view of mountains"，应译为"without beating around the bush"。

由此可见，习语的翻译既有它的困难性，也有它的灵活性，对翻译者是一个极大的挑战。根据英汉语言中习语的相似性与差异性，习语翻译可以采用以下几种方法：直译法、同义习语套用法、意译法、更换喻体形象法、注释法。

(一) 直译法

直译法能够较完整地保留原习语的特点，只要按照文字的字面意思直接翻译即可。这种方法既贴切又传神，但必须在不引起读者误解、不违背译文语言规范和表达习惯的情况下才能使用。例如：

hot line	热线	cold war	冷战
golden age	黄金时代	the Trojan horse	特洛伊木马
armed to the teeth	武装到牙齿	round-table conference	圆桌会议
a gentleman's agreement	君子协定	Noah's Ark	诺亚方舟
a torn in the flesh	眼中钉；肉中刺	纸老虎	paper tiger
丢面子	lose one's face	无可救药	beyond cure
亡羊补牢	to mend the fold after a sheep is lost		

(二) 同义习语套用法

英汉两种语言中有大量表达效果相似，但由于存在着文化差异，使各自的表达形式有所不同的情况。此时，可采用同义习语套用的翻译方法，但译者必须深入了解两种语言文化中习语产生的出处、寓意。例如：

Walls have ears.　隔墙有耳。
Once bit, twice shy.　一朝被蛇咬，十年怕井绳。
Use a sledge hammer to crack a nut.　杀鸡用牛刀。
One boy is a boy, two boys half a boy, three boys no boy.
一个和尚挑水喝，两个和尚抬水喝，三个和尚没水喝。
如坐针毡　to sit on thorns
空中楼阁　castles in the air
海底捞月　to fish in the air
走后门　to get in through the back door
入乡随俗　When in Rome do as the Romans do.
猫哭耗子假慈悲　to shed crocodile tears

(三) 意译法

在习语翻译过程中，如果字面意义或形象意义与隐含意义因文化差异出现矛盾时，应舍弃前两者，而注重习语的隐含意义。如"龙"在英汉两种文化中意义完全不同。"望子成龙"意指父母希望孩子长大后能有所作为，如果译为"hope one's child will become a dragon"，英语国家的人很难接受，在他们看来"dragon(龙)"是一种凶残肆虐的怪物，是邪恶的象征，因此，为了易于理解，最好译作"hope one's children will have a bright future""hold high hopes for one's children"。再有汉语俗语"天有不测风云"，若把字面意义和形象意义毫无保留地译成英语，会使英文读者疑惑不解，因为汉语中"风云"的文化含义英语国家的人很难理解，若把它隐含意义"something unexpected may happen any time"翻译出来，则利于读者理解和接受。

字面意义和形象意义不同而隐含意义相同的英汉习语还有：

He who lives with cripples learns to limp.　近朱者赤，近墨者黑
to rain cats and dogs　倾盆大雨
hit the nail on the head　说得中肯，一语道破
to cast pearl before swine　对牛弹琴
You can't make bricks without straw.　巧妇难为无米之炊
have an axe to grind　别有用心
talk through one's hat　胡言乱语
hang on sb's lips　言听计从
to be full of beans　精力充沛

Don't put the cart before the horse   切勿本末倒置
It is no use crying over spilt milk.   覆水难收

翻译这样的习语时，译者应本着"功能对等"的原则，舍弃原文字面意义和形象意义，体现其隐含意义，使译文读者切实感受到原文的真正内涵。

(四) 更换喻体形象法

由于不同的历史渊源和两种文化间的差异，有的喻体形象在英语国家的人心中的概念与中国人的概念大相径庭，直译显得晦涩难懂，这时可以更换喻体形象，使译文读者获得与原文读者相似的感受。如：

Mary and her mother are as like as two peas.

玛丽和她的母亲长相几乎一模一样。

汉语读者可能不明白为何把人喻为豌豆，甚至会认为这是不敬和轻视，而在英语里却给人以形象逼真的感受，所以译成汉语时不得不放弃形式上的对等，译出符合汉语读者文化习俗的喻体。再如：

He treated his daughter as the apple in the eye.

他把女儿视为掌上明珠。

"apple in the eye"在汉语中无比喻用法，采用更换喻体的方法更易于理解。类似的还有：

to spring up like mushroom	雨后春笋
as stubborn as a mule	倔强如牛
like a rat in the hole	瓮中之鳖
Birds of a feather flock together.	物以类聚，人以群分
No smoking without fire.	无风不起浪
to tread upon eggs	如履薄冰
as thin as a shadow	瘦得像猴
to fish in the air	水中捞月

(五) 注释法

采用注释法的好处是能介绍本国习语的特点，并能顾及比喻、形式、清晰各方面，但这种方法的处理是否得当会直接影响到译文的质量。一篇文章注释多了，就失去了流畅感。但有的习语只有在历史背景清楚的情况下才能充分表达它的意义，所以有时要酌情考虑用注释法把习语的含义充分表达出来。例如：

Don't carry coals to Newcastle.

别往纽卡斯尔运煤——多此一举，徒劳无益。

【注释】纽卡斯尔——英国著名产煤区。

All are not maidens that wear bare hair.

不戴帽子的未必都是少女。

【注释】西方风俗中成年妇女一般都戴帽子，而少女则一般不戴，该习语告诫人们看事物不能光看外表。

Don't be too proud of your premature success, as it always turns to be a Pandora's box.

切不可为过早的成功得意忘形，因为它常常会变成灾祸的根源。

【注释】Pandora's box 为潘多拉的盒子，见希腊神话，用来比喻灾难、麻烦、祸害等的根源。

司马昭之心，路人皆知。

This Sima Zhao's trick is obvious to every man in the street.

【注释】Sima Zhao: a prime minister of Wei(220—265) who nursed a secret ambition to usurp the throne. The emperor once remarked: "Sima Zhao's intention is obvious to every man in the street."

三个臭皮匠，顶个诸葛亮

Three cobblers with their wits combined surpass Zhuge Liang，the mastermind.

【注释】Zhuge Liang: a statesman and strategist in the period of the Three Kingdoms (220—265)，who became a symbol of resourcefulness and wisdom in Chinese folklore.

综上所述，习语的翻译是一个复杂的问题，既要尽量保持原文特色，又要尊重本国国情民俗，既要引入异国情调，又要考虑读者的反应、感受，既要忠实地再现原文，又要符合译文的语言规范。因此，译者应灵活运用各种翻译手段，注意英汉习语反映出的文化差异及其隐含意义，努力提高翻译的准确性和生动性。

知识小结

英语和汉语都存在大量习语，本项目介绍了习语的定义、文化差异对习语的影响以及习语直译法、同义习语套用法、意译法、更换喻体形象法、注释法等常见翻译方法。

任务考核

思考题

请思考文化因素对英汉习语的影响。

课后训练

一、试译下列英语习语。

1. Time cures all things.
2. Justice has long arms.
3. Courtesy costs nothing.
4. Great minds think alike.
5. The tailor makes the man.
6. Strike while the iron is hot.
7. Life is short and time is swift.
8. Don't take any wooden nickels.
9. You can't judge a tree by its bark.
10. He who helps others helps himself.

二、试译下列汉语习语。

1. 善有善报
2. 有利必有弊

3. 大同小异　　　　　　　　　　　4. 德才兼备
5. 安居乐业　　　　　　　　　　　6. 风雨同舟
7. 事实胜于雄辩　　　　　　　　　8. 一年之计在于春
9. 远水救不了近火　　　　　　　　10. 金无足赤，人无完人

综合案例分析

一、试将下面菜谱翻译成英语。

菜　谱

冷　菜

盐水花生	¥5.00	白切鸡	¥15.00	凉拌莴笋	¥5.00
卤鸭	¥15.00	盐水毛豆	¥5.00	凉拌海蜇皮	¥12.00
糖拌番茄	¥5.00				

热　菜

虾仁八宝酱丁	¥12.00	糖醋排骨	¥10.00	钱江肉丝	¥12.00
蚂蚁上树	¥5.00	干菜扣肉	¥15.00	鱼香肉丝	¥8.00
宫保鸡丁	¥8.00	家常豆腐	¥8.00	回锅肉片	¥10.00
咕咾肉	¥10.00	东坡肉	¥18.00	蘑菇肉片	¥10.00
脆炸响铃	¥8.00	木须肉	¥10.00	叫花鸡	¥18.00
西湖醋鱼	¥15.00	红烧带鱼	¥15.00	盐水河虾	¥25.00
清蒸河鳗	¥30.00	豆腐蟹煲	¥25.00	老鸭笋干煲	¥30.00

特色菜

| 火丝银芽 | ¥8.00 | 脆皮豆腐 | ¥8.00 | 五彩鸡丝 | ¥15.00 |

汤　类

| 鲫鱼豆腐汤 | ¥15.00 | 酸辣汤 | ¥6.00 | 西湖莼菜汤 | ¥8.00 |
| 太湖银鱼羹 | ¥18.00 | | | | |

二、试分析下列习语的翻译是否正确，如果不正确请改译。

英语原文	译文
1. pull one's leg	拖后腿
2. eat one's words	食言
3. wash one's hands of something	洗手不干
4. make one's hair stand on end	令人发指
5. get a kick (out of)	被踢出去
6. blow one's own horn/trumpet	各吹各的号
7. child's play	儿戏
8. lock the stable/barn door after the horse is stolen	亡羊补牢

 实训活动

作为一名翻译公司的商务翻译，项目主管要求你翻译客户的菜单，总结中、西餐菜名的翻译技巧，并举例说明汉语习语的翻译技巧。

 翻译点津

商务英语缩略语翻译

学生可扫描获取"商务英语缩略语翻译"相关资料。

参考文献

[1] 包惠南，包昂. 中国文化与汉英翻译[M]. 北京：外文出版社，2004.
[2] 蔡基刚. 大学英语翻译教程[M]. 上海：上海外语教育出版社，2003.
[3] 曹深艳. 商务英语翻译实务[M]. 北京：科学出版社，2013.
[4] 常玉田. 经贸英译汉教程[M]. 北京：外文出版社，2005.
[5] 陈宏薇. 汉英翻译基础[M]. 上海：上海外语教育出版社，1998.
[6] 陈宏薇. 高级汉英翻译[M]. 北京：外语教学与研究出版社，2009.
[7] 陈文伯. 英汉成语对比翻译[M]. 北京：世界知识出版社，2005.
[8] 程尽能，吕和发. 旅游翻译理论与实务[M]. 北京：清华大学出版社，2008.
[9] 丁树德. 翻译技法详论[M]. 天津：天津大学出版社，2005.
[10] 董晓波. 商务英语翻译案例教程[M]. 北京：清华大学出版社，2018.
[11] 范仲英. 实用翻译教程[M]. 北京：外语教学与研究出版社，1997.
[12] 房玉靖，刘海燕. 商务英语翻译教程[M]. 北京：清华大学出版社，2012.
[13] 冯伟年. 新编实用英汉翻译实例评析[M]. 2版. 北京：清华大学出版社，2012.
[14] 傅勇林、唐跃勤. 科技翻译[M]. 北京：外语教学与研究出版社，2012.
[15] 顾维勇. 商务文体翻译[M]. 武汉：武汉大学出版社，2019.
[16] 何炳威. 容易误译的英语[M]. 北京：外语教学与研究出版社，2002.
[17] 何刚强. 笔译理论与技巧[M]. 北京：外语教学与研究出版社，2009.
[18] 何少庆，余姗姗. 商务英语翻译实务[M]. 北京：中国人民大学出版社，2017.
[19] 何善芬. 英汉语言对比[M]. 上海：上海外语教育出版社，2002.
[20] 江峰，丁丽军. 实用英语翻译[M]. 北京：电子工业出版社，2005
[21] 梁雪松. 实用商务英语翻译教程[M]. 北京：北京大学出版社，2013.
[22] 刘法公. 商贸汉英翻译评论[M]. 北京：外语教学与研究出版社，2004.
[23] 卢红梅. 大学英汉汉英翻译教程[M]. 北京：科学出版社，2009.

[24] 卢敏. 英语笔译实务[M]. 北京：外文出版社，2004.

[25] 李建军. 新编英汉翻译[M]. 上海：东华大学出版社，2004.

[26] 李青. 新编英汉汉英翻译教程：翻译技巧与误译评析[M]. 北京：北京大学出版社，2003.

[27] 李瑞华. 英汉语言文化对比研究[M]. 上海：上海外语教育出版社，1995.

[28] 李定坤. 汉英辞格对比与翻译[M]. 武汉：华中师范大学出版社，1994.

[29] 李长栓. 汉英翻译 译·注·评[M]. 北京：清华大学出版社，2017.

[30] 廖七一. 当代西方翻译理论探索[M]. 南京：译林出版社，2000.

[31] 刘龙根，胡开宝. 大学英语翻译教程[M]. 二版. 北京：中国人民大学出版社，2007.

[32] 刘宓庆. 文体与翻译[M]. 北京：中译出版社，2019.

[33] 孙致礼，周晔. 高级英汉翻译[M]. 北京：外语教学与研究出版社，2010.

[34] 汪福祥，伏力. 英美文化与英汉翻译[M]. 北京：外文出版社，2002.

[35] 武峰. 十二天突破英汉翻译——笔译篇[M]. 二版. 北京：北京大学出版社，2017.

[36] 谢金领. 世纪商务英语翻译教程[M]. 四版. 大连：大连理工大学出版社，2014.

[37] 袁洪，王济华. 商务翻译实务[M]. 北京：对外经济贸易大学出版社，2011.

[38] 张培基. 英汉翻译教程[M]. 上海：上海外语教育出版社，1980.

[39] 张彦，李师君. 商务文体翻译[M]. 杭州：浙江大学出版社，2005.

[40] 曾文华，付红桥. 商务英语翻译[M]. 武汉：武汉理工大学出版社，2009.

[41] 庄和诚. 英语词源趣谈[M]. 2版. 上海：上海外语教育出版社，2009.

[42] 庄绎传. 英汉翻译教程[M]. 北京：外语教学与研究出版社，1999.